全国高等法律职业教育系列教材

法理基础与宪法

（第三版）

主　编　盛高璐

副主编　余蕊娅　李雪萍

撰稿人　(以撰写章节先后为序)

　　　　杨国标　盛高璐　余蕊娅

　　　　张文彬　刘　刚　施平利

　　　　李雪萍

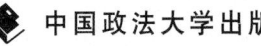

中国政法大学出版社

2018·北京

第三版说明

　　《法理基础与宪法》是为了适应高等法律职业教育中法律专业和其他涉警专业的专业建设及课程建设的需要，由长期从事法律职业教育的学者共同开发编写的一本培养学生法律思维习惯、训练学生法律职业素养的教材。该教材于 2012 年出版，2016 年结合党的十八大会议精神和我国司法体制改革的总体要求进行修订，再版后得到了越来越多的高职类法律院校的采用，并获得普遍好评。

　　随着党的十九大的召开和《中华人民共和国宪法》的又一次修订，为了全面贯彻落实中央关于深入学习和实施宪法的有关精神，推进依法治国和依宪治国，坚定宪法自信，弘扬宪法精神，进一步加强高校学生特别是涉警专业学生的法治教育，切实将宪法内容和精神落实到课程教材中，根据教育部教材局《关于贯彻落实宪法精神和及时修订教材内容的通知》，特对该教材进行新的修订。

　　在教材修订中，编者在第二版的基础上，认真梳理了《宪法》修订内容，顺应学生认知规律，针对高职院校学生的年龄特点和高职院校涉警专业的人才培养目标，将党的十九大会议精神和宪法修订内容融入教材之中。修改内容主要体现在以下几个方面：①将党的十八大以来特别是十九大报告中习近平新时代中国特色社会主义法治思想和中国法治建设所取得的新成就融入教材中，提高了教材的时效性与实践性。②将 2018 年宪法修正案的内容补充进教材，重点对第三章法治的一般理论、第五章法的运行、第六章宪法的基本理论、第七章宪法基础知识和第九章国家机构进行了修改，使教材内容更加准确，突出教材的新颖性和针对性。③针对课程由考查课改为考试课的需要，在每一章之后增加了思考题，并根据需要更新了实训项目的相关材

料并对第二版中存在的个别错误和不当之处进行了修正。

修订后的教材按照编、章、学习目标、正文、思考题和实训项目的体例，内容充分体现"教、学、练、战一体化"的教学模式，理论以"必需、够用"为标准，突出学生法律思维方式的培养和法律职业能力的训练，使内容更符合高职院校所有涉警专业人才培养目标的需要。

本次修订工作由盛高璐具体负责，并由其最后统稿、定稿。具体写作分工如下：

第一章、第五章：杨国标（云南司法警官职业学院法学副教授）；

第二章、第九章：盛高璐（云南司法警官职业学院法学副教授）；

第三章：余蕊娅（云南司法警官职业学院法学副教授）；

第四章：张文彬（云南司法警官职业学院法学讲师）；

第六章：刘刚（云南司法警官职业学院法学副教授）；

第七章：施平利（云南司法警官职业学院法学副教授）；

第八章：李雪萍（云南司法警官职业学院法学讲师）。

在本教材的编写与修订过程中，编写组参阅借鉴了同仁们大量的图书资料，并得到了中国政法大学出版社的鼎力支持，在此一并致谢。唯因编者自身水平有限，书中难免有不足和疏漏之处，请各位同仁和读者批评指正。

盛高璐

2018 年 6 月

第二版说明

　　《法理基础与宪法》是为了适应高等法律职业教育中所有涉警专业的专业建设及课程建设的需要，由长期从事法律职业教育的学者共同开发编写的一本培养学生法律思维习惯、训练学生法律职业素养的教材。该教材自2012年出版以来，经过了二次印刷，得到越来越多的高职类法律院校的采用，并获得普遍好评。

　　本教材在原版基础上进行了适当的修订，修订后的教材吸纳了党的十八大会议精神和我国司法体制改革的总体要求，紧扣高职高专人才培养目标及教学实践和需要，修改内容主要体现在以下几个方面：一是对原版的体系进行了局部的调整，以期更为科学合理。二是根据法学理论、法治建设和司法改革中出现的新理论、新变化和新问题，适当更新、增补了相关内容。三是对原版中存在的个别错误和不当之处进行了修正。

　　修订后的教材仍然按照编、章、学习目标、正文、实训项目的体例，内容充分体现"教、学、练、战一体化"的教学模式，理论以"必需、够用"为标准，突出学生法律思维方式的培养和法律职业能力的训练，使内容更符合高职院校所有涉警专业人才培养目标的需要。

　　本次修订工作由盛高璐具体负责，并由其最后统稿、定稿。具体写作分工如下：

　　第一章、第五章：杨国标（云南司法警官职业学院法学副教授）；

　　第二章、第九章：盛高璐（云南司法警官职业学院法学副教授）；

　　第三章：余蕊娅（云南司法警官职业学院法学副教授）；

　　第四章：张文彬（云南司法警官职业学院法学讲师）；

　　第六章：刘　刚（云南司法警官职业学院法学副教授）；

第七章：施平利（云南司法警官职业学院法学副教授）；

第八章：李雪萍（云南司法警官职业学院法学讲师）。

在本教材的编写与修订过程中，编写组参阅借鉴了同仁们大量的图书资料，并得到了中国政法大学出版社的鼎力支持，在此一并致谢。唯因编者自身水平有限，书中难免遗有不足和疏漏之处，请各位同仁和读者批评指正。

盛高璐

2016 年 5 月

编写说明

本教材根据高职教育人才培养要求，结合政法类专业学生的未来岗位需求，以基层法律服务岗位法律知识"必需、够用"为标准，突出法律基础训练，体现"任务驱动、项目导向、教学做一体"的教学模式的需要。课程开设目的是顺应依法治国及教育部关于深化"法律进课堂"活动的要求，帮助学生掌握基本的法律原则、法律常识，树立法治理念，提高学生基本法律素养，为后续课程的学习提供法律基础理论的支撑。

本教材将过去的《法理学》和《宪法学》中必须掌握的法律基础知识和宪法知识重新构架、整合，内容突出基础性和实用性，更好地契合了政法类高职院校培养应用型法律辅助人才的培养目标，其定位是政法类高职院校所有涉警专业必修的基础课。

教材分两编共九章：第一编法理编，将政法类高职高专学生应当把握的有关法的起源、法的本质与特征、法的作用与价值、法律要素、法律部门、法的效力与渊源、法律关系、法律责任、法治与社会主义法治理念、法与社会、立法、司法、执法、法律解释、法律监督等知识内容以一定的逻辑结构整合成法的一般原理、法的基础知识、法治的一般理论、法与社会和法的运行共五章。第二编宪法编，将宪法的基本理论与基本知识整合成宪法基本理论、宪法基础知识、公民基本权利与义务、国家机构共四章。各章学习内容的设计以工作过程为导向，以职业岗位能力为目标设计实训项目，每章实训项目均以材料分析或案例分析的方式出现，明确实训方法和步骤，旨在通过实训，培养学生运用法律相关原理、原则、精神和知识分析社会现象、社会纷争的能力，提高学生的基本法律素养和分析判断能力，以达到各单元所确立的学习目标。

　　本教材的编写人员均由有丰富教学经验和深厚法学底蕴的长期从事《法理学》和《宪法学》教学的法学教师担任，编写中由主编盛高璐拟定编写提纲和编定体例，副主编杨国标及部分参编同志参与了编写计划的确定，最后由主编盛高璐、副主编杨国标和施平利统稿和定稿。具体写作分工如下：

　　第一章、第五章：杨国标（云南司法警官职业学院法学副教授）；

　　第二章：盛高璐（云南司法警官职业学院法学副教授）；

　　第三章：余蕊娅（云南司法警官职业学院法学副教授）；

　　第四章：张文彬（云南司法警官职业学院法学讲师）；

　　第六章：刘刚（云南司法警官职业学院法学副教授）；

　　第七章：施平利（云南司法警官职业学院法学副教授）；

　　第八章：范洪涛（云南司法警官职业学院法学讲师）；

　　第九章：盛高璐（云南司法警官职业学院法学副教授）、刘国坤（云南司法警官职业学院法学讲师）。

　　编写过程中，编写组参阅借鉴了同仁们大量的图书资料，同时得到学院领导的大力支持，在此一并表示感谢。由于时间仓促，水平有限，书中难免有不足和疏漏之处，还望广大师生不吝斧正，以便进一步修订完善。

本书编写组

2012 年 7 月

目录CONTENTS

第一编　法 理 编

第二编 宪 法 编

第一编 法 理 编

第一章 法 的 一 般 原 理

学习目标

　　通过本章学习，使学生了解法的起源的基本知识，理解和掌握法的基本特征和本质，理解和掌握法的价值和作用，能够初步判断法律规范和体会法律的基本精神，为法律的运用奠定理论基础。

 ## 第一节　法的起源

　　法的起源是法理学首先需要研究的一个根本问题。研究法的起源不仅仅是理论体系构建的需要，同时也有重要的实用价值。其意义表现在通过历史考察来看什么是法。[1] 法律的运用首先需要对法有准确深刻的理解，这种理解建立在对法的起源的正确认识的基础之上。法是在社会各因素综合影响下产生的，它是社会发展的结果。普遍认为，法在原始社会末期萌芽，并伴随着国家的产生而产生。

一、法产生的根源

　　法与经济、政治、社会文化等多种因素有着密切的联系，其产生的条件是多方面的。

（一）经济根源

　　法产生的经济根源可归结为商品生产和商品交换。根据历史唯物主义的基本原理，法作为上层建筑是多种因素综合影响下的产物，其中最深刻的根源在

---

　　〔1〕　参见沈宗灵等编：《法理学与比较法学论集——沈宗灵学术思想暨当代中国法理学的改革与发展》（上册），北京大学出版社、广东高等教育出版社1999年版，第160页。

于经济条件。

原始社会作为人类社会的第一个社会形态，其社会生产力极端低下，相应的经济基础只能是原始的公有制，平均分配劳动产品，人们之间的地位是平等的。这种经济基础决定了原始社会的社会组织形式和调控机制。作为原始社会的调整手段的社会规范主要是习惯。随着原始社会生产力的发展，生产的产品除了维持生存以外还有剩余，剩余产品被用来交换，因而产生了商品，随着商品交换的发展又刺激了商品的生产。在商品交换中，氏族首领利用自己的优势地位将一些商品据为己有，这样就有了私有财产并进而产生了私有制。随着私有制的发展，社会出现了阶级划分和阶级斗争，为了维护统治阶级的利益，统治阶级组建了国家。国家运用法律来调控社会，法律便由此产生。

（二）政治根源

法产生的政治根源是阶级划分和阶级斗争。随着私有制的发展，社会中出现了富人和穷人的两极分化，穷人因为还不清向富人的借贷而转变为债务奴隶，另外，战争中的俘虏由于生产力的提高变得有用而被变为奴隶，于是社会出现了奴隶主和奴隶，有了阶级划分和阶级斗争。为了维护奴隶主的利益，统治阶级组建了国家，国家用法律把阶级矛盾控制在一定的范围内来实现统治阶级的利益，这样法便伴随着国家而产生。

（三）社会文化根源

法的产生是多种因素综合作用的结果，除了经济、政治根源以外，还有社会文化根源。

1. 人的独立意识的成长。原始社会早期，个人的力量是极其渺小的，为了生存，个人不得不依赖于群体，因此没有独立意识。随着生产力的发展和私有财产的出现，有了财产上的你我之分，独立意识逐步增强，进而影响了私有制的产生和发展，同时也使社会冲突增多。由此可见，人的独立意识的成长是影响法产生的一个因素。

2. 语言、文字的发展。法律具有稳定、明确、连续的特点，语言文字的出现和发展使法律记载成为可能，因此是法律产生的一个促进条件。

3. 社会公共事务的增多。任何一个社会为了自身的存在和发展，都有共同的社会公共事务，并且随着社会的发展，社会公共事务呈不断增多的趋势。原始社会末期，由于社会公共事务的增多，原有的社会规范难以适应社会公共事务的需要，客观上需要新的调整手段来实现对社会公共事务的调控，这也是促成法律产生的一个因素。

二、法产生的一般规律

不同的国家和地区，由于法产生的环境和条件不同，法律产生的历程和特色是不一样的，但是也有共同的一般规律。法产生的一般规律是：

1. 法律的起源是由个别调整逐步发展为一般调整的过程。社会关系的调整方式有个别调整和一般调整两种，两种方式共同配合实现社会调整的目的。个别调整是指运用具体的指示对个别行为进行调整的方式。一般调整是指运用一般规范对一般人和事进行调整的方式。原始社会早期，社会对行为的调整方式主要是个别调整，即遇到问题，通过氏族会议有针对性地作出决议来解决。后来社会中形成了大量各种各样的习惯，对行为的调整逐步转变为主要靠习惯来调整。习惯调整是一种规范调整。随着社会的发展，在规范调整中出现了法律规范的调整。

2. 法律的起源是由氏族习惯到习惯法，再由习惯法到制定法的发展过程。习惯是人们在长期的生产、生活中形成的相对稳定的行为方式。早期的法律其实是原始社会的习惯上升成为的法律，这种法律即习惯法。奴隶社会的法大多保留了原始社会的习惯。如早期各国关于复仇的法律，就是保留了原始社会复仇的习惯。随着社会的进步，习惯法无法完全适应社会发展的需要，于是国家主动制定法律来调整社会生产生活。

3. 法律的起源是由与道德规范、宗教规范混为一体到各自相对独立的过程。原始社会的习惯中包含了各种内容，例如道德、宗教等，早期的法律也一样包含了道德、宗教等内容。随着社会的不断发展，道德、宗教、法律各自分化了出来，但也并非完全泾渭分明。

三、法与原始社会习惯的主要区别

法和原始社会的习惯有许多相似之处，如在强制力上有相同的表现，甚至原始社会习惯比法律表现得更为残酷。有的学者认为原始社会有法，但大多数学者认为法和原始社会习惯有本质不同，法是和私有制、阶级、国家密不可分的事物，是社会发展进程中出现的不同于原始社会习惯的新生事物。两者的主要区别是：

1. 二者体现的意志不同。原始社会习惯体现的是氏族全体成员的意志和利益，而法体现的是占统治地位的阶级的意志和利益。法体现的意志与习惯有质的区别，这已足够说明法是完全不同于原始社会习惯的事物。

2. 二者产生的方式不同。原始社会的习惯是在生产生活中逐步自发形成的，而法是国家制定和认可的，它是国家主动自觉调控社会而形成的。

3. 二者实施的方式不同。原始社会的习惯靠氏族首领的威望、社会的舆论和氏族成员的信念来实现，而法主要靠国家的强制力来实现。原始社会习惯的实施虽然也有强制性，但这种强制不是国家的强制。

4. 二者适用的范围不同。原始社会习惯适用于氏族全体成员，而法适用于国家主权范围内的居民。原始社会习惯的适用范围与血缘有关，由血缘来确定。法的适用范围与国家管辖范围有关，由地域来确定。

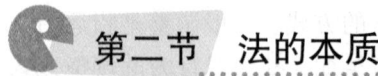 第二节 法的本质

一、法的基本特征

法是指整体的法。法、法律在不同的历史时期有不同的含义。法律，在现代汉语中有广义和狭义之分。广义的法律即指整体的法，狭义的法律在我国仅指全国人民代表大会及其常务委员会制定的法律。法律是什么，即法的概念，这是法理学首先要回答的一个最基本的问题，也是正确理解法律的前提。但法的概念是一个复杂且不容易弄清楚的问题。把握法的概念，首先要了解法这一现象内在的、固有的、确定的东西，也就是法的基本特征。法的基本特征是法和其他上层建筑的基本区别点，是法的本质的外化。我们可以通过认识法的基本特征来认识法的本质。运用法律解决实际问题，首先要知道哪些是法律，哪些不是法律。法的基本特征是判断是不是法律的基本标准和尺度，对于寻找到准确的法律有着很重要的指导意义。

（一）法是调整行为关系的规范

1. 法律是一种规范。法律是一种规范，具有规范性。规范一般指标准。标准是指衡量事物的准则。规范包括社会规范、技术规范、语言规范、运动规范等。技术规范是调整人与自然之间相互关系的行为规则，经国家制定或认可上升为法的技术规范是技术法规。社会规范是调整人与人之间相互关系的行为规则，包括法律规范、道德规范、宗教规范、社团规章、习俗礼仪等。法之所以是一种规范，是因为它并不针对个人，而是针对一般人和一般事，它为一般人和一般事提供行为模式。

法的规范性特征将法与非规范的上层建筑区别开来，这表明：①法不同于思想。思想不是规范，思想是人头脑中的意识。规范可以成为人头脑中的意识，但思想并不具有规范性。②法不同于社会组织。法和社会组织具有明显的差别：首先，法的要素和社会组织的要素有很大的不同。其次，两者的表现形式不同。社会组织表现为有形的实体，而法是无形的。最后，两者对社会的影响方式不同。社会组织可以通过自身的活动来影响社会，而法要借助于人的行为来对社会产生影响。

2. 行为关系是法律的调整对象。调整，可理解为调节、整理。法律的调整对象也就是法律调整的社会关系。法律是针对行为的，人们通过行为而形成社

会关系。法律调整的社会关系是一种行为关系。行为关系是一种通过外部行为而产生的人与人之间的关系。法律是用来协调关系和解决冲突的。如果一个行为并没有影响到他人，则法律并不需要针对该行为，法律并不调整这种单纯的个人行为。

3. 法律的效率性。相对于个别调整而言，法律规范的调整具有效率性。这是因为法律事先为人们提供了一个共同的行为模式，不需要事事经过批准就可行动。

（二）法是由国家专门机关制定、认可和解释的

1. 制定、认可、解释是法律形成的三种途径。法律通过一定的途径而形成。当然，不同国家不同时期法的形成方式是不同的。例如，资本主义国家两大法系的法就有不同的来源：大陆法系中的法没有法院判例这种途径，而英美法系的法的主要形成途径是法官作出的判例。我国历史上曾经将判例作为法的来源，而当前我国在法律上并不承认有判例法。目前在我国，制定、认可、解释是法形成的三种途径。制定，是指立法机关通过立法程序创制法律规范的立法方式。通过制定，一种新的规范被创造出来。认可，是立法机关通过立法程序将社会已存在的规范上升为法律的方式。解释，是拥有解释权的主体依照法律规定解释法律形成法律规范的方式。

2. 法律的国家性。法律是国家制定、认可、解释的。尽管法律是由具体的国家机关制定、认可和解释的，但它是以国家的名义出台的，这体现了法律的国家性。

3. 法律的普遍性。法律由国家制定、认可和解释，因而在国家主权管辖范围内有法律约束力，因此在适用范围上具有普遍性。

法由国家专门机关制定、认可和解释，这一特征将法律与道德、宗教规范、组织规章纪律等规范区别开来，体现了法的基本特征。道德、宗教规范、组织规章纪律不是由国家来制定、认可和解释的，而是在长期的生产生活中逐步形成的。

（三）法是以法律上的权利和义务为内容的

法的目的在于调节社会关系使其和谐有序，这种调节是通过权利与义务的分配机制来完成的。法律以法律规定的权利和义务为内容，通过权利和义务的规定来实现对行为的调整，实现相应的利益。权利意味着利益，义务意味着不利益，法律以利益导向来调整行为。权利和义务在很多领域被人们使用，比如社会权利和社会义务。法律上的权利、义务不同于其他领域的权利和义务。法律既规定权利又规定义务，而道德规范和宗教规范主要通过规定义务来约束人的行为。当然法律上的权利和义务并不是法的全部内容，而是法的主要内容。

（四）法是由国家强制力保障实施的

法具有国家强制性，主要靠国家机器这个暴力机构来保障实施。法律规定权利和义务，权利意味着利益，义务则意味着对自己的不利益。实践表明，不是所有的权利都能实现，并非所有义务都能得到自觉履行，违法犯罪在社会中是不可避免的。如果没有国家强制力作保障，法律是不可能得到实现的。

法的强制力是以国家的名义，动用国家机器来实现的，它不同于道德、宗教规范、组织规章纪律的实现方式。国家强制性具有潜在性和间接性，法的国家强制力是在必要的时候才出现的。美国著名人类学者霍贝尔曾讲"法律有牙齿，必要时会咬人"，当法律遭到破坏，责任主体不愿意履行相关义务时国家强制力才出现。国家强制不是纯粹暴力。法的强制并不是随意实施的，它必须遵循法定的程序和方式，是一种有组织的暴力。国家强制力不是法实施的唯一依靠力量，仅靠国家强制力推行的法律是没有生命力的。法律是国家机关以国家的名义代表国家来制定、认可和解释的，由国家强制力保障实施，由此引申出法律具有统一性、普遍性和权威性。

二、法的本质

想要掌握法的概念，通常必须弄清楚法的本质问题。认识法的本质，尽管不能解决具体问题，但能让我们看清纷繁复杂的法律规定。在实际运用中，对法的本质有深入的理解会有助于把握解决问题的正确方向。

（一）法的本质的含义

本质是事物内在的、必然的联系，是事物的根本性质。现象是事物表面特征以及这些特征之间的外部联系。认识事物需要把握其本质。法的本质是法的根本属性，是法内部稳定的、必然的、内在的联系。法的本质不同于法的现象，法的本质需要通过抽象思维来认识。

（二）法的本质的三个层次

法的本质是什么，历史上曾经出现过许多有影响的观点，直到现在仍然没有形成一致的意见。法的本质可以概括为以下三个层次：

1. 法是国家意志的体现。意志是一种有目的的意识，目的是被意识到的利益。法的存在是有目的的，是人们用来实现利益的手段，因此说法是意志的体现。

法体现的是国家意志。法总是以国家的名义出现的。国家意志是掌握国家政权的阶级的意志。只有掌握国家政权，才有可能把自己的意志上升为法律。在阶级对立的社会，国家意志也就是统治阶级的意志。在社会主义社会，由于被统治阶级已不存在，法不能再说成是统治阶级的意志，社会主义的法体现的是以工人阶级为领导的广大人民的意志。法是掌握国家政权的阶级的意志，是从法的整体性和法的根本目的来讲，并不意味着法完全不体现被统治者的意志，为了实现统治者的利益，法律也会反映一些被统治者的意志。

2. 法体现的意志最终是由社会物质生活条件决定的。法作为意志的体现，说明法有主观性的一面，但这并不意味着法可以任意或任性。"言出法随"并不是在强调法的随意性，而是突出了历史上某些法律的特点。法所代表的国家意志的内容最终是由社会物质生活条件决定的。法律制度的历史和历史唯物主义的基本原理对这一结论进行了有力论证。

社会物质生活条件是人类社会赖以存在和发展的物质要素总和。包括三个方面：①自然条件，即地理环境；②人口条件，即一定数量、质量和密度的人口；③社会物质资料的生产方式，即人们在生产物质资料过程中所形成的一定的方式。任何社会物质生活条件主要都是由这三方面组成的，它们互相作用、相互制约。但在这三方面条件中，唯有物质资料的生产方式是最主要的。因为只有它决定着整个社会的性质和面貌；地理环境和人口条件只有通过物质资料的生产方式，才能对社会的存在和发展产生作用和影响。

法体现的意志最终由社会物质生活条件决定是法的深层本质，这一层次的本质可简单归纳为法的物质制约性。法的物质制约性体现了法的客观性，但我们不能因此把法和客观规律等同起来。法要反映客观规律，但法的内容不完全是客观规律。同时，我们也不能简单地认为社会物质生活条件是法的唯一决定因素，法体现的意志由社会物质生活条件决定是从最终意义上来说的。

3. 上层建筑的其他因素对法也有影响。法是多种因素的产物。除了经济因素，政治、思想、道德、文化、历史传统等因素对法也有影响，这是法的第三层次本质。历史唯物主义告诉我们，上层建筑各要素之间是相互影响的。法不仅仅由经济因素决定，上层建筑的其他因素也影响着法，使法体现出不同的色彩。例如，政治制度上的民主与否，不同程度上决定着法的基本内容和形式。再如，道德与法的不同关系，影响着法的基本特色。我国古代法因带有道德色彩而被称为伦理法，就是一个典型的例证。另外，法的不同特色与文化、传统有着极大的关系，等等。因此，我们会看到相同经济条件下的不同国家和地区的法律呈现出不同的特色。这些都说明，对法的理解一定要把它放到其存在的环境中来理解。著名法学家梁治平的"用文化来理解法律，用法律来理解文化"是认识法律的一种很好的方法，同时，也具体地说明了法的这一层本质。

三、法的定义

关于法的定义，传统上分为两大类：马克思主义法学的定义和非马克思主义法学的定义。非马克思主义法学观从法的本体、本源以及作用等角度来揭示法的含义，但没能深入揭示法律应有的本质特征，具有形式主义和唯心主义的

特点。马克思和恩格斯在《德意志意识形态》中指出，"占统治地位的个人除了必须以国家的形式组织自己的力量外，他们还必须使他们自己的由这些特定关系所决定的意志以国家意志即法律的形式表现出来"，"由他们的共同利益所决定的这种意志的表现，就是法律"[1]并进一步在《共产党宣言》中指出，资产阶级法不过是被奉为法律的资产阶级意志，而这种意志的内容是由资产阶级的物质生活条件决定的。这些论述没有给法下一个定义，但指出了法的概念的核心内涵。给法下一个定义是很困难的，不同的学者会有不同的看法。法的定义是用来揭示法的本质的，这是我们认识法不能回避的一个基本问题。根据我们对法的本质和基本特征的认识，法可定义为：法是由国家制定、认可和解释，规定权利、义务，由国家强制力保障实施，体现国家意志，最终由经济条件决定并受其他上层建筑各种因素影响的一种社会规范。

第三节　法的作用与价值

一、法的作用

（一）法的作用的含义

法的作用是指法对个人行为和社会的影响。法的作用与法的目的、本质密切相关，是法的本质的表现。

法的作用不同于法的功能，一般说来，功能与作用区别并不大，二者在很多情况下可通用。但在法理学视野中，法的功能与作用有所区别：法的功能，是指法的功用与效能，是法内在所具有的、对社会有益的功用和效能。法的功能的定义本身就决定了其具有内在性、应然性和有益性的特点。法的作用是外在的、突然的、中性的、不确定的[2]。

（二）法的作用的分类

法的作用可以按不同的标准进行分类，下面是几种常用的分类。

1. 积极作用和消极作用。根据法的效果来划分，法的作用可分为积极作用和消极作用。积极作用是指法的积极影响。消极作用即法的消极影响。法的作用不一定是正向的，法有好坏之分，坏的法律必然会产生消极的影响，即使是良法也有消极的一面。

2. 预期作用和实际作用。根据人们对法的预期与法的实效之间的区别来划

---

〔1〕《马克思恩格斯全集》（第3卷），人民出版社1965年版，第378页。

〔2〕卓泽渊主编：《法理学》，法律出版社1998年版，第56~57页。

分，法的作用可分为预期作用和实际作用。预期作用是人们希望法有的作用。实际作用是法实际发挥出的影响。我们希望法发挥的作用和其实际发挥的作用会有一定的差距。立法时我们总是希望法发挥良好的作用，但在法的实现过程中总会出现消极的作用。

3. 直接作用和间接作用。根据法发生作用的途径来划分，法的作用可以分为直接作用和间接作用。直接作用是法对社会关系直接发生的影响。间接作用是法对社会关系进行调整时，间接地影响到其他社会关系的情况。事物是普遍联系着的，每一个事物都是联系链条上的一环。法调整某个具体社会关系，该社会关系又对其他社会关系产生影响。

4. 规范作用和社会作用。根据法在社会生活中发挥作用的形式和内容的关系来划分，法的作用可分为规范作用和社会作用。这种划分将法的作用与其他上层建筑的作用区别开来。法之外的其他上层建筑与法对社会的影响有很多相似之处，但法的作用的特点就在于通过规范作用来实现其社会作用。规范作用是法对个人行为的影响。社会作用是法对社会的影响。法律规范作用和社会作用的区别是：

（1）两者的考察角度不同。规范作用从法律的规范性出发来考察法对个人行为的影响；社会作用从法律的本质、目的和实效来考察法律对社会的影响。

（2）两者的作用对象不同。规范作用的对象是个人的行为；社会作用的对象是社会。

（3）两者所处的层面不同。规范作用是手段，具有形式性和表象性；社会作用是目的，具有内容性和本质性。

（4）两者发挥作用的前提不同。规范作用的前提是规范的存在；社会作用则需要法在社会生活中的运转来实现。

（三）法的规范作用

法的规范作用具体表现为指引、评价、预测、教育、强制。法对个人行为的影响正是通过这些方式来实现的。

1. 指引作用。指引作用是指法（主要是法律规范）对本人行为起到导向、引路的作用。法有指引作用，是因为法为人们提供了行为模式，人们可以按照法律规定去为或不为一定行为。指引作用的对象是每个人自己的行为。

法律的指引是一种规范指引，它不同于个别指引。法律的指引按不同的标准可以有以下几种：

（1）确定的指引和有选择的指引。这是根据法律规范中的行为模式所进行的分类。权利规定的指引是有选择的指引，行为人对行为与否有选择余地。义务规定的指引是确定的指引，对于确定指引，行为人必须按规定来行为，没有

选择余地。

（2）羁束的指引和非羁束的指引。这是根据国家权力行为的权限幅度所进行的分类。对于有的权力，法律规定了行使的幅度，这种规定的指引即羁束的指引。如果没有幅度的规定，其指引是非羁束的指引。

（3）原则的指引和具体的指引。这是根据法律的构成要素所作的分类。法律原则的指引是原则的指引，法律规则的指引是具体的指引。原则的高度抽象和概括性，给人们提供了一个很大的自由空间，而法律规则的指引提供的行为自由度相对较小。

2. 评价作用。评价作用是指法律作为人们对他人行为的评价标准所起的作用。法律提供了评价行为的标准，可以用来评价行为是否合法，是违法还是犯罪，其作用对象是他人的行为。

法律的评价可分为两大类，即专门的评价和一般的评价。专门的评价，是指经法律专门授权的主体对他人的行为所作的评价。这种评价是代表国家的，具有国家强制力，评价结果具有法律约束力，如法院作出的判决、仲裁机构作出的裁决。一般的评价，指普通主体以舆论的形式对他人行为所作的评价。这种评价没有国家强制力和约束力，是人们自发的行为，因此又称为舆论性评价。

3. 预测作用。预测作用是指人们根据法律可以预先估计人们相互间将怎样行为以及行为的后果等，从而对自己的行为作出合理的安排。预测作用的对象是人们的相互行为。

法律的预测作用表明法律的可预期性，这是法律重要的特性，也是法的优点之一，正是基于这一特性，稳定的社会关系才得以形成，社会才有秩序。

4. 教育作用。法律的教育作用是指通过法律的实施，使法律对一般人的行为产生影响。这种作用的对象是一般人的行为。这里的教育作用不同于法律的思想教育，它是通过法律的实施而实现的，即通过奖励或肯定行为的合法性，鼓励人们积极依法办事。同时，通过惩处违法犯罪行为，教育违法犯罪者，警戒欲违法的一般人。

5. 强制作用。法律的强制作用是指法律可以用来制裁、强制和约束违法犯罪行为。这种作用的对象是违法犯罪者的行为。

（四）法的社会作用

1. 阶级对立社会法的作用。

（1）维护阶级统治。法律在维护阶级统治方面的作用表现在许多方面：①调整统治阶级与被统治阶级之间的关系。在阶级对立的社会，统治阶级和被统治阶级的利益整体上是根本对立的，调整统治阶级和被统治阶级的关系是法律最为重要的作用，通过调整这一关系使得统治阶级的利益得以最大化地实现。

②调整统治阶级内部的关系。统治阶级内部是分层的，如当前资本主义社会的多党制度，同为统治阶级的不同政党体现了不同利益集团的存在和统治阶级内部的分层。协调统治阶级内部关系的目的同样在于实现统治阶级的整体利益。③调整统治阶级与其同盟者之间的关系。阶级对立社会除了有两大对立阶级，还有一些阶层，如奴隶社会中的平民，他们可能成为统治阶级的同盟者。统治阶级用法律来协调这一关系，其目的也是要最大化地实现统治阶级的利益。

（2）执行社会公共事务的作用。社会公共事务是任何一个社会都有的，可以说是社会存在的必要条件，法律对社会公共事务同样有着积极的影响。法律在执行社会公共事务上的作用具体表现在这样一些方面：①维护人类社会的基本生活条件。②维护生产和交换条件。③促进公共设施建设，组织社会化大生产。④确认和执行技术规范。⑤促进教育、科学和文化事业的发展。

2. 社会主义法的社会作用。当代中国，法的社会作用通常概括为以下几个方面：

（1）维护社会秩序，促进建设、改革、开放，实现富强、民主与文明的社会主义现代化的目标。

（2）根据一定的价值标准实现利益分配，确认和维护社会成员的法定权利和义务的实现。

（3）确认国家机关和国家机关工作人员的权力，为其履行公务的行为提供法律根据，并实现对滥用权力或不尽职责行为的制约。

（4）预防和解决社会成员间或国家机关间的争端。

（5）预防和制裁违法犯罪行为。

（6）为法律的实施提供制度和程序。[1]

（五）法的作用的局限性

在认识法律的作用时，一方面，要认识到法律具有重要的作用，特别是在法治社会里，法律的作用尤为重要和明显；另一方面，也要看到法律作用的局限性。因此，对法律的作用既不能夸大，也不能忽视；既要认识到法律不是无用的，又要认识到法律不是万能的；既要反对"法律无用论"，又要防止"法律万能论"。那种碰到问题认为有法律就能解决的想法是不切实际并且是有害的。法律作用的局限性，表现在以下四个方面：

1. 法不是调整社会关系的唯一手段。社会是一个复杂的系统，社会关系的调整需要经济、政治、文化等多种手段，法律并不是唯一手段。对社会关系的调整也需要各种规范，如道德、宗教、组织规章制度等。对社会关系的调整手

---

〔1〕　参见王重高、徐蓉、邸洪旗编著：《法理学》，中国人民大学出版社 2002 年版，第 64~65 页。

段根据实际需要会形成不同的组合。对于有些社会关系，如友谊关系，法律就无能为力；对于有些社会关系，法律是主要调整手段，其他手段则是辅助手段；对于有些社会关系，法律是辅助手段，其他手段是主要调整手段。

2. 法律自身特点产生的局限性。法律的抽象性、稳定性的特点与现实生活的矛盾，使法的作用有局限。法律给人们提供的是一个抽象的行为模式，并非具体的指引人们行为的规范。生活和法律并非能够完全对应。同时，法律为了权威和可预期，必须保持相对的稳定性，这导致其不能迅速适应变化了的社会生活。这样我们不可能有一个与社会生活一一对应、丝丝入扣的法律。有些本该有法律的地方缺乏法律，而不应有的地方又存在法律，法律的抽象性和缺乏针对性，使得法律的作用产生了一定的局限。

3. 法的实施依赖于立法、司法、执法、守法者的素质，并受政治、经济、文化等社会因素的影响。首先，法律的制定和实施受人的因素的影响。法是由人制定的，立法者并非理想中毫无缺点的人，由于受主客观因素的影响，立法的质量有高有低，一个不完善的立法会影响法律作用的发挥。同样，法律的实施也离不开人的因素，实施者的素质亦会直接影响法律的效果。其次，法律的实施受政治、经济、文化等社会因素的影响。落后国家往往是法治落后的国家，法治国家往往是经济、政治、文化发达的国家。

4. 法律适用的事实有时无法确定。法律适用需要找到适用的法律和确定的事实。法律适用要以事实为根据，以法律为准绳。但在具体的法律实践过程中，案件事实总有一些是无法确定的。如有些刑事案件无法破案，案件中的有些事实无法查清。事实无法确定，法律适用就会有困难，无法实现法律对社会生活的调整，从而影响到法律作用的发挥。

二、法的价值

"法的价值是一个十分古老而又新颖的法学命题。早在人类创制法或法律的时候，就开始了关于法或法律的价值思考。人类创制法或法律的行为，绝不是没有意义和目的的盲动，事实上，法学家和思想家们一直在思考和探索着法的价值。"[1] 法的价值统辖整个法的体系，决定着其发挥作用的方向。法的价值是法的体系正当性的根据，具体的法律规定是法的价值目标的具体化。法的实现过程中要实现法律价值目标。在法律文件当中，法的价值通常表现在对立法目的的说明部分或者立法草案的说明文件中。有的时候这两种表达形式都没有，但它以社会公理的形式存在于法律文化中。法的价值是法的精神的核心内容，对法律的认识和运用必须深刻认识法的价值。

---

[1] 卓泽渊："法的价值断想"，载 http://www.law-lib.com/lw/lw_view.asp? no=30.

（一）价值的含义

价值的含义有多种解释，从哲学意义上说，价值是客体满足主体生存和发展需要的一种具有积极意义的属性。这里的客体包括物质、精神、制度三部分。价值的主体是人，所有价值问题都与人有关，离开人，所有价值问题都变得没有意义。某人、某个阶级、某个社会或国家构成了价值的主体。对价值的含义的理解要把握以下两点：

1. 价值是表达关系的概念，需要从关系的角度来认识。价值表达的是主体和客体关系的概念，反映的是主体和客体的关系。价值的有无、大小及其属性要从主体、客体及其相互关系来分析，而不是简单地只看主体的需要或只看客体的特性。没有主体的需要，客体就是其自身，而不能称为"价值"。反过来，没有客体的存在，仅仅主体的需要自身也不能称为"价值"。因此，价值既有客观性，也有主观性。价值的客观性表现为，价值最终要以客体表现或具有的性状、属性或作用为基础。价值的主观性是指价值带有很强烈的主观意志、愿望或爱好的色彩。

2. 价值是一个反映意义的范畴，是用来表示客体对主体有意义的、可以满足主体需要的功能和属性的概念。

（二）法的价值的含义

法的价值是指法满足主体生存和发展需要的一种具有积极意义的属性。法的价值通常有以下含义：

1. 法的目的价值。法的目的价值是指法律在发挥其社会作用的过程中能够保护和助长那些值得希冀、希求的或美好的东西。这种价值是法通过促进价值的实现来表现的。在这里，法作为一种实现价值的手段而存在。如人权、秩序、自由、正义和效率等现代社会的基本价值，都需要用法律来维系和促进。法律的目的价值是存在于法律文本之外和社会生活之中的，它们构成了法律所追求的理想与目的。

2. 法的形式价值。法的形式价值是指法律自身所应当具有的值得追求的品质和属性。与法的目的价值不同，法律的这些品质与属性既不是法律所服务的对象，也不是法律所追求的社会目的和社会理想，而仅仅是法律自身在形式上应当具备和值得肯定的"好品质"。在这里，法不是促使价值的实现，而是自身体现出价值。有四种法的形式价值最为重要：权威性、普遍性、统一性和完备性。

（1）权威性体现为法律至上，法律的尊严神圣不可侵犯。法律拥有权威性是其实现的重要条件，没有权威的法律形同虚设。法律的权威来源于法律自身的品质以及法律被严格遵守。

（2）普遍性体现为不因人设法和法律的普遍适用性。法律是针对一般人、一般情况的，这是法的优势和特点所在，针对具体人、个别情况的规定其本身不能称之为法。法的普遍适用体现了法律追求公平的目标。

（3）统一性表现为法的和谐一致，消除矛盾和混乱。法内部的各要素相互联系，形成一个有机联系的整体。法缺乏统一性会影响到法的作用的发挥。

（4）完备性，即有法可依，消除法律空白和法律漏洞。法律漏洞的存在会影响到法律功能的发挥。

3. 法的价值的评价标准。法的价值的评价标准是指法律所包含的价值评价标准。美国法学家庞德认为，在法律调整或安排背后，"总有对各种互相冲突和互相重叠的利益进行评价的某种准则"。

（三）法的价值体系

法的价值体系是由法作为客体而产生的价值所组成的价值系统。法的价值包括哪些内容？价值之间的关系是怎样的？这是复杂的问题，目前有着不同的观点。一般认为，秩序和正义是法的两个基本价值。

1. 秩序。秩序是指自然界和人类社会运动、发展和变化的规律现象，某种程度的一致性、连续性和稳定性是它的基本特征。[1] 法学上所言的秩序，主要是指社会秩序。法与秩序的联系表现在：

（1）秩序是法的基本价值之一。首先，任何社会统治的建立都意味着一定统治秩序的形成。其次，秩序本身的性质决定了秩序是法的基本价值。秩序是人类生活的基础，也是人类生活的基本要求，没有秩序，人的行为、人的社会生活、社会关系都将陷入无序状态。追求秩序，构成了法律的基本使命。法的基本特性是具有一般性，这一特性能够满足个人和社会对秩序的需要。最后，秩序是法的其他价值的基础。法的其他价值如果少了秩序是无法实现的。

（2）法律总是服务于一定的秩序。法律通过三条主要途径来维护社会秩序：①将重要的社会秩序内化到法律中去，使之成为法律秩序；②立法创设某种重要秩序，以使社会更有秩序；③建立确保上述法律秩序得以维系的物质强制力及其运行秩序。[2]

2. 正义。正如法学家博登海默所描述的，"正义有着一张普洛透斯似的脸，变幻极不相同的面貌"。给正义下一个定义是很困难的。什么是正义？这是一个仁者见仁、智者见智的问题，古今中外的大师、学者作出过各种各样的解释。

---

〔1〕 参见章若龙、李积桓主编：《新编法理学》，华中师范大学出版社 1990 年版，第 211 页。

〔2〕 参见周永坤、范忠信：《法理学——市场经济下的探索》，南京大学出版社 1994 年版，第 61 页。

正义，通常又可称公平、公正、正直、合理等。总的来说，仅从字面上看，"正义"一词泛指具有公正性、合理性的观点、行为以至事业、关系、制度等。从实质上看，正义是一种观念形态，是一定经济基础之上的上层建筑。[1]

正义具有相对性。正义不是绝对的，正义是相对的。正义具有阶级性，不同的阶级有不同的正义观。法所体现的正义是掌握国家政权的阶级的正义。正义具有历史性，不同时代有不同的正义观。虽然正义是相对的，但也存在一些普遍的正义观念。

正义包括哪些内容，目前学界没有一致意见。我们认为，正义这一基本价值包含安全、自由、平等、效率这四大主要价值。

（四）法与安全、自由、平等和效率

1. 法与安全。安全是指对于现实利益和可期待利益的保障，也指对于不可测情势所致损害之排除。安全是一种稳定的生活状态，它使人们享有诸如生命和财产等利益，或者使自由和平等等其他价值的状况稳定化并尽可能地维续下去，不至于今天得到的权利在明天被剥夺，今天设定的权利在明天被否定。[2] 法律建立与维护安全价值，具体主要表现在维护一定社会的个人安全、国家安全和社会公共安全等。

2. 法与自由。

（1）自由的含义。"自由"，是一个表征主体意志独立自主程度的概念，有广义和狭义两种理解。广义的自由是指客观事物自为的状态。狭义的自由指人按照自己的意志支配客观事物的状态。法理学指的是狭义的自由。自由有消极自由和积极自由两个方面。消极自由，即指不受他人的干预和限制；积极自由，是指"自己依赖自己，自己决定自己"，即所谓"从事……的自由"。在现代，消极自由包含三个具体的含义：①自由就是不受他人的干预；②限制自由是因为存在着与自由的价值同等或比自由的价值更高的价值；③必须保留一种任何权威以任何借口都不能侵犯的最小限度的自由。在社会生活中，仅有消极自由是不够的，尤其是在当代更是如此，还必须强调积极自由。

（2）法与自由的关系。

第一，自由是法的目的。追求自由是人类固有的本性。自由的欲望是人类根深蒂固的一种欲望，是人类所具有的一种普遍特性。人类的历史就是不断实现自由的过程，自由被人们视为最重要的价值要素，因此自由是法律的目的之

---

〔1〕 参见沈宗灵主编：《法理学》，北京大学出版社 2000 年版，第 53～54 页。

〔2〕 参见［美］E. 博登海默著，邓正来译：《法理学：法律哲学与法律方法》，中国政法大学出版社 2004 年版，第 317 页。

一。古罗马的西塞罗就有一句名言："为了得到自由,我们才是法律的臣仆。"马克思认为法律不是压制自由的手段,法律不能与自由相抵触,法律应以自由为目的。即使是法律的强制问题也是如此,法律的强制也只能以自由为目的。法律以自由为目的,具体表现在:①法律因确认和保障自由而设立。②法律权利和法律义务为实现自由而设定。法律权利是为自由而设定的,法律权利是法律保护的自由。法律义务也是为自由而设定的。法律权利和法律义务为自由的实现提供了具体的法律途径。③法律的实施应以自由为出发点和归宿,以自由为核心;法律的实施必须以自由为宗旨,法律的保护或打击、奖励或制裁都应以自由为依归。

第二,法是自由的保障。首先,自由通过法律才能实现。没有法律,自由就无法得以具体规定,也无法得到保障。法对自由的保障首先体现在法律把意志上的自由转化为法定权利。法律上的自由权利一旦表现为国家的意志,这种受到法律确认的自由就获得了国家强制力的保障而使其实现有了可靠的后盾。任何对行使自由权利的干扰都是对国家意志的否定,都可能招致法律的制裁。其次,法律界定各种自由权利的范围。法律确定各种自由权利范围的形式主要可归纳为两类:①限制自由权的滥用,直接界定自由权利的范围。②对等地设定义务,通过促进彼此自由权利的共同实现,来间接地确定自由权利的范围。再次,法律提供自由选择的机会。自由意味着在各种行为可能之间进行有效的选择,人的自由就是在自觉的选择中实现的,法律为人们的选择提供依据。最后,法律保障自由免受侵犯和滥用。在社会中,各主体的需要、利益、自由之间难免会发生冲突,乃至相互侵犯。同时,自由也存在着被滥用的可能性。法律可以防止自由被侵犯和自由被滥用,从而保障自由的全面实现。

3. 法与平等。

(1) 平等的含义。很难给平等下一个统一的定义。平等有自然平等和社会平等。法律领域指的是社会平等。所谓社会平等,指的是人们在社会关系之中的平等关系。平等的含义要在具体语境中分析。人们通常讲的平等有以下几个方面:

第一,机会平等和现实平等。机会平等,是指人人都有运用自己的智慧和能力去实现自己愿望和利益的可能。与机会平等相对的是现实平等。没有机会平等,其他任何平等都无从谈起。机会平等不能必然地形成现实的平等,但是建立在机会平等上的现实不平等,却是大家所能接受的。

第二,表面平等和结果平等。表面平等是指制度和规则设计层面的平等。结果平等是与表面平等相对的一个概念。

第三,形式平等和实质平等。形式平等不同于表面平等。表面平等是一种能够具体感受到的、不需要预期的平等。形式平等却不完全这样，其结果是具体的，但是大多数结果未明之前，需要预期。实质平等与形式平等相对，它追求的是实质意义上的平等，它关注从不平等的角度思考问题，对各种样态的不平等进行矫正。

第四，法律平等。包括实体平等和程序平等。实体平等就是法律内容规定的平等；而程序平等就是法律程序的平等，包括立法程序、执行程序、司法程序等方面。

（2）平等与法律的关系。

第一，平等是法的价值目标和制约因素。现代社会，平等是人权的基本内容，是人的基本需要，因此平等是法律的基本价值。现代法律应该追求平等。

第二，法是实现平等的必要条件和可行手段。法为平等设定了标准，为平等提供了重要依据；法为平等设定了措施，以保证平等得以顺利实现；法为平等设置了保障，凡破坏平等的法律行为都可能受到宪法、刑事、民事或行政的法律制裁。[1]

4. 法与效率。效率原是经济学上的概念，它是指产出与投入之比率。效率在一般科学中的含义是以较少的代价达到同样的目的，或得到更多的利益。有的学者将这种价值称为效益价值。

各种利益的实现都有效率的要求。立法和法律的实现也不能忽视成本问题。通过法实现利益也要追求效率，效率是法的基本价值。法促进效率价值的实现。法通过权利义务的设计来实现对效率的追求。

（五）法与正义的关系

1. 正义是法追求的基本价值。法律应该追求正义，只有合乎正义的准则时，才是真正的法律。正义是法律的精神与理论依据。法律不能违背正义的精神，背离正义的法不配成为法律。罗尔斯指出，法律应当与正义保持一致。拉德布鲁赫在《法律与法权》中强调"法律只有当其关涉正义时，只有当它以正义为取向时，才具有法质"。因此，正义成了法的基本价值。正因为如此，正义是法的基本的评价标准。法律优劣的标准是多种多样的，其中正义是评价法律优劣的重要标准。

2. 法律是保障和实现正义的一种方式和工具。法是正义得到实现的保障，主要体现在：

（1）法律保障分配正义。法把正义原则制度化、法律化。法律在正义原则的指导下分配权利义务。

---

〔1〕 卓泽渊：《法的价值论》，法律出版社 1999 年版，第 440 页。

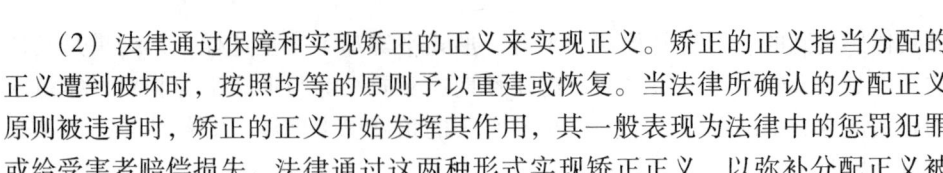

（2）法律通过保障和实现矫正的正义来实现正义。矫正的正义指当分配的正义遭到破坏时，按照均等的原则予以重建或恢复。当法律所确认的分配正义原则被违背时，矫正的正义开始发挥其作用，其一般表现为法律中的惩罚犯罪或给受害者赔偿损失。法律通过这两种形式实现矫正正义，以弥补分配正义被侵犯所带来的不利后果。

（六）秩序和正义的关系

秩序与正义具有不可分割的内在联系。秩序是法律的形式，正义是法律的实质精神。博登海默认为，可以根据两个基本概念来分析法律制度：秩序与正义。秩序表现法律制度的形式结构，正义表现法律制度的实质目的，法律就是秩序和正义的综合体。

秩序是法所追求的社会形式性状，是法的形式价值。正义是法所追求的、人们企图利用法来实现的某种社会实质性状，是法的实质价值。

秩序这种法律的形式性状要内含于正义这种实质性状中；同时，正义这种实质性状要通过秩序这种形式性状来体现。

法律是形成社会秩序的手段，但法律只有被普遍接受和遵循时，才能形成社会秩序。因此，立法者在立法时必须考虑法律的被接受性。人们是否接受、遵循法律主要取决于人们自身对正义价值的理解和追求，取决于法律建构的社会秩序是否包含着人们所理解的正义。因此，法律具有秩序价值的时候，就必须注意要使法律具有正义价值。法律所追求的总是包含着某种正义精神的秩序。

（七）法的价值冲突和整合

1. 法的价值冲突的原因。

（1）价值的多元化。主体的需要有多种类、多层次的特点。人类生活需求的多样性决定了价值目标的多元化。如果法只有一种价值，价值冲突是不可能发生的。如果法具有多元价值，并且这些价值之间的彼此关系不可化约，那么价值冲突就不可避免了。由于资源的有限，不可能同时实现各种价值，价值冲突在所难免，因此，价值目标多元是价值冲突产生的前提和基础。

（2）人类社会利益主体的多元化使法的价值冲突变得更为常见和复杂。由于利益主体利益目标的不一致，各利益主体之间必然会发生矛盾。利益主体多元扩大和加剧了利益矛盾。

（3）其他原因。社会变迁、制度改革、立法政策的变更等，都会使利益关系发生变化，产生出各种各样的价值冲突。

2. 冲突的表现。法的价值冲突可能发生在法的目的价值之间，如正义与效率、自由与安全等，也可能发生在法的形式价值之间。与法的形式价值冲突相比，法的目的价值冲突是一种更主要的冲突，也是更不易解决的冲突。

从法的运行的角度来看，法的价值冲突在立法、执法、司法、守法阶段都存在。立法中的争论实际上是因为立法者的价值观念和价值判断的冲突以及各种价值之间的冲突。执法、司法过程实际上是一个解决价值冲突的过程。守法的状况也是与价值认同和价值冲突密切相关的。

3. 法的价值整合。法的价值冲突通过法的价值整合来解决。整合的目的是把法的价值冲突控制在法律秩序允许的范围内，减低冲突的频率和烈度，从而更好地实现主体的利益。

法的价值整合存在于法律的整个运转过程中，表现在：

（1）立法程序中的整合。立法过程实际上是一个价值整合过程。立法过程中的整合具有宏观性、基础性的特点。立法过程中的整合不是针对个案，而是针对一般问题，因而带有宏观性。立法过程的整合结果形成相应的法律规范，它是司法、执法的基础，同时也为司法、执法留出了较大的机动空间。

（2）执法程序和司法程序中的整合。执法和司法同样可以看作是一个价值整合过程。从价值整合的角度来认识执法、司法，才能真正把握其实质，从而做好执法、司法工作。这种整合针对具体的个案，虽然要在立法整合的基础上来进行，但仍然有整合的空间。

法的价值整合不是一项容易的工作。在价值整合过程中需要遵循相应的原则和采用适当的策略。从原则来看，有几个重要原则是需要遵循的：①兼顾协调原则。在价值整合中，首先要兼顾各种价值。因为各种价值都是值得实现的，是对人们有益的，要尽可能地兼顾到各种价值的实现。②法益权衡原则。在无法兼顾的情况下，根据各价值体现的利益权衡来进行整合。③维护法律安定性原则。在法律价值整合中要保持法律的安定性。法律的安定性是法律得以发挥作用的一个基本的品质，其强调法的价值整合不应以破坏法治来进行，应在法律的范围内进行。④追求正义原则。正义是法的价值冲突解决的指引原则。正义在法的价值体系中居于终极的和根本的地位，是法的最基本价值和最基本评价准则。法的其他价值最终都可以化约为这个最基本价值，都要按照这个最基本价值来衡量。法的价值的整合选择的策略方案，应该有利于实现正义。只有始终不懈地追求正义，才能最大限度地实现法的价值。

思考题

1. 法产生的一般规律是什么？
2. 法与原始社会习惯的主要区别有哪些？
3. 法的基本特征是什么？
4. 法的规范作用有哪些表现？

5. 法的作用的局限性有哪些表现?

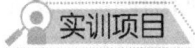 实训项目

实训项目一:

2006 年 4 月 21 日晚上 10 时左右,许霆来到天河区黄埔大道某银行的 ATM 取款机取款。他本来想取 100 元,在操作时先按了 "1" 和 "0",又意外地按了 "00" 键,结果取出 1000 元。他查询余额发现银行卡账户里只被扣了 1 元。接着,许霆连续取款 5.4 万元。当晚,许霆反复操作多次,先后取款 171 笔,合计 17.5 万元;事后,许霆携赃款潜逃。

潜逃一年里,17.5 万元赃款因投资失败而被挥霍一空。2007 年 5 月 22 日,许霆在陕西宝鸡火车站被警方抓获。2007 年 12 月,广州市中级人民法院(以下简称"广州中院")一审审理后认为,许霆以非法侵占为目的,盗窃金融机构,数额特别巨大,行为已构成盗窃罪,根据《刑法》第 264 条,盗窃金融机构,数额特别巨大的,量刑的起点是无期徒刑。遂判处无期徒刑,剥夺政治权利终身,并处没收个人全部财产。许霆不服一审判决,提出上诉。

2008 年 1 月,该案被发回重审,广州中院于 2008 年 2 月 22 日重审,3 月 31 日,广州中院再次认为其行为构成盗窃罪,但因社会危害性不大,情节较轻,判处其 5 年有期徒刑。广州中院适用了《刑法》第 63 条。《刑法》第 63 条规定:"犯罪分子具有本法规定的减轻处罚情节的,应当在法定刑以下判处刑罚……犯罪分子虽然不具有本法规定的减轻处罚情节,但是根据案件的特殊情况,经最高人民法院核准,也可以在法定刑以下判处刑罚。"许霆提起上诉。5 月 22 日,终审维持原判。

本案在全国民众间引起了广泛的争议,同时在专家学者之间引起了激烈的争论。专家学者争议的焦点主要是:

1. 是否属于秘密窃取? 有的主张许霆的行为不属于秘密窃取。许霆在银行柜员机里取钱,用的是有自己真实身份信息的银行卡,是一种公开的行为,不是秘密的行为。

有的主张属于秘密窃取。认为秘密窃取是指行为人自认为不被人所知而为的行为。

2. ATM 机是否属于金融机构? 有观点认为,ATM 机执行的就是金融机构的意志,就相当于代表银行,通过 ATM 机操作取款和通过银行操作取款是一样的,它是金融机构的一个代表。

有观点认为,金融机构必须有严密的组织系统、运作程序等,必须有工作人员、保安等,ATM 取款机其实只是金融机构下设的机械设备,不能称之为金

融机构。

一审判决后，专家学者和普通老百姓普遍认为判处过重。重审结果出来以后，普通老百姓普遍对同一个法院前后两个悬殊很大的判决表达了疑惑。有的认为，如果没有舆论的关注，许霆不会有这样轻的判处结果。法院认为其所作出的判决并不是完全按照民意而不顾法律，法院强调该重审判决仍然是在法律规定的范围内作出的，而且是考虑了案件特殊性的一个适当的判决。

问题：从法的价值的角度分析关于许霆案的争论以及法院前后两次判决。

实训方法：课堂讨论。单个人发表看法，教师掌控讨论场面。

实训步骤：①学生思考；②课堂讨论；③教师归纳主要观点，点评。

实训项目二：

王海知假买假要求双倍赔偿打假，在全国有很大的影响。但是，他在不同的地方，有不同的遭遇。在有的地方，他的诉讼请求都得到了法院支持，得到了双倍的赔偿。因为法官从保护消费者的立法目的出发来认定王海是消费者并有获得赔偿的权利。在有的地方起诉要求赔偿，却得不到法院的支持。法院认为，现行的《消费者权益保护法》第2条规定："消费者为生活消费需要购买、使用商品或者接受服务，其权益受本法保护；本法未作规定的，受其他有关法律、法规保护。"王海不是消费者，因为消费者是指为了个人消费购买商品接受服务。王海不是为了个人消费，而是知假买假索赔，因此不符合《消费者权益保护法》规定的字面含义。

根据上述案例围绕以下问题进行讨论：

1. 法院对消费者的解释是否属于法律？

2. 相同的情况不同的法院作出不同的处理是否违背法律的价值追求？

实训方法：小组讨论。

实训步骤：①教师提供详细背景材料；②学生思考并拟定发言提纲；③指定各组负责人，课余分小组开展讨论；④各组负责人记录整理发言内容，形成小组意见；⑤教师利用课堂时间介绍各小组情况并归纳主要观点，点评。

第二章　法的基础知识

学习目标

　　通过本章学习，对法律三要素、法律部门、法律体系、法的效力、法律渊源、法律关系、法律责任等基本概念和理论有基本的记识与了解，能够掌握法律规则的逻辑结构、法律规则的结构与分类、当代中国的正式法律渊源、规范性法律文件系统化形式、划分法律部门的标准与原则、当代中国的法律体系、法的效力层次和范围、法律关系的构成要素，以及法律责任的构成、种类、归责原则、免责条件等主要内容，使学生能够运用上述基本概念与知识去分析处理具体法律实践中所体现的各种法律关系与社会现象，为学习后续章节和课程提供理论支撑与准备。

 第一节　法律要素

　　按照系统论的观点，法律可以被看成一个社会系统，它与任何其他系统一样，也是由若干个相互联系、相互依存、相互作用的要素按一定的结构组合而成的具有特定功能的整体。因此，法律要素就是法的基本构成要素，是构成法律这个系统相互联系、相互作用的元素，各个要素彼此相互独立又相互关联，缺少其中任何一个要素，法的系统都将不再完整，也难以发挥作用。

　　研究法的要素，实际上是深入到法的内部去剖析法的微观结构，具有重要的理论意义和实践意义。从理论上讲，研究法的要素是从微观层次进一步探讨"法是什么"这一基本的法学理论问题，从而使人们对法律的认识更清晰、更具体、更丰富。从实践上看，研究法的要素，有助于立法者和执法者更好地把握法的系统的有机结构，能够更好地保持各种法律要素之间的衔接与一致，协调发挥各种法律要素的配套功能，提高立法质量和执法效果。

　　在西方法哲学界，19世纪英国的分析法学家奥斯汀对法的要素进行分析，提出了"法律命令说"。他认为严格意义上的法律，就是主权者发出的以制裁为后盾的各种各样命令的总和，因此法律是由命令、主权、制裁三要素组成的。[1]

当代英国的新分析法学代表人物哈特在批判奥斯汀的"法律命令说"的基础上提出了"规则模式论"。他认为，法律作为一种规则体系，是由第一规则（主要规则）和第二规则（将要规则）结合而成的规则体系。其中第一规则是设定义务的规则，第二规则是授予权利或权力的规则。[2] 第二规则又分承认规则、改变规则和审判规则。

美国当代新自然法学代表人物德沃金则提出了"规则—政策—原则模式"。他反对哈特把法的要素归结为单一的法律规则的观点，认为法的要素不仅有规则，还包括政策和原则，是由规则、政策和原则三要素组成的。

美国当代著名的法学家、社会学法学代表人物庞德则提出了"律令—技术—理想模式"。他认为，如果把法律理解为一批据以作出司法或者行政决定的权威性资料、根据或指示，那么，"这一意义上的法律是由律令、技术和理想构成的一批权威性的律令，并根据权威性的传统理想或以它为背景，以权威性的技术对其加以发展和运用"。[3] 他认为，法律的律令又包括规则、原则、概念、标准。

上述各种理论是西方法学家从不同角度对法的要素所作的分析，尽管各种理论各有偏颇，但也有不少可供我们借鉴的内容。在全面总结上述各种理论得失的基础上，并大量参考我国法学界关于法的要素的观点，我们认为，法的要素有三个，即法律规则、法律原则和法律概念。

一、法律规则

西方的一些学者认为，应当区分法律规则与法律规范这两个概念。规范法学派创始人、美籍奥地利法学家凯尔森指出，最好不要把法律规范和法律规则混淆起来，因为法的创制权威所制定的法律规范是规定性的，而法学所陈述的规则却是叙述性的。[4] 英国法学家沃克认为，规则就是关于某些事项的法律规定的陈述，通常比学说和原则更详细和具体，规范则是团体成员所接受的行为规则或标准，它不及法律规则具体。[5]

在中国目前的大多数法理学教材中，法律规范与法律规则是互相通用的两

〔1〕 严存生主编：《新编西方法律思想史》，陕西人民教育出版社 1989 年版，第 198 页。

〔2〕 ［英］哈特著，张文显等译：《法律的概念》，中国大百科全书出版社 1996 年版，第 83 页。

〔3〕 ［美］罗·庞德著，沈宗灵、董世忠译：《通过法律的社会控制·法律的任务》，商务印书馆 1984 年版，第 23 页。

〔4〕 ［奥］凯尔森著，沈宗灵译：《法与国家的一般理论》，中国大百科全书出版社 1996 年版，第 49 页。

〔5〕 ［英］戴维·M. 沃克著，北京社会与科技发展研究所组织翻译：《牛津法律大辞典》，光明日报出版社 1988 年版，第 790 页。

个概念。如沈宗灵主编的《法理学》指出："在现代汉语中，规则与规范基本上是同义的。在中外法学中，法律规则与法律规范也是通用的。"[1] 葛洪义主编的《法理学》指出："法律规则，即我国法理学界通常所说的法律规范……"[2] 周旺生主编的《法理学》也认为："在中国目前法学著述中，法律规范和法律规则不仅是相近或相似的，甚至是同义的、通用的。"[3]

但也有少数中国学者认为还是应当区分法律规范与法律规则这两个概念。舒国滢主编的《法理学》"尝试将法律规范定义为：法律规范是指国家通过制定或认可的方式形成法律规则和法律原则来调整人们行为的社会规范。而法律规则是明确规定法律上的权利、义务、责任的准则、标准，或是赋予某种事实状态以法律意义的指示、规定"[4]

本书取目前多数人的观点，认为法律规范与法律规则是相近似的概念，并将法律规则作为法的基本要素之一。

（一）法律规则的概念及功能

法律规则是指具体规定权利和义务以及具体法律后果的准则，或者是赋予某一事实状态以确定的具体后果的指示和规定。作为法的规范性内容最集中、最直接的体现，法律规则是法的最基本、最主要的构成要素，具有极强的技术性和完整的逻辑构成，能够对法律上的权利、义务、责任和制裁等有较为直接和明确的反映，具有很强的可操作性。

法律规则直接实现着对社会关系的调整功能，它通过规定一定的行为模式来指导人们的行为，具体体现在两个方面：

1. 它指出哪些事件或行为是具有法律意义的，即当发生何种事件或行为时，当事人之间就会产生、变更或消灭法律上的权利义务关系。

2. 它指出当发生了某种在法律上有意义的事实时，当事人之间在法律上将产生什么样的权利义务关系或责任关系。

对于某种事实状态的法律意义和法律后果作出明确规定，这是法律规则的显著特征。通过法律规则的规定，人们能预先知晓自己的行为是否具有法律意义，将会产生何种法律后果，并据此作出选择，从而将自己的行为纳入法律预先设定的目标和秩序之中。

（二）法律规则的逻辑结构

法律规则的结构，是指一个完整表达法律规范性内容的法律规则是由哪些

---

〔1〕 沈宗灵主编：《法理学》，北京大学出版社 2000 年版，第 32 页。

〔2〕 葛洪义主编：《法理学》，中国政法大学出版社 2008 年版，第 70 页。

〔3〕 周旺生主编：《法理学》，北京大学出版社 2007 年版，第 98 页。

〔4〕 舒国滢主编：《法理学》，中国人民大学出版社 2008 年版，第 70 页。

基本成分构成的，以及这些成分之间在逻辑上有怎样的关系。

一般认为，一个完整的法律规则在结构上必定由三个要素组成，即假定条件、行为模式和法律后果。

1. 假定条件。假定条件是指法律规则中规定适用该规范的条件和情况的部分。它把规范的作用与一定事实状态联系起来，指出在发生何种情况或具备何种条件时，法律规则中规定的行为模式便生效。

2. 行为模式。行为模式是指法律规则中规定人们如何具体行为的部分，即权利和义务。它指明人们可以做什么，应该做什么，不能做什么，以此指导和衡量主体的行为。行为模式是法律规则的核心部分。根据行为要求的内容和性质的不同，法律规则中的行为模式有三种：

（1）可为模式。即在假定条件下，法律规则对特定主体授予可为一定行为的权利。

（2）应为模式。即在假定条件下，法律规则对特定主体设定了必须或应当如何行为的义务。

（3）勿为模式。即在假定条件下，法律规则对特定主体设定了禁止如何行为的义务。

3. 法律后果。法律后果是法律规则中规定主体在作出符合或者不符合行为模式要求的行为时所应承担的结果的部分。它是法律规则对人们具有法律意义的行为的一种法律评价。法律后果有两种：

（1）肯定性法律后果。即法律规则中规定人们按照行为模式的要求行为所获得的肯定的评价，它表现为法律规则对人们行为的保护、许可或奖励。

（2）否定性法律后果。即法律规则中规定人们不按照行为模式的要求行为所获得的否定的评价，它表现为法律规则对人们行为的制裁、不予保护、撤销、停止或要求恢复、赔偿等。

（三）法律规则与其他概念的关系

1. 法律规则三要素的相互关系。法律规则的三个要素是具有内在联系的同一整体，任何一个完整的法律规则都必须具备上述三个要素。三要素之间存在着逻辑上的因果联系，这种联系可以表述为"如果……则……否则……"，即如果发生了规则的"假定条件"部分规定的事实状态，则主体之间就会产生"行为模式"部分所规定的权利和义务关系，而如果义务人不履行义务或者侵犯了权利主体的权利或者权利人滥用其权利时，"法律后果"部分的规定就会发生作用，使违法者承担法律责任，受到法律制裁，恢复被损害的权利，维护受到破坏的法律秩序。各要素之间在逻辑上具有的这种因果性联系是法律能够切实有效地发挥社会整合作用的重要保障。

2. 法律规则与法的整体的关系。法律规则是法的系统的基本细胞，它与法的整体的关系是系统中的个别因素与系统整体的关系。

（1）一切法律规都是整体的组成部分，任何法律规则都具有法的一般规定性；

（2）具体的法律规则作为法的整体中的个别现象又有自己的特殊性。

3. 法律规则与法律条文的关系。

（1）法律条文是指法律规则的文字表述形式，是规范性法律文件的构成因素。

（2）法律条文是法律规则的重要表现形式，制定法的规范必须以规范性文件和法律条文的方式表现。但法律条文又不是法律规则的唯一表现形式，法律规则本身是一种以意识的形式存在于人们头脑中的行为规则，它可以表现为成文法，也可以表现为不成文法。

（3）法律条文的基本内容是法律规则，但条文中除了法律规则之外，还包括构成法的其他要素，如法律原则。

（4）法律规则与法律条文不一定是一一对应的，一项法律规则的内容可以表现在不同的法律条文甚至不同的法律文件之中。反之，一项法律条文也可以反映若干个法律规则的相同内容。

（四）法律规则的分类

依据不同的标准和出于不同的目的，可以对法律规则作出不同的分类。本书着重介绍以下四种分类：

1. 授权性规则、义务性规则和权义复合规则。这是按照法律规则所设定的行为模式的不同来进行划分的。

授权性规则是规定主体可为、不为或要求别人为一定行为或不得为一定行为的规范。授权性规则是主体享有法定权利的依据，它为权利主体提供了一个作为或不作为的自由选择的空间，赋予人们去建立、变更或者终止一定的法律关系的权利，为人们的自主行为和良性互动提供行为模式，同时也为社会的良性运作和发展提供规则保障。

义务性规则是直接要求人们为或不为一定行为的规则。义务性规则以法定义务的形式为人们设定了必要的行为尺度，义务主体必须履行该法定义务，不得拒绝，体现了对义务主体的一种约束，为人际互动、维护社会安全提供了保障。义务性规则又分为命令性规则和禁止性规则两种。前者通常采用"应当""必须""应该"等术语，后者则常使用"不得""禁止""严禁"等术语，或者在行为模式后加上不利的法律后果。

权义复合规则指兼具授予权利、设定义务两种性质的法律规则。权义复合规则大多是有关国家机关组织和活动的规则。其特点表现为既是权利也是义务，即依照法律规则作出某一行为，这既是主体的权利，同时这也是一种责任，如果主体不作出该行为将承担相应的责任。依其指示的对象和作用可以分为委任规则、组织规则、审判规则、承认规则等。

2. 强行性规则和任意性规则。这是按照法律规则是否允许主体按照自己的意愿自行设定或变更权利和义务来进行划分的。

强行性规则指法律规则设定了明确的行为模式，不允许当事人合意或者以单方意志予以变更的法律规则。强行性规则的适用具有强制性，必须严格遵守，不得自行变更，否则将受到法律制裁。义务性规则一般都是强行性规则。

任意性规则指允许当事人合意或者以单方意志予以变更的法律规则。任意性规则的适用不具有强制性，法律主体可以自己决定是否按照规则指定的方式行事，也可以协商决定具体的行为方式。授权性规则一般都是任意性规则。

3. 调整性规则和构成性规则。这是按照法律规则的功能的不同来进行划分的。

调整性规则是对已有行为方式进行调整的规则，它的功能在于控制行为。就像交通规则与交通行为的关系一样，从逻辑上讲，调整性规则所规范的行为独立于规则本身，调整性规则的功能在于对行为的控制。调整性规则占了法律规则的大多数。

构成性规则是组织人们按规则授予的权利（力）去活动的规则。构成性规则是行为产生的依据，即构成性规则在逻辑上先于它所规定的行为，没有规则就不可能有行为，就好比足球比赛与足球比赛规则的关系一样，诸如各国家机关的"组织法"和立法、审判等法律活动的"程序法"，其规则多是构成性规则，如果没有这些法律规则，这些组织的活动就无法进行。

4. 确定性规则、委任性规则和准用性规则。这是按照法律规则的内容是否被明确规定下来划分的。

确定性规则是明确规定了规则的内容，无须援用其他规则来确定本规则内容的法律规则。这是法律规则最常见的形式。

委任性规则是没有明确规定规则的内容，而授权某机关加以具体规定的法律规则。如《行政处罚法》对有关罚款决定与罚款收缴分离的问题未作明确规定，而是规定由国务院来制定具体的实施办法。

准用性规则是没有明确规定行为规则的内容，但明确指出可以援引其他规则来使本规则的内容得以明确的法律规则。如"依《某某法》第几条之规定"处理。

准用性规则和委任性规则虽然表面上都没有规定行为规则的具体内容，但

委任性规则只是指出某一法律规则应当由哪个机关制定，这种规则还没有产生；而准用性规则所准许援用的法律规则是已经实际存在的，立法机关只是为了避免就同一问题在文字上作重复规定而采用了技术性的省略。

二、法律原则

"原则"一词源于拉丁语的 princium，基本语义为"开始、起源、基础"。法律原则是法律精神的体现，是在一定法的体系中作为法律规则的指导思想、基础或本原的、对法律规则的制定与实施具有指导作用的基本原理和准则。

与法律规则一样，法律原则也是法的基本要素之一，它不预先设定任何具体事实状态与特定法律效果的逻辑联系，没有规定何种具体事件或行为将导致何种具体权利、义务和责任的产生、变更与消灭，在形式上也不具备法律规则必须的结构要素，它往往只是提出了立法者对于某一类行为的倾向性要求，而没有提供明确具体的行为模式。它的这种高度抽象和概括的性质使它比法律规则更具有稳定性，适用的范围也更广泛。

（一）法律原则的作用

1. 是法律制度内部协调统一的重要保障。任何一种成熟的法律制度都包含着众多的规则，这些规则所涉及的事实状态纷繁复杂，这些规则又分别由级别不同、种类不同的国家机构出于不同的管理需要所制定，因此如何保障法律自身的协调一致就成为一个重要问题。在法律的创制过程中，当处于不同法律位阶的各项原则被各级各类的立法者刻意遵守时，法制的统一就得到了保障。可以说，法律原则在阻止和消弭法律制度内部矛盾和增强法制统一方面具有突出作用。

2. 指导法律解释和法律推理。法律解释和法律推理是法律实施过程中的两个重要环节，而法律原则是解释机关在各种可能的解释中进行选择的重要依据，也是法律推理的权威性出发点。法律原则的存在，确保了法律解释和法律推理符合法律精神与法的价值，大大降低了不合理的法律解释和不符合法律目的的推理结果的出现，保障了法律的实施。

3. 补充法律漏洞，强化法律的调控能力。由于社会关系的复杂性和多变性与法律的稳定性的冲突，再完备的法律体系都可能存在法律的缺漏现象。法律原则的存在就成了弥补法律漏洞的一种必不可少的手段，它可以弥补法律规则的缺失，也可以防止现有规则的不合理适用。

4. 限定自由裁量权的合理范围。各国法律实践的经验表明，再详尽的法律也不可能使法律适用变成一种类似数学运算那样的操作过程，因此，法律适用过程中的自由裁量无法禁绝，例如量刑幅度、罚款幅度等许多规定都不可避免地允许适用人员有一定的自由裁量空间，但如果对这些自由裁量空间不加以必要的限制，就可能使自由裁量权绝对化，从而导致公权力的滥用和对私权利的损害，进而对法律秩序造成威胁。而如果自由裁量权受制于法律原则，在法律原则许可的范围内行使，自由裁量权的消极作用就能被防止，出现问题时也易于纠正。

（二）法律原则的分类

1. 公理性原则和政策性原则。这是按照法律原则产生的基础所作的分类。

公理性原则是从社会关系本质中产生出来、得到社会广泛认可并被奉为法律之准则的公理。这是严格意义上的法律原则。例如宪法上的"法律面前人人平等"、民法上的"诚实信用"、刑法上的"罪刑法定"等原则。由于公理性原则来自于事物本身的性质，所以比政策性原则更具有普适性和稳定性。

政策性原则是国家政策在法律、法规中的原则性反映，是基于一定的政策考量而确立的原则。国家政策的内容是丰富的，反映到法中并成为法的一种原则的政策，通常都是经济、政治、文化以及其他领域中的重大政策或基本政策。政策性原则在宪法和宪法性法律中有更多的体现。一般来说，高位阶法律中的政策性原则比低位阶法律中的多。政策性原则常常具有鲜明的时代特色、政治特色和民族特色，但稳定性较弱。

2. 基本法律原则和具体法律原则。这是按照法律原则对人的行为及其条件的覆盖面的宽窄和适用范围的大小进行的分类。

基本法律原则是体现一国法律的基本精神和基本价值取向的法律原则，是整个法律体系或某一个法律部门都适用的法律原则。如"法律面前人人平等""司法独立"等原则。基本原则一般比具体原则更重要，也更具有指导性。

具体法律原则是在基本原则指导下适用于某一特定社会关系领域的法律原则。在法律原则体系中，具体原则是数量最多的原则，具体原则不得同基本原则相冲突。

3. 实体性原则和程序性原则。这是按照法律原则涉及的内容和问题的不同所作的分类。

实体性原则是直接涉及实体性权利、义务分配状态的法律原则，如罪刑法定原则、诚实信用原则等，宪法、法律、法规中的原则多是实体性原则。

程序性原则是通过对法律活动程序进行调整而对实体性权利、义务产生间接影响的法律原则，如回避原则、辩护原则、上诉不加刑原则等。

（三）法律原则的适用条件

法律原则在发挥评价功能和裁判功能时，可以克服成文法的不足，弥补法律漏洞，保证个案公平。但由于法律原则内涵高度抽象，外延宽泛，不像法律规则那样对行为模式和法律后果有明确的规定，所以如果直接引用法律原则作

为裁判标准发挥作用时，会使法官拥有较大的自由裁量权，增加法律适用的不确定性。为了保证法律的客观性和确定性，必须对法律原则的适用设定严格的条件。

1. 穷尽法律规则方得适用法律原则。在有具体法律规则可以适用的情况下，不得直接适用法律原则。只有在没有法律规则可以适用的情况下，法律原则才可以作为弥补规则漏洞的手段发挥作用。这是为了保持法律的权威性和稳定性，避免司法工作者滥用自由裁量权。

2. 除非为了实现个案正义，否则不得舍弃法律规则而直接适用法律原则。一般情况下，法官只需依据法律规则来裁判案件，无须对规则本身的正确性进行审查。除非直接适用法律规则的结果极端不公正，否则法官不得舍弃法律规则而适用法律原则。即使有为了个案公正而舍弃法律规则来适用法律原则的情况发生，这种例外情况在司法实践中也是极少出现的。

（四）法律规则与法律原则的区别

1. 调整方式不同。法律规则有严密的逻辑结构，内容也明确具体，旨在削弱或防止法官的自由裁量权；而法律原则则不具备法律规则所具有的结构要素，它只对行为或裁判设定一些概括性的要求或标准，却不明确具体的权利义务，也不直接告诉应当如何去实现或满足这些要求或标准，因此法官在选择适用时有较大的自由裁量空间。

2. 适用范围不同。法律规则由于内容具体明确，所以只适用于某一类型的行为。而法律原则由于较为抽象，对人的行为及其适用条件具有较大的覆盖面，是从社会生活或社会关系中概括出来的某一类行为、某一法律部门甚至全部法律体系均通用的价值准则，其适用范围比法律规则更为广泛。

3. 适用方式不同。法律规则以"全有或者全无的方式"适用于个案。即如果某一规则所规定的事实是既定的，那么要么这条规则是有效的，要么这条规则是无效的，不存在规则一部分适用一部分不适用的情况。而法律原则的适用则不是以"全有或者全无的方式"适用于个案。不同的法律原则有不同的强度，这些不同的原则甚至相冲突的原则都可能共存于一部法律中。当两个原则在具体的个案中冲突时，法官要根据案件的具体情况在强弱不同的原则间作出权衡，被认为强度较强的原则将对该个案的裁决具有指导性作用，比其他原则的适用更具有分量。但另一原则并不是就不被适用。例如，在个案中，不能因为适用了公平原则就否定意志自由原则的适用。

三、法律概念

（一）法律概念的含义

作为法的要素之一的法律概念，是指在法律上对各种事实进行抽象、概括出它们的共同特征而形成的权威性范畴。它将各种法律现象加以整理归类，为法律规则和原则的构成提供前提和基础，是法的基本要素之一。法律概念与日常生活用语中的概念不同，它通常具有明确的定义和应用范围。

法律概念的内涵与外延不是固定不变的。它们随着社会生活的发展、法制水平和法学家的认识水平的发展而不断变化。对于不同国家的法律而言，即使具有相同法律用语的法律概念也可能具有不同的内容。因此，确定法律概念的确切所指，是我们正确理解并适用法律规范性内容的重要前提。

（二）法律概念的功能

法律概念具有三大功能：①表达功能或构成功能。无论规范还是原则，在形式逻辑上都表现为一定的判断，而任何判断都是两个以上概念的结合，因此，法律概念是构成法律规则和原则的基本要素。②认知功能。只有通过法律概念，才能将纷繁复杂的法律现象加以整理和归类，使之相互区别开来，这是建构和发展任何法律体系所必须的。③改进法律、提高法律科学化程度的功能。在特定场合，即当法律规则不够完备时，法律概念也可以同法律原则结合起来，直接规范主体的行为。

 **第二节** 法律的渊源与效力

一、法的渊源

（一）法的渊源概述

作为专门术语，"法的渊源"这一概念在法学特别是立法学中有特定的含义，它是指法的效力来源，包括法的创制方式和法律规范的外部表现形式。这一概念的意义在于说明一个行为规则，通过什么方式产生、具有何种外部表现形式才被认为是法律规范，才具有法的效力，并成为国家机关审理案件、处理问题的规范性依据。这个意义上的法的渊源又被称为法的"形式渊源"，因为它不涉及法的力量的内在的、终极的来源，而仅仅指出法律规范效力在形式上的来源，即国家制定或认可规范的方式、法律规范的外部表现形式。在本书中，法的渊源就是指法的形式渊源。

对法的渊源的研究通常包括两个方面的问题：①法律规范的创制机关、创制权限和创制方法，即哪些国家机关可以在什么领域内以何种方式创制法律规范；②法律规范有哪些表现形式，不同形式之间的效力关系如何。

在不同的国家，在法发展的不同时期，法的渊源往往有所不同。除了法的阶级本质和经济条件的原因外，一定国家或地区在一定时期的政治制度、思想

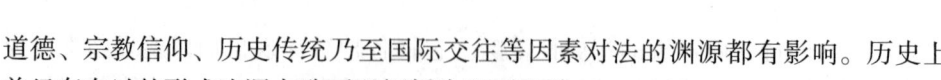

道德、宗教信仰、历史传统乃至国际交往等因素对法的渊源都有影响。历史上曾经存在过的形式法源大致可以概括为以下几种：

1. 制定法。制定法又称成文法，指由国家机关依照一定程序制定颁布的，通常以条文形式表现出来的规范性法律文件。

2. 判例法。判例法是指法院对于诉讼案件所制作之成例，由于此种判例对于法院以后审理类似案件具有普遍约束力，便成为法的一种渊源。判例法不是简单的判例汇编，它的意义不仅限于法院在此后的案件审理中能够从先例中理解法律的规定，还在于把先前的判例所确立的原则视为审判过程中必须遵循的根据，据此审理同类案件。这样，判例就不仅是一种对个案的决定，还是具有普遍意义的法律规范。

判例法的适用有其独特的方法，法官在审理案件时，首先必须找出与当前案件相似的案件，先例中的法律事实必须与当前的案件事实在实质上是类似的；其次，他还应从先例中提取出一定的法律原则；最后，再适用于当前的案件。

3. 习惯法。习惯法指经有权的国家机关以一定方式认可，赋予其法律规范效力的习惯和惯例。法产生和发展的早期，法的渊源大多表现为习惯法。此后，制定法逐步发达起来，并成为法的主要渊源，习惯法的作用范围显著缩小，日益成为制定法的补充形式。

4. 学说和法理。学说是法学家对法律问题的见解或观点。法理通常指"事物的当然之理"或"法之一般原理"，实际上就是我们所说的法的基本精神。在一定历史条件下或在某些特定场合，当现行法律对某些司法实践中遇到的问题缺乏规定时，法官可以依据法学家的权威性学说或者自己对于法的基本精神的理解来审理案件。

根据效力的不同，法律渊源可以分为正式法律渊源与非正式法律渊源。

正式法律渊源是指具有明文规定的法律效力并且能够直接作为法官审理案件根据的法的渊源。如大陆法系中的制定法和英美法系中的判例法。

非正式法律渊源是指不具有明文规定的法律效力，却具有法律意义并可能构成法官审理案件的依据的法的渊源。如正义标准、理性原则、公共政策、道德信念、社会思潮、习惯等。非正式渊源被视为"法的半成品"——尽管不具有成品的法的效力，但是对法律活动也不是完全没有意义的；在成品的法存在某种漏洞或者含混之处时，它甚至能够发挥更为积极的作用。

由于受到历史传统和宪法体制的影响，各国司法权的范围宽窄各异，这就导致不同国家在正式法律渊源与非正式法律渊源划分上存在差异。

（二）当代中国法的渊源

1. 当代中国法的渊源的一般特点。

（1）当代中国法的渊源主要由以宪法为核心的各种制定法构成。宪法在法的渊源体系中居于核心地位；制定法之所以成为法的渊源的主导形式，一方面由于它直接体现了人民民主专政的国家政权的意志，另一方面也由于中国历史上的法律文化中长期形成的成文法传统。在当代中国，经国家机关认可的习惯仅仅在特定场合作为制定法的补充，司法判例不是法的渊源。制定法表现为有权创制法律规范的国家机关制定颁布的各种规范性法律文件，包括部门法典、单行法规等。

（2）法律规范制定机关和规范性文件的多样性。全国人大及其常委会行使国家立法权，国务院可以制定行政法规，省级人民代表大会及其常委会可以制定地方性法规，民族自治地方的人民代表大会可以制定民族自治条例和单行条例，国务院所属部委、省、自治区、直辖市和较大的市的人民政府可以制定规章。由此形成了多层次的法律规范制定机关体系和不同形式的规范性法律文件体系。

（3）在"一国两制"的格局下，特别行政区法的渊源将作为中华人民共和国法的渊源体系中的特殊形式渊源在特区长期存在。

2. 当代中国正式法的渊源。当代中国法的正式渊源表现为以宪法为核心，以制定法为主的形态。依据法的效力的上下等级，我国正式法的渊源表现为：

（1）宪法。宪法是我国的根本大法，是治国安邦的总章程，是我国最主要的法的渊源，在我国法律渊源中处于最高和核心的地位。

（2）法律。在我国，法律专指由国家最高权力机关及其常设机关，即全国人民代表大会和全国人大常委会制定颁布的规范性文件。其法律效力仅次于宪法。

法律可以分为基本法律和基本法律以外的法律。基本法律由全国人民代表大会制定和修改，基本法律以外的法律由全国人大常委会制定和修改，通常规定和调整基本法律调整的问题以外的比较具体的社会关系。

此外，全国人民代表大会和全国人大常委会发布的具有规范性内容的决定和决议，也属于法的渊源。

（3）行政法规。行政法规是国务院在法定职权范围内为实施宪法和法律制定的有关国家行政管理的规范性文件。国务院还有权发布决定和命令，其中具有规范性内容的，也是法的渊源，与行政法规具有同等效力。

此外，全国人民代表大会及其常委会还可以根据需要授权国务院制定行政法规，这就是所谓的"授权立法"。授权决定应当明确授权的目的、范围。被授

权机关应当严格按照授权目的和范围行使该项权力。被授权机关不得将该项权力转授给其他机关。授权立法事项经过时间检验，制定法律的条件成熟时，由全国人大及其常委会及时制定法律。法律制定后，相应立法事项的授权终止。

（4）地方性法规。地方性法规是省、自治区、直辖市的人民代表大会及其常委会根据本地区的具体情况和实际需要，在法定权限内制定发布的适用于本地区的规范性文件。省、自治区人民政府所在地的市，经济特区所在地的市和经国务院批准的较大的市的人民代表大会及其常委会，也可制定地方性法规，经省、自治区人民代表大会常委会批准后施行。设区的市的人民代表大会和它们的常务委员会，在不同宪法、法律、行政法规和本省、自治区的地方性法规相抵触的前提下，也可以依照法律规定制定地方性法规，报本省、自治区人民代表大会常务委员会批准后施行。

（5）自治条例和单行条例。民族自治地方的人民代表大会有权根据当地民族的政治、经济和文化的特点，制定自治条例和单行条例。自治区的人民代表大会制定的自治条例和单行条例，报全国人大常委会批准后生效；自治州、自治县的人民代表大会制定的自治条例和单行条例，报自治区人大常委会批准后生效。

（6）规章。这里的规章指行政规章，即特定行政机关为执行法律、行政法规或地方性法规的需要，在本部门的职权范围内发布的有关行政管理的规范性文件。行政规章可以分为"部门规章"和"地方政府规章"，前者由国务院所属各部委、中国人民银行、审计署和具有行政管理职能的直属机构制定；后者由省、自治区、直辖市和较大的市的人民政府制定。

（7）军事法规和规章。军事法规和规章是国家军事机关为管理国家武装力量而制定的规范性文件。中央军事委员会制定军事法规；中央军事委员会各部委、军兵种、军区，在其权限范围内制定军事规章。

（8）特别行政区的法源。特别行政区的法指特别行政区的国家机关在宪法和特别行政区基本法赋予的权限范围内制定或认可，在该特别行政区域具有普遍约束力的各种行为规则。特别行政区的法律渊源具有多样性，《香港特别行政区基本法》第8条详细列举了各种不同的形式渊源：香港原有的法律，即普通法、衡平法、条例、附属立法和习惯法，除同本法相抵触或经香港特别行政区立法机关作出修改外，予以保留。

（9）国际条约和国际惯例。国际条约是两个或两个以上国家就政治、经济、贸易、军事、法律、文化等方面的问题确定其相互权利义务关系的协议。作为当代中国法的渊源的国际条约是指我国与外国缔结的或我国加入的国际条约。国际条约虽然不属于国内法范畴，但我国政府与外国签订或者我国加入的国际条约，对于我国国内的国家机关、企事业单位、社会团体和公民也具有与国内法一样的约束力。

在当代中国法的渊源中，还有一种适用面虽小，但仍存在着的法的渊源，即国际惯例。

3. 当代中国非正式的法的渊源。

（1）判例。所谓判例，是指那些事先存在的、可能构成法官审理案件依据的判决范例。中国不是普通法法系，也不存在判例法这种法的形式，但中国最高司法机关选择、确认和公布的指导性案例，在法律实际生活中，是起到了法的渊源的作用的。2010年11月26日发布的《最高人民法院关于案例指导工作的规定》（法发〔2010〕51号）第7条就规定："最高人民法院发布的指导性案例，各级人民法院审判类似案件时应当参照。"

（2）习惯。习惯是人们在社会中所应当遵守的行为规范，具有自发演化的特征，是在特定社会条件下逐渐形成的。习惯自身存在着某些无法克服的缺陷，即习惯本身的不确定性。当法律存在漏洞或者意思不清晰时，习惯可以作为一种非正式的法源，来帮助人们找到解决法律问题的适当方法。我国《民法总则》第10条规定："处理民事纠纷，应当依照法律；法律没有规定的，可以适用习惯，但是不得违背公序良俗。"这就表明，在法无明文规定的情况下，习惯可以成为我国法律的一个重要渊源，以弥补立法的不足。

（3）道德规范和正义观念。在中国文化传统下，道德规范以及其相关联的正义观念，自古以来都是我国的一种法的渊源。在司法过程中，在缺乏正式法律渊源，而又无法寻找判例或者习惯弥补法律漏洞的情况下，法官可以参考道德规范和正义观念对案件进行裁判。

（4）政策。政策是指一定的社会集团为了实现某种利益、达到某种政治经济或者社会的目的，根据社会发展情况而制定的活动准则和行为规范。中国共产党是我国的执政党，宪法以及各种法律、法规中规定的诸多原则是国家政策的体现，有的内容甚至成为宪法、法律和法规本身的有机组成部分。因此，党的政策对法律的制定或实施都有指导作用。

（三）规范性法律文件的规范化和系统化

1. 规范性法律文件规范化的含义及要求。规范性法律文件规范化是指有权的国家机关在制定规范性法律文件时，必须遵照一定的要求，使规范性法律文件符合一定的规格和标准，从而使一个国家的规范性法律文件成为内部和谐、外部协调的整体。

规范性法律文件规范化的要求有：①明确不同层次或不同等级的规范性法律文件只能由法定的不同国家机关来制定；②明确不同层次的规范性法律文件

的法律地位、效力及其相互关系；③各种规范性文件的表达方式应有统一的规格，文字简练明确，使用统一严谨的法律术语；等等。

2. 规范性法律文件系统化的含义及意义。规范性法律文件系统化是指采用一定的方式，对已经制定的规范性法律文件进行专门的、有目的的系统整理、分类和加工等活动。

规范性法律文件系统化的意义在于：①便于查阅规范性法律文件，便于人们迅速判明和确定现行法规范的有效范围，有利于法的遵守和适用。②有助于实现社会主义法制的统一，建立与法的体系和谐一致的规范性法律文件体系。③规范性法律文件系统化在立法工作中也具有重要意义。对已有的现行规范性文件进行分类整理，可以发现立法上的缺陷和空白，为进一步立法提供依据。某些特定形式的规范性文件系统化的过程，同时也是消除不同规范性文件之间的相互重叠或矛盾的过程，因而，规范性法律文件系统化不仅是立法的必要准备，有时还是立法的重要环节。

3. 规范性法律文件系统化的形式。规范性法律文件系统化的形式主要有三种：

（1）法律清理。法律清理又称法律整理，指有关国家机关按照一定程序，对一定时期和范围的规范性法律文件进行审查，并重新确定其法律效力的活动。法律的清理方法，通常分为集中清理、定期清理和专项清理三种。法律清理本身不属于法的创制活动。

法律清理具有如下特点：①法律清理的对象是已经颁布生效的规范性法律文件。②法律清理是法律、法规创制机关的专有活动。我国法律清理权能归属的一般原则是"谁制定谁清理"，即由各级各类规范创制机关分别负责清理自己制定颁布的规范性文件。③法律清理活动不制定新的法律规范，也不修改原有规范的内容，而是依据一定标准对现行法律规范进行审查，以便重新确定其法律效力。④法律清理的结果具有法律意义。创制机关的审议可能产生以下结果：对确认为应予以废止的，由其创制机关明令废止；对确认为需要修改的，责成有关机构起草修改草案并列入立法规划；对确认为应继续有效的，以默示方式重新确定其法律效力；对生效期已经届满而仍应继续发挥作用的，则明令延长其时间效力。

（2）法律汇编。法律汇编又称法规汇编，是指在不改变内容的前提下，将现行规范性法律文件按照一定的目的和标准进行排列并汇编成册的一项规范性法律文件系统化的整理归类活动。法律汇编本身不属于法的创制活动，但却是法典编纂的必要准备。其主要特点是：①法律汇编具有一定的系统性。否则，就失去了法律汇编的意义。②法律汇编不改变原有规范性文件的内容，也不制定新的规范，因此，它本身并不是创制法的活动。③法律汇编可以分为官方的和非官方的两种。官方汇编由各级法的创制机关的工作机构负责编辑。非官方汇编通常由有关国家机关、教学科研机构、社会团体或企事业单位根据工作、学习或教学科研的需要而编辑。

（3）法律编纂。法律编纂又称法典编纂，是指在对某一部门法全部现行法律规范进行审查、整理、补充、修改的基础上，制定新的系统化的规范性法律文件——部门法典的活动。如果这种法律编纂活动以制定一部法典为目标，那么这种法律编纂活动就叫做法典编纂。法律编纂是国家的立法活动之一，其特点是：①法律编纂是法的创制的形式之一，它不仅是对某一部门法律规范的集中或整理，还必须根据该部门法的调整对象和方法、整个法的体系的协调性以及法律编纂特定规则的要求，对原有规范进行加工和变动，废止和修改某些规范以消除相互矛盾冲突的部分，补充新的规范以填充空白，并协调规范间的相互关系。因此，法律编纂是国家的一项重要立法活动，只能由立法机关进行。②法律编纂具有较强的系统性和科学性，必须讲求高度的立法技术。如语言必须准确、精炼；要求特定的结构形式等。

二、法的分类

（一）法的一般分类

1. 国内法与国际法。这是以法的创制和适用范围为标准对法所作的分类。

国内法是指在一个主权国家内，由特定国家机关创制的，并在本国主权所及范围内适用的法律。如我国《宪法》《刑法》等都属于我国的国内法。

国际法则是由参与国际关系的多个国家通过协议制定或认可的，并适用于这些国家之间的法律，其形式一般是国际条约和国际惯例等。

2. 成文法与不成文法。这是以法的创制方式和表现形式为标准对法所作的分类。

成文法，又叫制定法，是指有权制定法律规范的国家机关依照法定程序制定和公布的，以条文形式表现出来的法律，如宪法、法律、行政法规等。

不成文法是指未经国家制定，但经国家认可和赋予法律效力的行为规则，如习惯法、判例、法理学。

3. 根本法与普通法。即以法的地位、效力、内容和制定程序为标准对法所作的分类。这种分类适用于成文宪法制国家。在不成文宪法制国家，具有宪法性内容的法律同普通法律在效力上是相同的。

根本法，即宪法，是指在一个国家中，规定国家最根本的经济、政治和社会制度，公民的基本权利和义务以及国家机构组织和活动的基本原则，具有最高的法律地位和效力，制定和修改需要特别程序的法。

普通法，是指除宪法以外的法律。其内容一般是调整某一或者某些社会关系，效力低于根本法，其制定和修改必须符合根本法，程序较根本法的制定和修改要简单。如行政法、商法、民法等。

4. 一般法与特别法。这是以法的适用范围为标准对法所作的分类。

一般法是指对一般人和事在一般地区和期间有效的法律。

特别法是指对于特定的人和事，在特定的地区、时间内有效的法律。特定人的法，如《警察法》和《教师法》；特定事的法，如《国籍法》或《教育法》；特定地区的法，如《中国公民往来台湾地区管理办法》和《民族区域自治法》；特定时间的法，如《戒严法》。

5. 实体法与程序法。这是以法所规定的内容为标准对法所作的分类。

实体法是指所规定的主要是法律关系主体的实体权利和义务（或者准则、职权）的法律。如《民法总则》《刑法》等。

程序法是指所规定的主要是保证法律关系主体的权利和义务得以实施的程序和方式的法律。如《刑事诉讼法》《民事诉讼法》等。

（二）法的特殊分类

1. 公法与私法。这种分类来源于古罗马法，后来通行于大陆法系国家，是民法法系适用的原则分类法。古罗马法学家乌尔比安提出："公法是关于罗马国家的法律，私法是关于个人利益的法律。"现代西方法学著作认为，公法主要是调整国家与普通个人之间关系的法律，私法主要是调整公民个人之间的关系。一般认为，凡涉及公共权力、公共关系、公共利益和上下服从关系、管理关系、强制关系的法，即为公法，如宪法、行政法和刑法。凡属个人利益、个人权利、自由选择、平权关系的法即为私法，如民法、商法。诉讼法有的主张为公法，有的则主张应随其主法。

2. 普通法与衡平法。普通法与衡平法的划分存在于普通法法系国家。这里所说的普通法不是法的一般分类中与根本法相对应的普通法，而是专指英国在11世纪后由法官通过判决形式逐渐形成的适用于全英格兰的一种判例法。衡平法是指英国在14世纪后对普通法的修正和补充而出现的一种判例法。它作为对普通法的修正和补充形式而存在，是与普通法平行发展的一种判例法。

3. 联邦法和联邦成员法。这是实行联邦制国家的一种法的分类。联邦法是指由联邦中央制定的法律。联邦成员法是指由联邦成员制定的法律。联邦法和联邦成员法没有一种划一的模式。

三、法的效力

法的效力这一概念，通常有广义和狭义两种。

广义的法的效力，是指法的约束力和强制力，既包括国家制定的规范性法律文件的效力，又包括非规范性法律文件的效力。

狭义的法律效力，指法律的生效范围或适用范围，即法对什么人、什么事，在什么地方和什么时间适用，仅指由国家制定的规范性法律文件的效力，包括法的效力层次、效力范围。在这里，只采用狭义的法的效力。

（一）法的效力层次的概念

法的效力层次也被称为法的效力等级，或法的效力位阶，是指在一个国家法律体系的各种法的渊源中，由于其制定主体、程序、时间、适用范围等不同，各种法的效力也不同，由此而形成的一个法的效力等级体系。影响法的效力层次的因素主要有制定主体、适用范围和制定时间。

（二）解决法的效力层次冲突的规则

1. 一般规则。等级高的主体制定的法的效力自然高于等级低的主体制定的法，这是解决法的效力层次冲突的一般规则。具体而言：

（1）宪法具有最高效力。

（2）上一级法的效力高于下一级法的效力。①当两种法律规范的适用发生冲突，并且能够分出位阶高低的，则上位法优于下位法。②当冲突双方为同一位阶时，则新法优于旧法，特别法优于一般法。但是当新法为一般法而旧法为特别法时，如果冲突双方均为法律，则由全国人大常委会来决定适用哪个法律；如果双方为各个机关所制定的规范，则由各个机关来决定。③如果是地方性法规和国务院的规章之间发生冲突，则由国务院进行裁决，如果国务院裁决适用地方性法规，则国务院裁决有效；而如果国务院认为应该适用部委规章的，则国务院需要将其交由全国人大常委会来裁决。④规章和规章之间发生冲突的，由国务院直接裁决。

当民族自治地方的自治条例和单行条例对法律进行变通，经过批准以后，在该民族自治地方适用变通以后的民族自治条例和单行条例。当经济特区的人大及其常委会根据全国人大常委会的授权制定的法规对法律进行变通以后，在该经济特区则适用授权法规，而不适用法律；国务院部门规章和地方政府规章只在自己的权限范围内生效；而在一个行政区域内，省政府规章比市政府规章的效力要高。

2. 特殊规则。在同一效力等级的前提下，适用以下特殊规则：

（1）特别法优于一般法。

（2）新法优于旧法。

（3）法律文本优于法律解释。

（三）法的效力范围

法的效力范围即法的生效的范围，即指法对何种人、在何种空间范围、时间范围内有效，从而发挥法的约束力和强制力。

1. 法的对象效力范围。法的对象效力范围是指法适用于哪些人。关于法的对象效力范围，世界各国有四种做法：

（1）属人主义。即法对自然人的效力以国籍为准，适用于本国人，不适用于外国人。具体内容包括：本国人无论居住在国内还是在国外，本国法律均对其有效；外国人即使生活在本国领域内，也不适用本国法。

（2）属地主义。即法对自然人的效力以地域为准，不论本国人或外国人，凡居住在本国领域内一律适用本国法；而本国人在国家领域外的，则不适用本国法。

（3）保护主义。以维护本国国家和公民利益为根据，不管是什么国籍的人，在什么地方的行为，只要侵害了本国的利益，就适用本国的法律。

（4）结合主义。即以属地主义为主，与属人主义、保护主义相结合。

我国采用结合主义，具体包括两方面：

（1）法对中国公民的效力范围。中国公民在中国领域内，一律适用中国法律；中国公民在国外，原则上适用中国法律；与所在国法律冲突时，区别对待。

（2）法对外国人的效力范围。外国人在中国境内，除了享有外交特权、豁免权以及法律另有规定的情况外，都应当适用中国法律；外国人在中国境外，对中国或中国公民、组织犯罪，按中国刑法规定，最低刑罚为 3 年以上有期徒刑的，可以适用中国刑法，但是按照犯罪地的法律不受处罚的除外。

2. 法的空间效力范围。法的空间效力范围是指法在哪些地域、空间范围内发生效力。

（1）全国性法律的空间效力范围。全国性法律的空间效力范围就是国家主权所及的范围，包括领土、领水及其底土、领空，以及作为领土延伸的本国驻外使馆、在外船舶及飞机等。

（2）地区性法律的空间效力范围。地区性法律的空间效力范围一般是地区性法律的管辖空间。

（3）有的法律，不但在国内有效，在特定条件下其效力还可越出国境。

（4）国际条约和协定的空间效力范围。一般来讲，国际条约和协定的空间效力范围及于该条约和协定的缔结国和参加国，但缔结国和参加国声明保留的条款除外。

3. 法的时间效力。法的时间效力，指法的生效时间、失效时间和法的溯及力问题。

法的生效时间通常有三种形式：①自公布之日起开始生效。②具体规定生效时间。③以到达期限为生效时间。但目前，第三种生效方式在我国已基本不存在。

　　法的失效时间通常有明示和默示终止两种形式。我国法的终止生效有五种情况：①新法律公布后，原有的法律即丧失效力。②新法律取代原有法律，同时宣布旧法律作废。③法律本身规定的有效期限届满。④由有关机关颁发专门文件宣布废止某个法律。⑤法律已完成其历史任务而自行失效。

　　法的溯及力，指新法对它生效前所发生的事件和行为可否加以适用的效力。目前世界上多数国家采取从旧原则，即法没有溯及力。在法律规定有溯及力的国家，通常采用从旧兼从轻原则。当代中国主要也采取从旧兼从轻原则，在特殊情况下可溯及既往。

 ## 第三节　法律部门与法律体系

一、法律部门

（一）法律部门的概念

　　法律部门又叫部门法，它是指按照法律规范自身的不同性质、调整社会关系的不同领域和不同方法等所划分的同类法律规范的总和。法律部门是法律体系的基本组成要素，各个不同的法律部门具有相对的独立性，但又相互联系、协调统一，它们的有机组合便构成一国的法律体系。

　　法律部门与法律规范、规范性法律文件和法律体系是不同的概念。法律规范是构成法律的基本细胞，许多同类法律规范，加上一定的法律概念和法律原则，就构成了特定的规范性法律文件，多个性质相同的规范性法律文件，组合成一个法律部门，而一国的所有部门法则组成了一个国家的法律体系。因此，没有法律规范，就不会有规范性法律文件；没有规范性法律文件这一载体或形式，就无法组成一个完整的法律部门；而没有法律部门这一基本要素，也就无法构建起一个国家的法律体系。一个法律部门往往是由多个规范性法律文件组成的，有时候规范性法律文件的名称与法律部门的名称是一致的，如"宪法"既可以认为是一个有关宪法内容的规范性法律文件的名称，也可以认为是宪法这个法律部门的名称，同时它还可以被看成是一个法律渊源——宪法的名称。同样，"刑法""劳动法"既可以是一种规范性法律文件的名称，也可以是一个部门法的名称。同时，一个部门法，除了包括上述与部门法同名的规范性法律文件外，一般还包括其他许多个规范性法律文件。如"宪法"这个部门法，除了包括《中华人民共和国宪法》外，还包括有关国家机构的组织法、选举法、民族区域自治法、妇女权益保障法、未成年人保护法等。

（二）法律部门的划分标准

划分法律部门既要看法律调整的对象（特定的社会关系），也要看法律的调整方法。因此，划分法律部门的首要标准是法律的调整对象，其次是法律的调整方法。

1. 法律的调整对象。法律是调整社会关系的行为规范，任何法律都有自己的调整对象。社会关系的范围十分广泛，包括政治、经济、文化、民族、家庭等，而且不同的社会关系都各有特点，因此可以按照法律调整的社会关系的性质和种类的不同来划分不同的法律部门。比如，凡调整平等主体之间的财产与人身关系的法律规范就都归入民法这一法律部门；凡调整行政关系的法律规范就划归行政法这一法律部门，行政法中虽然也涉及财产和人身关系的内容，但由于它不属于平等主体之间的关系，所以就可以把民法与行政法区分开来。

2. 法律的调整方法。法律的调整方法是指法律在调整社会关系时所采用的方法或手段。法律所调整的社会关系虽然是划分法律部门的基本标准，但有时仅仅根据法律调整的社会关系的性质是不够的，因为它无法解释一个法律部门可以调整不同种类的社会关系（如刑法这一部门法），也不能解释同一种社会关系（如经济关系）需要由不同的法律部门来调整的现象。因此，我们还需要引出另一个标准即法律的调整方法作为划分法律部门的辅助标准。例如，将凡属以刑罚制裁方法进行调整的法律规范划分为刑法这一法律部门，而将承担民事责任方式的法律规范划分为民法这一法律部门。

（三）法律部门的划分原则

1. 整体性原则。即以整个法律体系为划分对象，划分结果必须包括一国现行法律的全部内容，使法律体系中的所有法律都归属于某一法律部门。

2. 均衡原则。即划分法律部门时应当考虑各法律部门之间法律规范的规模或数量之间保持大体上的均衡，不能使某些法律部门的内容（即规范）特别多，而有些法律部门的内容则特别少。当然，这种均衡只是相对的均衡，主要还要取决于各个法律部门的实际需要和调整幅度。

3. 相对稳定原则。划分法律部门，既要考虑法律的稳定性，要以现行法律作为划分法律部门的基础，不能经常性地变化法律部门的内容与结构，又要考虑法律未来的发展变化，做好立法规划与预测。例如，社会保障法在我国当下的实际情况看，尚没有多少法律法规，作为一个部门法内容显得单薄，但就未来发展前景和国外的立法经验看，它完全可以作为一个部门法。

二、法律体系

（一）法律体系的概念

法律体系，法学中有时也称"法的体系"或简称为"法体系"，是指由一国现行的全部法律规范按照不同的法律部门分类组合而形成的一个呈体系化的有机联系的统一整体。

(二) 法律体系与相关概念之异同

1. 法律体系与法制体系。法律体系着重说明的是呈静态状的法律本身的体系构成，而法制体系则既包括静态的法律规范，更着重说明的是呈动态状的法制运转机制系统。从相互关系来讲，法制体系包容着法律体系，而法律体系则包含在法制体系之中。

2. 法律体系与法学体系。这是两个不同的但却有密切联系的概念。首先，法学体系属思想范畴，法律体系属规范体系，这是两者的本质区别。但两者之间又有密切的联系：①法律体系是法学体系形成、建立的前提和基础。②法律体系是法学体系发展的重要动力。③法学体系反过来也会成为法律体系发生变化的原因和根据，这表现在两个方面：一是法学的研究结果会促成新的法律的产生，补充和调整原有法律体系的内容和结构；二是法学关于"法律体系"的学术研究，也会改变原有的法律体系布局和结构，使法律体系重新布局，以适应变化了的客观情势和认识发展的要求。

3. 法律体系与法系。法系是指由不同的国家或地区在历史上所形成的具有相同历史传统和外部特征的一种法的类型，法系的概念更多地表达的是一种法律传统，它是跨越历史和国度的；而法律体系是对一个主权国家或地区来讲的，只能是现实法，是一个国家现行的全部法律规范的有机统一整体。当代世界主要法系有三个：大陆法系、英美法系、以苏联和东欧国家的法律为代表的社会主义法系。其他的法系还有伊斯兰法系、印度法系、中华法系、犹太法系、非洲法系等。对资本主义法影响最大的是大陆法系和英美法系。

大陆法系又称罗马法系、民法法系、法典法系或罗马日尔曼法系，是承袭古罗马法的传统，仿照《法国民法典》和《德国民法典》的样式而建立起来的法律制度。大陆法系又称为成文法，其最重要的特点就是以法典为第一法律渊源，法典是各部门法典系统的、综合的、首尾一贯的成文法汇编。世界上大约有 70 多个国家属成文法系，主要分布在欧洲大陆及受其影响的其他一些国家。如欧洲大陆上的法、德、意、荷兰、比利时、西班牙、葡萄牙、瑞士等国和拉丁美洲、亚洲的许多国家。

英美法系又称英国法系、普通法系或判例法系，是承袭英国中世纪的法律传统而发展起来的法律制度。传统的英美法系，判例法占主导地位，近几十年来，英美法系国家也制定了大量成文法以作为对判例法的补充，但仍受判例法的制约。目前世界上大约有 26 个国家属英美法系，除英美两国，其余主要是英联邦国家，如英、美、澳大利亚、新西兰等国家和我国香港地区。

大陆法系和英美法系在法律分类、法律渊源、法律适用、法律编纂、诉讼程序等多方面都有所不同：

（1）法的分类不同。大陆法系的主要分类是公法和私法；英美体系的主要分类则是普通法与衡平法。

（2）法律渊源不同。大陆法系是成文法系，其法律以成文法即制定法的方式存在，它的法律渊源包括立法机构制定的各种规范性法律文件、行政机关颁布的各种行政法规以及本国参加的国际条约，但不包括判例。英美法系的法律渊源既包括各种制定法，也包括判例，并且判例法在整个法律体系中占有重要的地位。

（3）法律结构不同。大陆法系承袭古代罗马法的传统，习惯于用法典的形式对某一法律部门所涉及的规范作统一的系统规定，法典构成了法律体系结构的主干。英美法系习惯用单行法的形式对某一类法律问题作专门的规定，因而，其法律体系在结构上是以单行法和判例法为主干的。

（4）法官的权限不同。大陆法系强调法官只能援用成文法中的规定来审判案件，法官对成文法的解释也需要受成文法本身的严格限制，故法官只能适用法律而不能创造法律。英美法系的法官既可以援用成文法也可以援用已有的判例来审判案件，而且，也可以在一定的条件下运用法律解释和法律推理的技术创造新的判例，从而，法官不仅适用法律，也在一定的范围内创造法律。

（5）诉讼程序不同。大陆法系的诉讼程序以法官为重心，突出法官职能，具有纠问程序的特点，而且，多由法官和陪审员共同组成法庭来审判案件。英美法系的诉讼程序以原告、被告及其辩护人和代理人为重心，法官只是双方争论的"仲裁人"而不能参与争论，与这种抗辩式程序同时存在的是陪审团制度。

此外，两大法系在法律分类、法律术语、法学教育、司法人员录用和司法体制等方面，也有许多不同之处。

法系这种分类有助于促进法律文化的了解与交流。大陆法系和英美法系在历史上差异显著，但自20世纪以来，这种差别已开始日趋缩小。

（三）我国现行法律体系

1. 宪法。宪法是整个法律体系中最重要的法律部门，是整个法律体系的基础，它是我国社会制度、国家制度、公民的基本权利和义务及国家机关的组织与活动原则等方面的法律规范的总称。宪法这一部门法最基本的规范性法律文件主要是1982年修改后的《宪法》及其四次修宪通过的修正案。除此而外，宪法还包括其他一些宪法性法律文件和规范，如《全国人民代表大会组织法》《立法法》《民族区域自治法》等规范性法律文件。

2. 民法商法法律部门。民法商法是规范社会民事和商事活动的基础性法律，由民法和商法两部分组成。民法是指调整平等主体之间的财产关系和人身关系的法律规范的总称。商法是调整平等主体之间的商事关系和商事行为的法律规范的总称。商法是民法中的一个特殊部分,是在民法基本原则的基础上适应现代商事交易迅速便捷的需要而发展起来的。目前属于民法商法这一部门法的规范性法律文件有《民法总则》《合同法》《物权法》《继承法》《海商法》等。

3. 行政法法律部门。行政法是调整国家行政管理活动中各种社会关系的法律规范的总称。它包括有关行政管理体制,行政管理的基本原则,行政机关活动的方式、方法和程序,以及国家机关工作人员的权利义务等方面的法律规范。

由于行政关系复杂繁多且涉及社会生活的方方面面,不可能制定一部完备系统的行政法法典,因此我国目前的行政法内容散见于众多的单行法律、法规、部门规章、地方规章和其他规范性法律文件中。

行政法有一般行政法与特别行政法之分。一般行政法是指对一般行政法律关系加以调整的法律规范的总称,如《行政复议法》《行政处罚法》《治安管理处罚法》等。特别行政法是指对特别的行政关系加以调整的法律规范的总称,如《食品安全法》《药品管理法》《邮政法》《海关法》《铁路法》等。

4. 经济法。经济法是指调整国家从社会整体利益出发对经济活动实行干预、管理或调控所产生的社会经济关系的法律规范的总称。经济法包括两部分:①创造平等竞争环境、维护市场秩序方面的法律,主要有反不正当竞争、反垄断、反倾销方面的法律;②国家宏观调控和经济管理方面的法律,主要是有关财政、税务、金融、审计、物价、工商管理等方面的法律。

5. 社会法。社会法是调整有关劳动关系、社会保障和社会福利关系的法律规范的总称。社会法的主要目的是保障劳动者、失业者、丧失劳动能力的人和需要社会扶助的人的权益,以确保社会的和谐、良性发展。它包括劳动用工、工资福利、社会保险、社会救济、职业安全等法律规范。属于社会法的规范性法律文件主要有《劳动法》《残疾人保障法》《矿山安全法》等。

6. 刑法。刑法是规定犯罪、刑事责任和刑罚的法律规范的总称,是当代中国法律体系中一个基本的法律部门。刑法调整的是刑事法律关系,适用对象是犯罪人,所采用的调整方法也是最严厉的一种法律制裁方法。刑法这一部门法中主要的规范性法律文件就是1997年3月14日修订后的《刑法》和后来的9个刑法修正案。

7. 程序法。程序法是调整因诉讼活动和以非诉讼方式解决纠纷的活动而产生的社会关系的法律规范的总称,包括诉讼程序法和非诉讼程序法两部分。这方面的法律是公民权利实现的重要保障,其目的是保证实体法的公正实施。属于程序法的规范性法律文件有《刑事诉讼法》《民事诉讼法》《行政诉讼法》

《仲裁法》《人民调解法》等。

第四节　法律关系

一、法律关系的概念和分类

（一）法律关系的概念

法律关系是根据法律规范产生的，以主体之间的权利义务关系或权力义务关系，即法律规定的人们的权利（权力）义务的形式表现出来的特殊的社会关系。

法律关系具有如下特征：

1. 法律关系是根据法律规范建立的一种社会关系，具有合法性。法律关系是法律对人们的行为及其相互关系进行调整而形成的一种特殊社会关系，在没有相应的法律规范（规则、原则）之前，虽然也有社会关系存在，但它们不具有法律意义，不是法律关系。因此，首先，法律规范是法律关系产生的前提，如果没有法律的有效调整，那么便不可能形成法律关系。其次，法律关系不同于法律规范调整或保护的社会关系本身。最后，法律关系是法律规范的实现形式，使法律规范的内容（行为模式及其后果）在现实社会生活中得到具体的贯彻。

2. 法律关系是以法律上的权利义务为内容而形成的一种社会关系。法律关系是法律规范（规则、原则）的内容在现实社会关系中的体现，没有特定法律关系主体的法律权利与义务，就没有法律关系的存在。法律权利与法律义务是法律关系区别于其他社会关系的重要标志。所谓法律调整，实质上就是通过或借助法律对主体间权利义务进行分配。权利和义务作为法律关系的内容，表现为任何一种法律关系都是既包含了权利在其中，亦包含了义务在其中的社会关系。所谓纯粹的"单务法律关系"事实上是很少见的。常被人们引证的赠与关系是单务法律关系的典型，但只要认真剖析，就会发现即使该种关系，也要求被赠与人有接受的意图。尤其以信托方式进行的赠与，必须以对方的信誉为前提，使用赠与物必须符合赠与人的赠与意图。再如继承关系，在现代法律中继承人被附加了许多义务内容，倘若继承人违反法定的义务，被继承人或国家可以剥夺其继承权。这些都足以表明法律关系的基本内容是当事人之间具有对应性的权利和义务。

3. 法律关系是以国家强制力作为保障的一种社会关系。法律关系是由法律规范规定并调整而形成的社会关系，法律规范由国家制定、认可，体现出国家意志性，由此形成的法律关系当然也体现了国家意志性，需要靠国家强制力保障实施。当然，法律运行的第一保障力量，是人们严格按照法律关系所呈现的权利和义务内容而行为的自主力量。有了良好的法律意识，法律就可以事半功倍地进入人们的行为世界。但是，倘若放弃了国家强制力，即使主体素质再高、法律意识再强，也不能保障法律就必然会得到贯彻和落实，法律关系也无从建立或维护。国家强制力在法律关系中的作用体现在两个方面：①对于合乎法律规定的法律关系，通过国家强制力予以认可；②对于违反法律规定的社会行为，通过国家强制力予以制裁，形成保护性的法律关系，典型的如诉讼关系。在保护性的法律关系中，法律关系的国家强制性保障体现得更为明显，特征亦更充分。

法律关系的上述特征是紧密联系的，是具有内在关联的一个整体，上述诸特征的完整结合，形成了法律关系从内部到外在的统一的特征。

（二）法律关系的分类

1. 抽象法律关系和具体法律关系。这是根据法律关系主体的具体化程度来划分的。

抽象法律关系是指根据宪法形成的国家、公民、社会组织以及其他社会关系主体之间普遍存在的社会联系。如《宪法》第 33 条第 2 款规定："中华人民共和国公民在法律面前一律平等。"例如私法中，《婚姻法》规定了婚姻自由、一夫一妻、男女平等的婚姻制度，同时还规定了夫妻双方的权利义务，这是抽象的法律关系，只有当男女双方结了婚以后，这些抽象的法律关系才转变为具体的法律关系。

具体法律关系的特点在于该关系的主体是具体的（或一方是具体的，或双方都是具体的），要有具体的法律事实发生。法律本身规定的抽象的权利义务关系是一种纸面上的法律关系，现实生活中具体的权利义务关系是实际的法律关系。

抽象法律关系和具体法律关系所体现的意志不同。抽象法律关系体现国家意志，而具体法律关系不仅体现国家意志，还体现当事人的意志，具体的法律关系从一开始就体现了双方、多方或至少一方当事人的意志，有些法律关系虽然在产生时并没有当事人的意志，但其实现仍需要当事人的意志。

2. 单向（单务）法律关系、双向（双边）法律关系和多向（多边）法律关系。这是根据法律主体的多少及其权利义务是否一致来划分的。

所谓单向（单务）法律关系，是指权利人仅享有权利，义务人仅履行义务，两者之间不存在相反的联系。如不附条件的赠与关系。

所谓双向（双边）法律关系，是指在特定的双方法律主体之间，存在着两

个密不可分的单向权利义务关系，其中一方主体的权利对应另一方的义务，反之亦然。例如，买卖法律关系就包含着这样两个相互联系的单向法律关系。

所谓多向（多边）法律关系，又称"复合法律关系"或"复杂的法律关系"，是三个或三个以上相关法律关系的复合体，其中既包括单向法律关系，也包括双向法律关系。例如，行政法中的人事调动关系，至少包含三个方面的法律关系，即调出单位与调入单位之间的关系，调出单位与被调动者之间的关系，调入单位与被调动者之间的关系，这三种关系相互关联，互为条件，缺一不可。

3. 绝对法律关系和相对法律关系。这是根据法律关系主体是单方特定化还是双方特定化来划分的。

绝对法律关系中主体一方即权利人是特定的，而另一方即义务人则是除了权利人以外的所有人，而且权利人仅享有权利，义务人仅履行义务，两者之间不存在相反的联系，因此它是以"一个人对其他一切人"的形式表现出来的，如所有权法律关系。

相对法律关系的主体，无论权利人还是义务人都是特定的，因此它是以"某个人对某个人"的形式表现出来的，如债权债务法律关系。

4. 调整性法律关系和保护性法律关系。这是根据法律关系产生是否适用法律制裁来划分的。

调整性法律关系是基于人们的合法行为而产生的、执行法的调整职能的法律关系。调整性法律关系不需要适用法律制裁。

保护性法律关系是由于违法行为而产生的、旨在恢复被破坏的权利和秩序的法律关系，它执行法的保护职能。它的典型特征是一方主体（国家）适用法律制裁，另一方主体（通常是违法者）必须接受这种制裁。

5. 平权型法律关系和隶属型法律关系。这是根据主体之间的相互地位不同来划分的。

平权型法律关系是指平等的法律主体之间的权利义务关系，如民事法律关系。其特点在于法律主体的地位是平等的，权利和义务的内容具有一定程度的任意性。

隶属型法律关系是指在不平等的法律主体之间所建立的权力服从关系，如行政法律关系。其特点是：①法律主体处于不平等的地位；②法律主体之间的权利与义务具有强制性，既不能随意转让，也不能任意放弃。

6. 第一性法律关系（主法律关系）和第二性法律关系（从法律关系）。这是按照相关法律关系作用和地位的不同来划分的。

第一性法律关系（主法律关系），是人们之间建立的不依赖其他法律关系而独立存在的或在多向法律关系中居于支配地位的法律关系。由此而产生的、居于从属地位的法律关系，就是第二性法律关系（从法律关系）。一切相关的法律关系均有主次之分。例如，在调整性和保护性法律关系中，调整性法律关系是第一性法律关系（主法律关系），保护性法律关系是第二性法律关系（从法律关系）；在实体和程序法律关系中，实体法律关系是第一性法律（主法律关系），程序法律关系是第二性的法律关系（从法律关系）；等等。

二、法律关系的构成

法律关系的构成要素包括主体、客体和内容三要素。

（一）法律关系主体

1. 法律关系主体的概念。法律关系的主体又称权利义务主体，即法律关系的参加者，是法律关系中权利的享有者和义务的承担者，享有权利的一方称权利人，承担义务的一方称义务人。法律关系主体一般是指法律关系的当事人，有时也指法律关系的参与人。

法律关系的主体具有法律性，即具有什么样条件的主体才能构成什么样的法律关系，是由法律规定的，如适婚主体、犯罪主体、民事法律关系主体等。

当事人可以分为两类：一类是指法律关系的直接关系人，如民事合同中的债权人和债务人；另一类是诉讼当事人，如司法诉讼中的原告和被告、上诉人和被上诉人等。法律关系的参与人一般指直接关系人以外的、与特定法律关系有某种关系的人。

在中国，根据法律的规定，能够参与法律关系的主体包括以下几类：

（1）公民（自然人）。这里的公民既指中国公民，也指居住在中国境内或在境内活动的外国公民。还有一类由公民集合的特定主体（如个体户、农户、个人合伙等）也可以参与一定范围的法律关系。外国侨民和无国籍人参与法律关系的范围是有限制的，以中国有关法律以及中国与有关国家签订的条约为依据。

（2）机构和组织（法人）。这主要包括三类：①各种国家机关；②各种企事业组织；③各政党和社会团体。

（3）国家。在特殊情况下，国家可以作为一个整体成为法律关系主体。国家可以直接以自己的名义参与国内的法律关系（如发行国库券），但在多数情况下则由国家机关或授权的组织作为代表参加法律关系。

2. 法律关系主体的资格。公民和法人要能够成为法律关系的主体，享有权利和承担义务，就必须具有权利能力和行为能力，即具有法律关系主体的资格或主体构成的资格。

（1）权利能力。权利能力是权利义务主体享有权利和承担义务的能力，它反映了权利义务主体享有权利和承担义务的资格。权利能力，又称权义能力（权利义务能力），是指能够参与一定的法律关系，依法享有一定权利和承担一定义务的法律资格。它是法律关系主体实际取得权利、承担义务的前提条件。

自然人的权利始于出生，终于死亡。法人的权利能力自法人成立时产生，至法人解体时消灭。其范围是由法人成立的宗旨和业务范围决定的。

（2）行为能力。行为能力是指法律关系主体能够通过自己的行为实际取得权利和履行义务的能力。

公民的行为能力是公民的意识能力在法律上的反映。确定公民有无行为能力，其标准有二：①能否认识自己行为的性质、意义和后果；②能否控制自己的行为并对自己的行为负责。公民的行为能力问题是由法律予以规定的。

法人的行为能力由其成立宗旨和业务范围所决定，并与权利能力同时产生和同时消灭。

行为能力以权利能力为前提，自然人有权利能力并不一定有行为能力，法人的权利能力和行为能力是一致的。

《民法总则》规定：①18周岁以上的公民，属于完全行为能力人，可以独立实施民事法律行为。②已满16周岁不满18周岁，以自己劳动收入为主要生活来源的公民，视为完全民事行为能力人。③8周岁以上的未成年人为限制民事行为能力人，实施民事法律行为由其法定代理人代理或者经其法定代理人同意、追认，但是可以独立实施纯获利益的民事法律行为或者与其年龄、智力相适应的民事法律行为。④不满8周岁的未成年人为无民事行为能力人，由其法定代理人代理实施民事法律行为。

对于精神病人，不能完全辨认其行为的，属于限制民事行为能力人；不能辨认其行为的，属于无民事行为能力人。

（3）责任能力。责任能力是指行为人因违法而承担法律责任的能力，它是行为能力在保护性法律关系中的特殊表现形式。《刑法》规定，已满16周岁的人，应负刑事责任；已满14周岁不满16周岁的人，只对杀人、放火、重伤、抢劫等严重破坏社会治安的刑事犯罪承担刑事责任；不满14周岁的人不负刑事责任。

（二）法律关系客体

法律关系客体是指法律关系主体之间权利和义务所指向的对象。它是构成法律关系的要素之一，是法律关系的主体发生权利和义务联系的中介，也是法律关系主体的权利、义务所指向、影响、作用的对象。

作为法律关系客体的一切事物都具有三个最低限度的特征：①它必须是一种能满足主体某种需要的资源；②它必须能为人类所控制或部分控制；③它必须是独立于主体（在认识上可以与主体分离）的"自在之物"。

法律关系客体总体可以分为以下几类：

1. 物。它指在法律关系中可以作为权利对象的物品或其他物质财富，可分为有形物和无形物，有形物如森林、土地、自然资源、货币以及其他有价证券（如支票、汇票、存折、股票）等；无形物如电力、水力、氧气、空气、阳光等。哪些物可以作为法律关系的客体或可以作为哪些法律关系的客体，应由法律予以具体规定。

在我国，大部分天然物和生产物都可以成为法律关系的客体。但有以下四种物不得进入国内商品流通领域而成为私人法律关系的客体：①人类公共之物或国家专有之物，如海洋、山川、水流、空气；②国家所有的文物；③军事设施、武器（枪支、弹药等）；④危害人类之物（如毒品、假药、淫秽书籍等）。

2. 行为。行为包括作为和不作为，又称积极行为和消极行为。

3. 精神财富。它指智力成果（非物质财富），包括创作活动产品和其他与人身相关联的非财产性财富，如知识产权和人身权。其中，对肖像权的侵害只有在未经本人同意且以营利为目的的前提下才构成侵权。

4. 人身利益。包括人格权和身份权。

（三）法律关系的内容

法律关系的内容是指法律关系主体间在一定条件下依照法律或约定所享有的权利和承担的义务，即法律权利与法律义务。它是整个法律关系的核心问题。

1. 法律权利与法律义务的概念。对法律权利问题，学术界有极不相同的表述和主张。在这些主张中，我们更倾向于"资格说"，即法律权利是指法律主体依法从事某种行为或不从事某种行为或要求他人从事某种行为或不从事某种行为的法律资格。或者说，法律权利是主体根据法律和其自由意志进行选择的一种资格，是主体自由意志得以表达的规范条件和方式。可见，法律权利既涉及主体对自身行为和财产的选择，亦涉及对他人的请求及其选择。

法律义务是指法律主体依法从事某种行为或不从事某种行为的强制性。法律义务的创设，是为了更好地实现社会秩序和谐。在法律中，义务规范与权利规范一样具有基本性，即法律义务是法律最基本的规范之一。法律义务与法律权利相对，具有公权强制性和必行性，这一特征也是其保障法律秩序的重要外在根据和动力。

法律权利与义务紧密相关，从最一般意义上讲，权利与义务是相对应的，包括规则上的对应、主体行为中的对应以及法律关系中的对应等。但就其分工而言，权利是义务的目的，而义务是实现权利的手段。缺少任何一个方面，两者就失去了必要性。

2. 法律权利与法律义务在法律关系中的特点。法律关系中的权利义务具有如下特征：

（1）对应性。它是指法律关系的双方或各方之权利义务分配在法律关系中具有对应和等值的特征：一方面，一方主体的权利就是他方主体的义务；另一方面，双方或多方主体均享有权利、承担义务。这在合同关系中具有明晰表现。那么，物权法律关系或行政法律关系是否具有此特征呢？回答是肯定的。从表象上来看，具有对世权特征的物权关系，其权利主体是绝对的，义务主体亦是绝对的，但事实上却并非如此。首先，物权的行使要有一定的度量，因这一度量界限导致了其他主体的义务度量。如物权主体在行使其物权时，应按方便他人或不得妨碍他人的原则行使，从而产生了其他主体在该物上的权利，对物权主体本人而言则相应地设置了义务。另一方面，在整个法律秩序中，所有人都具有物权，享有某一物权权利的人在他人的物权面前，就是义务主体。行政法律关系也是如此，行政主体与相对人之间的权利义务关系具有相对性。应注意的是，这里所指的权利义务对等，是指权利义务本身的对等，而不是权利义务量的对等。

（2）相对性。在法律关系之权利与义务中，相对性是派生于对应性的一个特征。它是指：一方面，法律关系主体在法律关系中具有相对性，即主体因在权利和义务基础上的对等地位可以随着法律关系的运作而发生变化。原先是义务主体的，因自己全部履行义务，对方未履行义务，则变成了权利主体，而对方则为义务主体。另一方面，权利与义务本身具有相对性，如在就业法律关系中，劳动是权利；而在劳动合同关系中，劳动却主要成为义务。在所有法律关系中，义务的履行即意味着权利的实现，即一旦履行了义务，则可以拒绝或抗辩对方针对同一义务提出的请求权。

（3）统一性。法律关系中权利与义务的统一不同于一般意义上所讲的权利与义务的统一。在法律关系中，权利与义务的统一表现在如下诸方面：首先，两者统一于法律。即法律关系中的权利义务是法律统一规定的事务。尽管在法律之外也存在权利，但现代法律已对之作出了可以推定的调整机制，因此，其事实上也被纳入法律之中。其次，两者统一于具体的法律关系。即在具体法律关系中，必然地同时具有权利和义务。只有权利而无义务或只有义务而无权利的法律关系是不存在的。最后，两者统一于法律关系主体的行为及法律关系的客体中：一方面，法律关系主体履行义务的过程也是自己（或对方）享受权利的过程（或意味着将享受权利的过程）；另一方面，设定在同一法律关系中的客体，对双方或多方主体而言，既具有权利属性，亦具有义务属性。

3. 法律权利与法律义务的分类。

（1）绝对权利和绝对义务与相对权利和相对义务。这是根据权利和义务相对应的主体范围是否特定来划分的，它是大陆法国家传统民法中对权利义务最基本的分类。

绝对权利和绝对义务又称对世权利和对世义务，相对应不特定的法律主体的权利和义务，绝对权利对应不特定的义务人，这种权利可以对抗除权利人以外的所有其他人，所有权就是一种典型的对物权。绝对义务是一般人都承担的义务，对应的是不特定的权利人，如法律规定不得侵犯他人的自由。

相对权利和相对义务又称对人权利和对人义务，是对应特定的法律主体的权利和义务。相对权利对应特定的义务人，相对义务对应特定的权利人，如债权债务关系中的债权和债务。

（2）第一性权利和义务与第二性权利和义务。这是根据权利、义务之间的因果关系来划分的。

第一性权利又称原有权利，是直接由法律赋予的权利或由法律授权的主体依法通过其积极活动而创立的权利，如财产所有权、缔约权、合同中双方当事人的权利。第一性义务与第一性权利相对，是由法律直接规定的义务或由法律关系主体依法通过积极活动而设定的义务，其内容是不许侵害他人的权利，或适应权利主体的要求而作出一定行为的义务。义务主体以自己的作为或不作为满足权利主体的合法主张，如宪法中规定的公民的纳税义务、服兵役义务等。

第二性权利又称补救权利（或救济权利），是在原有权利受到侵害时产生的权利，如赔偿请求权、诉权等。第二性义务与第二性权利相对，是违法行为发生后所应负的责任，如违约责任、侵权责任、行政赔偿责任等。

（3）专属权与可转移权。这是根据权利和义务可否转移来划分的。

凡属于特定人所有、不能转让给他人的权利和义务，就是专属权利和专属义务，前者如人身权、人格权，后者如签约演员对邀请他去演出的剧场所承担的义务。

凡属于可转移给其他人的权利和义务就是可转移权利和义务，如一般的所有权、非专属性债权债务等。

（4）基本权利和义务与普通权利和义务。这是根据权利和义务所体现的社会内容（社会关系）的重要程度，亦即它们在权利义务体系中的地位、功能及社会价值来划分的。

基本权利和义务是人们在国家政治生活、经济生活、文化生活和社会生活中的根本权利和义务，一般由宪法或基本法确认或规定。

普通权利和义务即非基本的权利和义务，是人们在普通经济生活、文化生活和社会生活中的权利和义务，通常由宪法以外的法律或法规规定。

（5）个体权利和义务、集体权利和义务、国家权利和义务、人类权利和义务。这是根据权利主体的不同而做的划分。

个体权利是自然人依法所享有的政治权利、经济权利、文化权利和社会权利，通常叫做公民权利。个体义务是自然人依法承担的义务，包括对其他个体的义务、对集体的义务和对国家的义务。

集体权利是社会团体、企事业组织、法人等集体所享有的各种权利。集体义务则是它们依法承担的义务。

国家权利是国家作为法律关系的主体以国家或社会的名义所享有的各种权利，如对财产的所有权、审判权、检察权、外交权等。国家义务是国家依法承担的义务，如保护公民的合法权益，为老人、病人或丧失劳动能力的人提供物质帮助，对因遭受国家机关和国家工作人员的侵犯而蒙受损失的公民给予赔偿的义务等。

人类权利是指人类作为一个整体或地球上的所有居民共同享有的权利，如环境权、和平权、发展权等。人类义务是指人类每个成员、每个群体、各个国家都应承担的义务，如尊重人格、不互相伤害、禁止种族歧视和迫害、维护世界和平、维护生态平衡等。

4. 权利行使与义务履行的界限。凡权利皆有界限，没有哪一项权利是没有任何限制的。就法律关系主体的权利行使而言，它在现实法律生活中总是表现为权利人外在的行为，因而有一个适度的范围和限度，超出这个限度，就可能形成"越权"或"滥权"，对他人的权利造成损害，不仅得不到法律的保护，还可能招致法律的禁止或制裁。所以，必须对权利的行使进行必要的限制，这种限制是以保障权利的行使为前提的。权利行使的界限体现在三方面：

（1）权利的行使具有时间性。许多权利都有一定的时间限制或时效限制，超过了时间或时效，权利将归于消灭。如民法上请求权的行使时效、刑法上国家对犯罪的追诉时效等。

（2）权利的行使具有空间性。任何法律权利都必须在一定的空间范围内行使，超越了一定的空间，权利便无从实现。

（3）权利具有对人性。权利的行使依赖于义务的履行，因此权利人只能向义务人主张权利，不得向不相干的人主张权利。因此，权利的行使受到权利性质的限制。例如，所有权的权利人可以向除了自己以外的不特定多数人要求不得损害自己的所有权以实现自己的权利，但债权人则只能向特定的债务人主张权利，不得向无关的第三人主张权利。

同样，义务的履行也是有限度的，要求义务人作出超出"义务"范围的行为，同样是法律所禁止的。对义务履行的限制表现在以下几方面：

（1）实际履行义务的主体资格的限制。例如，某人虽然按照法律规定应当承担某一义务，但由于义务人不具备法律所规定的履行义务的行为能力，因此权利人不能强迫其履行义务。

（2）时间的限制。许多义务都有一定的时间限制或时效限制，超过了时间或时效，义务将不再存在。如民法上的时效、犯罪的追诉时效、父母对未成年子女的抚养等。

（3）利益的限制。在权利与义务的资源分配上，如同权利人不能无限制地享有社会利益一样，义务人也不可能永远承担社会的不利和损害，因此，义务人在履行义务的同时，也同样有自己的权利。

三、法律关系的演变

（一）法律关系形成、变更与消灭的条件

法律关系的形成、变更和消灭，需要具备一定的条件。其中最主要的条件有二：一是法律规范；二是法律事实。法律规范是法律关系形成、变更和消灭的法律依据，没有一定的法律规范就不会有相应的法律关系。但法律规范的规定只是主体权利和义务关系的一般模式，还不是现实的法律关系本身。法律关系的形成、变更和消灭还必须具备直接的前提条件，这就是法律事实，它是法律规范与法律关系联系的中介。

所谓法律事实，就是法律规范所规定的，能够引起法律关系产生、变更和消灭的客观情况或现象。法律事实首先是一种客观存在的外在现象，纯粹的心理现象不能看作是法律事实。其次，法律事实是由法律规定的、具有法律意义的事实，能够引起法律关系的产生、变更或消灭。所以，与人类生活无直接关系的纯粹的客观现象就不是法律事实。

（二）法律事实的种类

依是否以人们的意志为转移作标准，可以将法律事实大体上分为两类，即法律事件和法律行为。

1. 法律事件。法律事件是法律规范规定的，不以当事人的意志为转移而引起法律关系形成、变更或消灭的客观事实。法律事件又分为社会事件和自然事件两种。前者如社会革命、战争等，后者如人的生老病死、自然灾害等，这两种事件对于特定的法律关系主体（当事人）而言，都是不可避免，是不以其意志为转移的。但由于这些事件的出现，法律关系主体之间的权利与义务关系就有可能产生，也有可能发生变更，甚至完全归于消灭。例如，由于人的出生，便产生了父母与子女间的抚养关系和监护关系；而人的死亡却又导致抚养关系、夫妻关系或赡养关系的消灭和继承关系的产生；等等。

2. 法律行为。法律行为是以人的意志为转移的行为，例如遗嘱、公证、结婚。法律行为可以作为法律事实而存在，能够引起法律关系形成、变更和消灭。因为人们的意志有善意与恶意、合法与违法之分，故其行为也可以分为善意行为、合法行为与恶意行为、违法行为。善意行为、合法行为能够引起法律关系的形成、变更和消灭。同样，恶意行为、违法行为也能够引起法律关系的形成、变更和消灭。

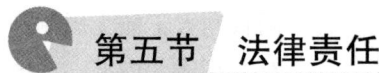

第五节　法律责任

一、法律责任的概念及特点

所谓法律责任，是指法律主体由于自己的违法行为或法律的规定而应承担的不利的法律后果。

法律责任有如下特点：

1. 承担法律责任的最终依据是法律。法律责任以一定的法律义务或一定法律事实的存在为前提，没有这些前提的存在，就没有法律责任。而要有什么样的法律义务或存在什么样的法律事实才能产生法律责任，应承担什么样的法律责任，这最终都是由法律规定的。因此，产生并承担法律责任的最终依据是法律。产生法律责任的原因大体上有三种：①侵权行为，也就是违法行为。因侵犯他人的财产权利、人身权利、政治权利等而产生的法律责任在全部法律责任中占多数。②违约责任，即违反合同约定，没有履行一定法律关系中作为或不作为的义务。③法律规定，这是指无过错责任或严格责任。这种责任从表面上看，责任人并没有侵犯任何人的权利，也没有违反任何契约义务，仅仅是由于出现了法律规定的法律事实，就要承担某种赔偿责任，如产品致人损害责任。

2. 法律责任是一种由法律规定的不利后果。法律责任方式是由法律规定的，一般有两种：补偿和制裁。这些基本上是一种否定性的、不利的后果。如刑事责任方式中的有期徒刑、死刑；民事责任方式中的赔偿损失、恢复原状；行政责任方式中的罚款、拘留等。

3. 法律责任的追究和执行是由国家强制力保障实现的。即法律责任的承担是由国家强制力保障的。这并不是说一切法律责任的实现都要由国家强制力直接介入，而是在责任人不能主动承担其法律责任时才会依赖国家强制力来实现。如民事责任的承担很多时候都是由当事人自行协商解决的。

二、法律责任的种类

法律责任的种类根据不同的标准有不同的划分。如以主观过错在责任认定中的作用为标准，可分为过错责任、无过错责任和公平责任；以法律责任的承担形式为标准，可分为补偿性的法律责任、惩罚性的法律责任和强制性的法律责任；以责任人的人数为标准，可分为个人责任和集体责任；以引起责任的行

为性质为标准，可分为违宪责任、行政责任、民事责任、刑事责任和国家赔偿责任等。在此重点介绍两种分法。

（一）过错责任、无过错责任和公平责任

过错责任是指以行为人主观上存在过错为必要条件的法律责任。这是法律责任中最古老、最普遍的责任形式，起源于古代罗马法，在近代各国民法中得到普遍确立并沿用至今。

无过错责任是指不以行为人的主观过错为必要条件而认定的责任，它的适用以法律规定为前提。我国对于无过错责任的规定主要集中在民法和经济法的一些规定中。无过错责任一般不适用于刑法。

公平责任是指法无明文规定适用无过错责任，但适用过错责任又显失公平，因而不以行为人的过错为前提并由当事人合理分担的一种特殊的责任。

（二）违宪责任、行政责任、民事责任、刑事责任、国家赔偿责任

违宪责任是指由于有关国家机关制定的某种法律、法规和规章与宪法规定相抵触，或者有关国家机关、社会组织或公民从事与宪法规定相抵触的活动而产生的法律责任。

行政责任是指因违反行政法或因行政法规定而应承担的法律责任。这是一种伴随社会的法治化而出现的公法责任。产生行政责任的原因是行政主体和行政相对人的行政违法行为和法律规定的特定情况。

民事责任是指责任人由于违反民事法律、违约或者由于民法的规定而应承担的一种法律责任。民事责任的特点是：民事责任主要是财产责任；民事责任是一方当事人对另一当事人的责任；民事责任在法律允许的条件下允许当事人协商解决。

刑事责任是指行为人因其犯罪行为所必须承受的，由司法机关代表国家所确定的否定性法律后果。

国家赔偿责任是指国家对于国家机关及其工作人员执行职务、行使公共权力损害公民、法人和其他组织的法定权利与合法利益所应承担的赔偿责任。

三、法律责任的构成

法律责任的构成是指认定法律责任时所必须考虑的条件和因素。违法行为和违约行为是最主要、最基本的产生法律责任的原因和根据，是认定和归结法律责任的前提。根据构成违法行为或违约行为的要素，法律责任的构成包括责任主体、违法行为或违约行为、损害结果、因果关系、主观过错等五方面。

1. 责任主体。责任主体是指因违反法律、违约或法律规定的事由而承担法律责任的人，包括自然人、法人和其他社会组织。责任主体与法律责任的有无、种类、大小有着密切的关系。

2. 违法行为或违约行为。违法行为或违约行为在法律责任的构成中居于重要地位，是法律责任的核心构成要素。违法行为或违约行为包括作为和不作为两类。区分作为与不作为，对于确定法律责任的范围、大小具有重要意义。

3. 损害结果。损害结果是指违法行为或违约行为侵犯他人或社会的权利和利益所造成的损失和伤害，包括实际损害、丧失所得利益及预期可得利益。损害结果可以是人身的损害、财产的损害、精神的损害，也可以是其他方面的损害。损害结果具有侵害性和确定性。认定损害结果时，一般根据法律、社会普遍认识、公平观念并结合社会影响、环境等因素进行。

4. 因果关系。因果关系是违法行为或违约行为与损害结果之间的必然联系。因果关系是一种引起与被引起的关系，若一现象的出现是由于先前存在的另一现象引起的，则这两现象之间就具有因果关系。因果关系是归责的基础和前提，是认定法律责任的基本依据。因果关系是法律规定的因果关系，具有法定性。

5. 主观过错。主观过错是指行为人实施违法行为或违约行为时的主观心理状态。现代社会将主观过错作为法律责任构成的要件之一，不同的主观心理状态与认定某一行为是否有责及承担何种法律责任有着直接的联系。主观过错作为犯罪的主观要件，是犯罪构成的必要条件之一，对于认定和衡量刑事法律责任即区分罪与非罪、此罪与彼罪、一罪与数罪、重罪与轻罪具有重要作用。在民事法律责任方面，一般也要考虑主观过错，采用过错责任原则。主观过错包括故意和过失两类。

四、法律责任的归责原则及免除

（一）法律责任的归责原则

1. 责任法定原则。责任法定原则是指国家强制责任主体承担的责任必须是法律明示的责任，必须是符合法定时限和方式的责任，必须是经过法定程序认定的责任。责任法定原则要求在确定责任主体是否需要承担法律责任，承担何种法律责任，以何种方式承担，是否适用从重、从轻、减轻、免除处罚等方面，均必须严格按照法律规定，防止责任认定的随意性和不公正性。

2. 责任自负原则。责任自负原则是指司法机关和授权机关在确定和追究法律责任时，只限于责任主体本人，不能让没有违反法律义务的人承担法律责任，禁止株连或变相株连。当然，责任自负原则不是完全绝对的，在我国相关法律规定中存在着大量的连带责任规定，此外还有民事上法律责任的承继规定。这主要是因为，为保障权利人合法权利的实现，法律基于责任主体之间存在的身份关系而规定责任主体之间负连带责任。

3. 责任相称原则。责任相称原则是指法律责任的性质、种类和轻重程度，与违法行为的性质、种类和危害程度必须相适应。在认定责任的具体状态时要充分考虑责任主体的主观意图、责任的性质、损害与危害的大小及行为发生时的客观环境等因素。责任相称原则还包含责任对应，简言之就是对不同性质的行为要规定不同的法律责任，不能混用。

4. 程序保障原则。程序保障原则是指确定和追究法律责任必须通过一定的合法程序。它不仅是正确确定、追究法律责任，保障公民、法人和其他组织的合法权益的重要保障，而且将公民的听证、质证、公开、告示等一系列程序性权利都规定在法律程序中，使程序自身具有了独立的价值。此外，追究责任主体的法律责任必然伴随着国家公权力的运用，正当的法律程序可以有效地约束公权力的运用，防止公权力的滥用，以免破坏法律的权威和尊严。

（二）法律责任的免除及其条件

法律责任的免除，是指由于出现法定条件而使法律责任被部分或全部地免除。免责是法定免除责任，它既不同于中国封建社会在法律之外对法律责任的赦免，也不同于"不负责任"或"无责任"，它以法律责任和免责条件的存在为前提，而后两者如正当防卫和紧急避险行为则并不存在责任。

免责条件是指对行为人免除责任的条件。法律责任的免除分为私法的免责和公法的免责，因此免责条件也分为公法的免责条件和私法的免责条件。

私法的免责条件充分体现了功利性。如果当事人从诉讼成本、未来贸易关系的维系等原因考虑，认为没有必要起诉，或是对方已经作出补偿，或与对方达成了新解决纠纷的协议等，那么责任就可以免除或成为一种新的合同义务。从我国的法律规定和法律实践看，私法的免责条件有两种：法定免责条件和意定免责条件。法定的免责条件主要是"不可抗力"，即不能预见、不能避免并不能克服的客观情况。正当防卫和紧急避险表面上看似免责条件，但实质上它们不属于免责范畴，因为它们从根本上说不构成法律责任。意定免责的条件包括：①权利主张超过时效，即由于权利当事人不行使其权利，经过一定期限后，责任人便被免除了责任。②有效补救，即责任人或者其他人在国家机关追究责任之前，对于行为引起的损害采取了有效的补救措施，因而受害人愿意放弃追究其责任所导致的免责。③自愿协议，即基于双方当事人在法律允许的范围内经协商同意而形成的免责。

公法责任通常由国家特定机关依职权认定和追究，不允许当事人进行和解，因此公法只有法定的免责，其免责条件包括不可抗力、正当防卫、紧急避险、超过诉讼时效、当事人不起诉（如刑事自诉案件中的自诉人不起诉、国家赔偿案件中受损害人不起诉等）、因自首立功等依法免除处罚等。当然，大多数公法责任的免除条件的认定不是由当事人自行决定，而是由特定机关依照相关法律法规认定的。

五、法律责任的承担方式

（一）当事人自治

在我们强调依法治国的同时，我们亦应相信并尊重社会的自治能力。在私法领域，奉行私法自治原则。如果当事人不能自行处理争议而诉诸法院，国家公权力开始参与、主导法律责任的追究。但是在这种情况下，当事人自治仍然发挥着重要作用，法院也要充分尊重当事人的意志。

（二）法律制裁

法律制裁是指以法律规定为基础，由国家特定的权力机关依法对责任主体的人身自由、财产权益等实施的强制性惩罚措施。法律制裁是实现法律责任的重要方式，旨在强制责任主体不但要承担法律责任，还要承担因实施违法行为所应该受到的惩罚。

法律制裁主要包括：

1. 民事制裁。民事制裁是指依照民事法律规定对责任主体依其所应承担的民事法律责任而实施的强制措施。其通常是由侵权或违约引起的，主要包括在国家的强制下支付违约金或赔偿等。

2. 刑事制裁。刑事制裁是指依照刑事法律规定对责任主体依其所应承担的刑事法律责任而实施的强制措施，通常称刑罚制裁。这是一种最严厉的制裁。我国法律规定的刑罚分为主刑和附加刑两类，包括自由刑、生命刑、资格刑和财产刑。

3. 行政制裁。行政制裁是指依照行政法律规定对责任主体依其所应承担的行政法律责任而实施的强制措施，包括行政处罚、行政处分。

4. 违宪制裁。违宪制裁是指依照宪法的规定对责任主体依其所应承担的违宪责任而实施的一种强制措施。违宪制裁主要有：撤销同宪法相抵的法律、行政法规、地方性法规等；罢免国家机关的领导人员。

（三）法律强制

法律强制是指负有法定义务的责任主体不依法履行法律责任时，国家强力机关通过法律手段，强制责任人履行义务的责任方式，这种方式主要表现为行政强制。

法律强制的功能在于保障义务的履行，从而实现权利，使法律关系正常运行。强制包括对人身的强制、对财产的强制。强制是承担行政法律责任的主要方式。强制主要为直接强制，也有代执行、执行罚等间接强制。

（四）补偿

补偿是通过国家强制力或当事人要求责任主体以作为或不作为形式弥补或赔偿所造成损失的责任方式。补偿包括防止性的补偿、回复性的补偿、补救性的补偿等不同性能的责任方式。目的主要在于弥补受害人的损害。

补偿的方式除了对不法行为的否定、精神慰藉外，主要为财产上的赔偿、补偿。在我国，补偿主要包括民事补偿和国家赔偿两类。

思考题

1. 简述法律规则的分类标准及分类结果。
2. 什么是法律渊源？如何识别法律渊源？
3. 解决法的效力冲突的一般规则和特殊规则各是什么？
4. 什么是法律体系？简述当下我国的法律体系。
5. 什么是法律关系？法律关系由哪些要素构成？
6. 根据我国法律规定，法律关系的主体和客体各包括哪几类？

实训项目

实训项目一：

被告蒋伦芳与本案中的遗赠人黄永彬于 1963 年登记结婚，婚后感情一直不合。1996 年，黄永彬与张学英相识后，二人便一直在外租房公开同居生活。2001 年初，黄永彬因患肝癌住院治疗，张学英一直在旁照料。黄永彬于 2001 年 4 月 18 日立下书面遗嘱，将其所得的住房补贴金、公积金、抚恤金和卖房产所获款的一半——4 万元等财产用遗赠的方式赠与张学英所有。2001 年 4 月 20 日，泸州市纳溪区公证处对该遗嘱出具了公证书。同年 4 月 22 日，黄永彬因病去世。在黄永彬遗体火化前，张学英偕同律师当着蒋伦芳的面宣布了黄永彬的遗嘱，并要求执行，但遭到蒋伦芳的拒绝。当日下午，张学英以蒋伦芳侵害其财产继承权为由诉至泸州市纳溪区人民法院。泸州市纳溪区法院经两次开庭审理后作出判决，以原告与被告丈夫间的婚外情为由，认定被告丈夫的遗嘱协议违背《民法通则》第 7 条关于"民事活动应当尊重社会公德"的法律原则（该原则亦称"公序良俗原则"），宣告遗嘱无效。

结合上述案情，分析以下问题：

1. 本案中法官是否可以根据法律原则作出判决？

2. 该案中法官选择法律原则适用于本案是出于何种考虑？是为了防止个案的不公正，还是为了弥补法律漏洞？法官选择法律原则适用于本案的理由是什么？这个理由是否成立？

3. 法官在适用法律原则时应慎重考虑哪些因素？

4. 在中国，法官适用法律原则是否会导致法官自由裁量权的扩大？如果有，如何进行适当的限制？（提示：在分析时不要受法院判决结论的影响，法院的判

决并不一定正确，你可以依据自己对法律的理解作出评价。）

实训步骤：①教师课前提供详细背景材料，安排实训任务。②学生自行分组并拟定发言提纲。③指定各组负责人，课余分小组开展讨论。④各组负责人记录整理发言内容，形成小组意见。⑤教师利用课堂时间介绍各小组情况并归纳主要观点，点评。

实训项目二：

韩先生某日持所购京剧票去北京某剧院观看"新新京剧团"排演的现代京剧《智取威虎山》，不料该剧团在外地演出，因路途遥远未能及时返京，致使在京的演出不能如期举行。该剧院被迫安排了一场交响乐，韩先生以剧院违约为由向法院提起诉讼。法院认定剧院违约事实成立，判令剧院赔偿韩先生票款及路费等人民币 250 元。剧院又向法院提起诉讼，告"新新京剧团"违约，要求赔偿损失。

根据上述案情，讨论以下问题：

1. 上面哪些人、单位或机构之间的关系构成法律关系？

2. 这些法律关系指向的客体是哪些？

3. 这个案例中，使法律关系产生、变更的法律事实有哪些？

4. 在上面的法律关系中，哪些是第一性的法律关系（主法律关系），哪些是第二性的法律关系（从法律关系）？

实训方法：课堂讨论。教师掌控讨论场面。

实训步骤：①教师课前安排任务。②学生自由发言。③教师归纳主要观点并点评。

实训项目三：

王某与同村的张某因为琐事打架，王某不慎将张某打死。王某的父母向张某的父母求情，并表示愿意赔偿张家 40 万，希望张家不要向公安机关报案。考虑到两家是世交，关系一直很好，王家又愿意赔偿，在经过一番讨价还价之后，张某的家人答应接受赔偿，不向公安机关报案，两家"私了"此事。

学生自行收集材料，自拟题目就"民间私了"现象写一篇相关论文。

第三章 法治的一般理论

学习目标

　　通过本章的学习，掌握法治的含义，了解法治的原则，熟悉法治国家形成的条件和实现的途径，为后续内容和后续课程的学习提供支持，为遵守法律和从事执法工作奠定思想基础。

 **第一节 法治的概念**

一、法治的发展

　　法治是一种主张法律至上的治国方略，在汉语中，"法治"一词最早见于先秦诸子的著作。《管子》《商君书》《韩非子》均将法治作为一种治国方式，提出"以法治国""任法而治""治民无常，唯以法治"等主张。在中国古代法律思想中，法治总是与"人治""德治"等治国方略相对应。

　　在我国和西方国家历史上，关于法治与人治有三次重大争论。

　　第一次是我国春秋战国时期儒法两家对这一问题的争论。儒家主张人治（或德治、礼治），法家主张法治。儒法双方的不同观点就体现了上述分歧。例如儒家认为，"道（导）之以政，齐之以刑，民免而无耻。道之以德，齐之以礼，有耻且格"（《论语·为政》）。"政者，正也。子帅以正，孰敢不正？"（《论语·颜渊》）。反过来，法家则认为，"圣人之治国，不恃人之为吾善也，而用其不得为非也"。因而，就"不务德而务法"。

　　第二次法治与人治的争论是古希腊时期柏拉图和亚里士多德关于"人治"与"法治"的争论。在西方法律思想中，"法律的统治"也是与"君主的统治"对立的一种治国方式。大智大慧的古希腊人，首开了西方法治理论的先河。柏拉图主张人治，而亚里士多德则主张实行法治。柏拉图在其代表作《理想国》中力主"贤人政治"，并主张除非由哲学家成为国王，否则人类将永无宁日。他极为蔑视法律的作用，认为不应将许多法律条文强加于"优秀的人"，如果需要什么规则，他们自己会发现的。只是在他的"贤人政治"的理想国方案失败之后，他才在自己晚期著作中将法律称为"第二位最好的"，即退而求其次的选择。与柏拉图相反，亚里士多德主张"法治应当优于一人之治"。在西方历史上，这是法治论的第一个经典性论述。这里还应注意，亚里士多德对这一问题的提法是："由最好的一人或最好的法律统治，哪一方面较为有利？"他主张法治优于人治的一个主要论据是，法治等于神和理智的统治，而人治则使政治中混入了兽性的因素。因为一般人总不能消除兽欲，即使最好的贤人也难免有热忱。这就往往导致在执政时引起偏见。"法律恰恰是免除一切情欲影响的神和理智的体现。"同时他还主张，即使在一个才德最高的人作为统治者的国家中，"一切政务还得以整部法律为依归，只在法律所不能包括而失其权威的问题上才可让个人运用其才智"。在亚里士多德那里，虽然法律的至高无上的权威、公民的自由和平等、立宪政体等道德理想始终是国家追求实现的目的，但他也仅仅停留在法律层面而没有深入道德理想层面，并没有探讨法律的价值基础和价值根源，最终无法确立法治观。如果说古希腊已经有了法治的理论思想，那么在古罗马更有了法治的初步实践。古代法治在古罗马取得了巨大的历史成就。

第三次争论是西方国家17、18世纪资产阶级先进思想家为反对封建专制提出的有关法治的观点。与以往不同的是，17、18世纪关于人治和法治之争主要体现在当时一些先进思想家在抨击封建专制、等级特权并鼓吹建立君主立宪、三权分立或民主共和国等的同时要求法治和反对人治。例如主张建立君主立宪制的英国的洛克认为，立法权是最高的、不可转让的国家权力，但它也不能危害人民的生命和财产等自由权利。国家立法机关"应该以正式公布的既定的法律来进行统治，这些法律不论贫富、不论权贵和庄稼人都一视同仁，并不因特殊情况而有出入"[1]。鼓吹民主共和国的法国的卢梭认为，"凡是实行法治的国家——不论它的行政形式如何——我就称之为共和国；因为只有在这里才是公共利益在统治着，公共事务才是作数的"。美国独立前夕猛烈抨击英国君主专制的潘恩提出，"在专制政府中，国王便是法律，同样地，在自由国家中法律便应该成为国王"[2]。而当时维护君主专制、等级特权的代表人物并没有直接、明确地提出要人治不要法治之类的口号。

但是，近现代意义的法治并不是古代法治理念与法治实践的翻版，也并不是自古就有的，它是资产阶级革命的产物，是在资产阶级革命中被提出的，在资产阶级革命胜利后被认可并实行的社会管理模式和社会秩序状态。资本主义时期，法治从以前的革命口号变为现实的建设行动。资产阶级运用法治来确认革命胜利的成果，来调整资本主义的各种社会关系，来组织和运用资本主义的

〔1〕〔英〕约翰·洛克著，赵伯英译：《政府论两篇》，陕西人民出版社2004年版，第206页。

〔2〕〔美〕潘恩著，马清槐译：《常识》，商务印书馆1959年版，第54页。

国家机器。总之，可以认为资产阶级法治是资产阶级巩固其政权、发展其社会的重要手段，当然也是资本主义对封建主义的进步成果。

随着自由资本主义的发展，资产阶级法治也得到了很大的发展。在资本主义由自由资本主义时期过渡到垄断资本主义时期以后，资产阶级法治也发生了很大的变化。一系列的法治原则都得到了丰富、发展或者修正。从前严格保护私有财产的资产阶级法治，更多地关注社会的发展，对私有财产神圣不可侵犯的原则进行了限制和修正。从全面保护资产者的利益发展到适当关注社会公共利益，注重社会福利，关心环境保护，维护生态平衡等。

到了社会主义时期，法治迎来了新的发展。社会主义法治在资本主义法治的基础上，将法治推进到了一个新的历史阶段。当然，社会主义法治的发展也不是一帆风顺的，它也遇到了各种挫折和灾难。但是可以肯定地说，社会主义中国开始的法治实践，正在不断完善、不断进步。

从治国方式的意义上说，法治与人治的界限不在于是否承认在法律运行中需要发挥人的作用，而在于：首先，就治国的主体而言，法治在形式上是众人之治，而人治在形式上则是一人或少数人之治（君主或贵族政治）；其次，法治是依据普遍规则实现的治理，而人治则将个人的任性置于首位。由于法治思想的博大精深，许多论著都没有直接、简单地对"法治"进行定义。在当代政治学和法学中，法治仍然是一个非常受重视的问题，学者们从不同的层面和角度对法治的精神与原则进行了阐释。

二、法治的含义

"法治"是人类文明发展的重要成果，是迄今人类驯服政治国家权力的最有力的工具。亚里士多德对"法治"的理解，即"已成立的法律获得普遍的服从，而大家所服从的法律本身又应该是制定得良好的法律"，成为人们通常对"法治"的解释。从现代意义上讲，"法治"的概念有多种含义，基本含义有：

1. "法治"是指一种治国方略或社会调控方式，即国家在诸多社会控制体系中选择法律作为主要的控制手段。在此意义上，"法治"是与"人治"相对立的治国方略。"法治"与"人治"的对立主要表现为民主与专制、主权在民与主权在君、法律与当权者个人的意志之间的对立。"法治"与"人治"的分界线在于当法律与当权者的个人意志发生冲突时，是法律高于个人意志，还是个人意志凌驾于法律之上，或者说，是"人依法"还是"法依人"。

2. "法治"亦指依法办事的原则。人人平等地依法办事是"法治"的基本要求和标志。对此，洛克指出，法律一经制定，任何人都不能凭自己的权威逃避法律的制裁；也不能以地位优越为借口，放任自己或任何下属胡作非为，而要求免受法律的制裁。现代"法治"的精髓是公职人员依法办事，只有公职人员依法办事，接受法律的约束，才有"法治"可言。正如哈耶克所说，法治意味着政府的全部活动应受预先确定并加以宣布的规则的制约——这些规则能够使人们明确地预见在特定情况下当局将如何行使强制力，以便根据这种认知规划个人的事务。对这一原则，美国法学家富勒表达了同样的见解。他说："法治的实质必定是：在对公民发生作用时（如将他投入监狱或宣布他据以主张财产权的证件无效），政府应忠实地运用预先宣布的应由公民遵守并决定其权利和义务的规则，如果'法治'不是指这个意思，它就毫无意义。"依法办事的原则在中国概括为"有法可依、有法必依、执法必严、违法必究"。

3. "法治"是指良好的法律秩序。法律秩序是法律规范实行和实现的结果。无论是作为治国方略，还是作为依法办事的原则，"法治"最终都要表现为一种良好的法律秩序，这既是"法治"的目标和结果，也是检验是否厉行"法治"的一个重要指标。对此，苏联法学家雅维茨也指出："法律秩序是社会关系的这样一种状态，它是法律规范和法治实际实现的结果，保证社会所有成员无阻碍地享受赋予他们的权利并且履行他们的法律义务。""法律秩序可以被看做是法实现的终点。"当然，并不是任何一种法律秩序都能称得上是法治秩序。"法治"意义上的法律秩序是包含"法治"的价值基础和价值取向的良法实现的秩序。就现代社会而言，"法治"的价值基础和取向至少应包括：①法律必须体现人民主权原则；②法律必须承认、尊重和保护人民的权利和自由；③法律面前人人平等；④法律对一切正当的利益予以无差别的保护。

"法治"的主体是人民，在我国表现为由人民选出受人民监督的国家权力机关——各级人民代表大会以及由人民代表大会选举产生或任命的国家行政机关、军事机关、检察机关、审判机关等国家机构。无论在哪个层次，共产党都是领导核心。"法治"的重要对象是治权，而依法治权的重点又是依法制约和治理国家的行政权力。在中国，强调"依法治国"，最核心的是依据宪法和法律治国，维护宪法和法律的最高权威。对立法机关而言，维护宪法和法律的权威，就是要保障下位法服从上位法，保证整个法律体系的统一。在过去一个相当长的时期内，我们没有意识到立法违宪这个问题，没有意识到这个问题对法治的极大危险与危害。2005年底，十届全国人民代表大会常务委员会第四十次委员长会议完成了对《行政法规、地方性法规、自治条例和单行条例、经济特区法规备案审查工作程序》的修订，并通过了《司法解释备案审查工作程序》，上述举措将对中国违宪审查制度和中国法治国家的建设产生积极影响。2017年10月，十九大报告要求加强宪法实施和监督、推进合宪性审查工作。为此，一切组织和个人要以宪法为根本活动准则，并负有维护宪法尊严、保障宪法实施的职责；完善全国人大及其常委会宪法监督制度，加强备案审查制度和能力建设，把所有规范性文件纳入备案审查范围，依法撤销和纠正违宪违法的规范性文件。"宪法法律至上"强调"依法治国首先是依宪治国，依法执政首先是依宪执政"，而依宪治国实质上就是要坚持"党的领导、人民民主与依法治国"的有机统一。

三、法治与法制

法治与法制都是经常使用的重要的法律术语，二者有着重要的区别。法治的定义，在前面的讲述中已经明确。但什么是法制呢？可以认为，法制相当于英文中的"legal system"，一是指法律制度的简称，二是指法律的体系、体制与架构的整体。法治与法制，我们可以简要地进行如下区分：

1. 是否强调法律至上不同。法治强调的是法的统治，就必然具有法律至上的含义。在法治的视野中，任何行为规则在与法律并存的时候都必须服从法律的规则，任何人的任何行为都必须遵守法律、服从法律，而不得违法。一旦出现违法的情形，违法者无论是谁，都必须承担法律责任。法制则不包含法律至上的含义。

2. 产生和存在的时代不同。法治，从严格意义上讲，是资产阶级革命的产物，是资本主义时代才产生并建立的，只有资本主义社会和社会主义社会才存在。而法制是从法律出现以来就产生的，甚至是法律的另一种表述，它早在奴隶制社会初期就产生了，它将伴随人类社会走过整个法律社会，即奴隶制社会、封建制社会、资本主义社会和社会主义社会。

3. 与权力之间的关系不同。与权力的不同关系是法治与法制的重要区别。法治要约束权力。对于公共权力或者国家权力的约束，是法治的基本特征。法治要求一切权力都必须服从法律，在法律之下活动。但是法制则不具有这样的要求。一般所说的法制，可能是能够约束权力的法治之下的法制，也可能是为权力所左右的人治之中的法制。

4. 二者具有的价值观念不同。法治必然地具有自由、平等、人权的价值观念，但是法制则不一定。具体说来，在法治中的法制具有这样的价值观念，而在人治中的法制则不具有这样的价值观念。如果说法治具有明显的法的统治的价值取向的话，法制的价值取向则是多样的。

5. 二者与民主的关系不同。法治都是与民主相联系的。没有民主，就没有法治。民主既是法治的价值观念，也是现实的政治基础和目标追求。但是法制则不要求必须有民主的政治基础，也不必然以民主作为自己的政治目标。

法治与法制既有区别，也有联系。任何法治都是以法制为基础建立起来的。没有法制作基础，法治就不可能建立和继续存在。鉴于此，可以说法制是法治的内容，也是法治的前提和基础，但法治不是法制的必然。有法治必然有法制，但有法制不一定导致法治。法制关注的焦点是秩序，法治关注的焦点是法律的至上权威。2018 年 3 月 11 日第十三届全国人民代表大会第一次会议表决通过了《中华人民共和国宪法修正案》，宪法修正案将宪法序言第七自然段中"健全社会主义法制"修改为"健全社会主义法治"。这样的修改，有利于推进全面依法治国，建设中国特色社会主义法治体系，加快实现国家治理体系和治理能力现代化，为党和国家事业发展提供根本性、全局性、稳定性、长期性的制度保障。从"健全社会主义法制"到"健全社会主义法治"，是我国依法治国理念和方式的新飞跃。

第二节　法治的原则

要把法治的理念变为法治的现实，使"法治"一词中所隐含的正义、道德、公平、正当程序、个人权利和尊严等观念在现实中得到体现，并成为具有约束力和塑造力的制度，最为重要的是对法治理念中具有重要意义的原则进行抽象，并且在现实的政治和法律制度中加以贯彻。

一、法治原则概述

关于法治的原则，有各种不同的概括和表述。如英国宪法学家戴雪（A. V. Dicey）在他的著作《宪政精义》中提出了法治的三个原则：①法律具有绝对的至高无上的地位。②任何人的权利和义务都必须由普通法院来解决。③不是宪法赋予个人权利与自由，而是个人权利产生宪法。戴雪的法治三原则在西方世界尤其在英国很有影响，成为国家政治制度设计的根据。

当代英国另一位法学家拉兹（J. Raz）把法治原则归纳为 8 条：①法律应该是公开和明确的规则；②法律应该相对稳定，不能频繁改变；③特别法的制定尤其要符合公开、稳定、明确和普遍的原则；④司法独立；⑤审判公开而且公正；⑥法院应该有权审查其他法治原则的实施；⑦司法程序应简便易行；⑧惩罚犯罪的机构所享有的自由裁量权应该受到法律的严格限制。[1]

美国法学家富勒（L. L. Fuller）概括了法治社会应具备的 8 项原则：①法律的一般性；②法律的公布；③适用于将来的而非溯及既往的法律；④法律的明确性；⑤避免法律中的矛盾；⑥法律不应要求不可能实现的事情；⑦法律的稳定性；⑧官方行动和法律的一致性。[2]

---

〔1〕　参见李林："法治的理念、制度和运作"，载刘海年等主编：《依法治国　建设社会主义法治国家》，中国法制出版社 1996 年版，第 238 页。

〔2〕　参见沈宗灵：《现代西方法理学》，北京大学出版社 1992 年版，第 58 页。

1959 年，在印度新德里召开的国际法学家会议通过的《新德里宣言》把法治原则概括为 4 条：①立法机关的任务是创造和维护个人尊严得以维护的各种条件，并使《世界人权宣言》中的各项原则得到实施；②规范行政权力，同时保证一个有效率的政府来维持法律秩序；③要有正当的刑事程序；④司法独立和律师自由。

二、我国的法治原则

　　学者们在对法治的各种原则进行理想化地概括的同时，法治原则的具体应用则因国家政治制度的不同而不同。在我国，法治作为治国方略已经得到了全社会的认同，法治原则在我国法律制度中主要表现在以下方面。

　　（一）人民主权原则

　　人民主权的实质是民主。民主是法治最重要的价值之一。人类之所以选择法治作为治国的根本方法，一个重要的原因是，同其他的治国方法相比，民主最可能通过法治的方式表现出来，而法治也必须从民主中获得其政治的和道德的合法性。没有民主，法治就缺少了最重要的基石。正是基于这样的理念，我国《宪法》规定，中华人民共和国的一切权力属于人民；人民选举自己的代表，通过各级人民代表大会行使自己的权利，人民代表大会通过法律制定的民主程序把人民的意志反映在法律当中，因此，法治就是按照人民的意志治理国家。

　　（二）依法行政原则

　　依法行政是指政府运用公共权力必须根据并遵循法律，这是现代法治的要义。在我国的政治体制中，这一原则表现为国家最高行政机关和地方各级国家行政机关的重要职责是具体实施国家的宪法和法律，在法律的范围内领导和组织国家的行政工作。

　　（三）司法独立原则

　　建设一个独立的司法机关是实施法治的关键。我国《宪法》规定，人民法院和人民检察院依照法律规定，独立行使职权，不受行政机关、社会团体和个人的干涉。按照司法机关独立行使职权的要求，仅有《宪法》的原则性规定是不够的，我们还需要做大量的制度建设工作。这些制度建设包括：正确处理党的领导和司法独立的关系；在制度上消除司法地方保护主义的产生根源；司法机关的用人权和财权相互独立；健全司法机关内部的监督机制和社会对司法机关的外部监督制度；等等。

　　（四）保障人权原则

　　人民主权和公民权利在我们国家是统一的，但是，作为法治原则，二者的出发点则完全不同。人民主权的含义是人民是国家权力的本源。在这个意义上，人民的权利是积极的。公民权利的保障则涉及法治的另外一个价值目标，那就是保护人权。在任何社会里，在强大的公共权力面前，人权都是脆弱的，需要特别保护。我国1982年的《宪法》总结了新中国成立以来历次政治运动侵犯人权和人的尊严的教训，特别是"文化大革命"的教训，专章规定了公民的基本权利和义务，突出体现了我国《宪法》对公民权利的重视。根据《宪法》，我国公民不仅享有充分的政治权利，如选举权和被选举权及言论、集会、结社、游行、示威等自由，而且享有人身权利，任何人不得未经法定程序而被逮捕，不得未经法庭审判而被确定为有罪。公民因国家机关或者国家工作人员侵犯其权利而受到损失时，有权依照法律的规定获得赔偿。我国《宪法》和法律对人权的保障一直很重视，不仅规定了公民享有广泛的政治、社会、经济、文化权利，而且为权利的实现提供了物质和法律上的保障条件。随着我国法制建设的发展，保障人权的立法正在逐步完善，如《行政诉讼法》和《国家赔偿法》等法律，为公民权利的实现和权利的救济提供了相应的法律保障。此外，我国还签署和批准加入了联合国的《经济、社会、文化权利国际公约》，并且正在为加入联合国《公民权利和政治权利国际公约》作准备。

2004年的宪法修正案，首次将"人权"概念引入《宪法》，明确规定"国家尊重和保障人权"。"人权"写入《宪法》，是社会主义人权发展的重大突破。1991年11月，国务院新闻办公室发表《中国的人权状况》白皮书，首次以政府文件的形式正面肯定了人权在中国社会主义政治发展中的地位。1997年，我国首次将"人权"概念写入中国共产党的十五大报告，从而使人权由对外宣示的主题变为党领导国内建设的主题。2004年的修宪把"人权"写入《宪法》，将"人权"由一个政治概念提升为法律概念，将尊重和保障人权由党和政府文件的政策性规定上升为国家根本大法的一项原则，这是中国民主宪政和政治文明建设的一件大事，是中国人权发展的一个重要里程碑。这表明人权已成为国家的价值观和我国社会主义的基本价值和目标。人权入宪，对于提高全社会的人权意识，推进社会主义政治文明建设具有重要意义。

同时，在公民的具体权利方面，2004年的宪法修正案进一步规定："公民的合法的私有财产不受侵犯。国家依照法律规定保护公民的私有财产和继承权。"明确给予公民的私有财产和在现行《宪法》下不受侵犯的公有财产同等的地位，这在新中国的宪政史上是第一次。

 **第三节　法治国家形成的条件**

依法治国是人类在历史进程中，经过共同努力和不断摸索所取得的文明成

果，也是全人类共同的崇高理想。要在中国实现依法治国，建设和形成社会主义法治国家，应该具备以下五个基本条件。

一、具有完备的社会主义法律体系

我国要建成社会主义法治国家，首先要有反映社会发展规律和时代潮流、代表人民意志和利益的法律体系，做到有法可依。这里的法律体系必须科学、严谨、完备。我国自改革开放以来，立法工作取得了重大的发展。可以说，一个以宪法为统帅，以宪法相关法、民法、商法等多个法律部门的法律为主干，由法律、行政法规、地方性法规等多个层次的法律规范构成的法律体系已经形成；在国家的社会、政治、经济和其他主要领域已经基本上做到了有法可依。但是也要看到，我们还有不少重要法律没有制定出来，法律体系尚不完备。

我国的社会主义法律体系主要应当由以下几类法律构成：

（1）规定国家根本制度、公民基本权利和义务、国家机关设置的宪法和宪法性法律；

（2）规定国家行政机关的组织、职权、行为、行使职权的程序、行政人员遴选方式的行政法；

（3）国家从整体利益出发对经济生活进行必要干预、对经济秩序进行维护和对市场进行宏观调控的经济法；

（4）对行政机关侵犯公民、法人的权利进行救济的行政诉讼法；

（5）规定市场经济活动的主体制度、物权、债权、知识产权、人身权制度，行为规则制度和公司、票据、保险、海商制度的民商法；

（6）解决民事、商事、经济纠纷的民事诉讼法；

（7）规定犯罪和刑罚的刑法；

（8）公正地进行刑事诉讼、有效地惩治犯罪和保护无辜者的刑事诉讼法；

（9）规定保护劳动者权益、提供社会保障、对社会弱者予以救济的社会法。

法的体系要协调，不能彼此重复和相互矛盾。特别是法律应反映社会发展规律和时代精神，兼顾国家、群体与个人的利益；处理好权利保障与权力行使的界限和必要的管理之间的关系，处理好权利与义务的关系。十九大报告提出了完善以宪法为核心的中国特色社会主义法律体系，建设中国特色社会主义法治体系。推进全面依法治国涉及很多方面，在实际工作中必须有一个总揽全局、牵引各方的总抓手，这个总抓手就是建设中国特色社会主义法治体系，包括形成完备的法律规范体系、高效的法治实施体系、严密的法治监督体系、有力的法治保障体系，形成完善的党内法规体系。

二、具有健全的民主制度和监督制度

社会主义法治国家首先应当是社会主义民主国家。没有民主，也就没有真

正意义上的依法治国。建设社会主义法治国家的根本就在于：公民的民主权利得到充分的保障；国家权力的配置，包括中央与地方、领导者个人和领导集体、执政党和国家机构以及其他政党和社会组织的关系，都要体现民主原则；人民应能通过法定的民主程序当家做主，进行重大决策，管理国家大事；司法与执法体制和程序的各个环节，也都要贯彻民主原则，保证人民群众的广泛参与。

与民主制度相联系的是监督制度。真正的法治国家，人民都有对立法机关、行政机关和司法机关依照法定程序进行监督的权利。我国当前应加强对国家权力的立法监督、行政监督、司法监督和人民群众的监督（包括舆论监督）。如果没有有效的监督机制，就难以保证国家机构及其工作人员完全按照人民的意愿和利益办事，也很难实现人民当家做主、参政、议政。

三、具有严格的行政执法制度与公正的司法制度

在依法治国的国家中，行政权是法律赋予的。行政机关的行政行为必须在法律规定的范围内按法定程序实施，严格依法行政；行政权力不得滥用，必须接受法律的制约；滥用行政权力造成的损害必须能够经过法定程序予以救济。同时，还应建立行政违法责任人的追究制度。

公正的司法制度是对受到侵害的人民权利给予补救的关键一环，也是维护社会公正、保障法律得以正确实施的最后一关。在健全公正的司法制度时必须注意以下几点：司法机关依法独立行使审判权和检察权，任何行政机关、社会团体和个人都不得进行干涉；司法机关依法享有的地位应当得到保障；要有公正的审判制度，保证案件的审理以事实为根据，以法律为准绳，法律面前人人平等；还应建立严明的冤案、错案责任追究制度；司法机关的工作条件必须保证。

四、具有高素质的执法队伍

古人云："徒法不足以自行。"法律是靠人来执行的，法律秩序也是靠人来维持的。我国必须建设一支数量足、素质高的执法队伍，包括公务员队伍、行政执法队伍、法官队伍、检察官队伍。同时，也要建立从事高质量法律服务的律师、公证人队伍。

所谓素质高，包括三层含义：①要有较高的政治觉悟和道德素质。要忠于人民，忠于法律，忠于事实，大公无私，廉洁奉公，具有以身殉法的精神。要建立有效的执法监督制度，以防止那些假公济私、品质恶劣、贪赃枉法的人混入公务员队伍和司法队伍。②要有较高的业务素质。要精通法律，并能正确运用法律解决问题。只有经过统一资格考试合格的人，才能进入公务员队伍和司法队伍。如果我们没有对公务员队伍和司法队伍的统一资格考试，就难以避免一些庸才滥竽充数。③要有崇高的职业道德和敬业精神。公务员和司法工作者

不但要廉政，而且要勤政。只有这样，我们的法律才会融入国家和社会，得到切实的实施。

五、全民具有法治意识

所谓法治意识，是指依法办事、依法行政、依法律己、依法行使权利和履行义务的意识。我们的法律仅靠公务员、法官和检察官来执行是远远不够的，还要靠全国人民去自觉遵守。有了法治意识，纸上的法律才能变成实际生活中的法律，成为干部和民众的内在自我要求，严格执法、守法光荣、违法犯罪可耻、徇私枉法可恶的道德标准和价值观念才能树立起来。

要提高全民的法治意识，必须加强法治宣传教育。我们在全国广泛开展的普法教育，是提高法治意识的重要途径。由于领导干部的地位、作用和责任，提高他们的法治意识尤为重要。应当把普法教育制度化、法律化，把掌握法律知识、具备法治观念作为各级领导干部和全体公民的必备素质，把遵守法律作为领导干部和全体公民应履行的义务。另外，要把法律知识作为公务员考试、干部考核晋升的重要内容。

 第四节 法治国家建设目标和实现途径

一、中国法治国家建设的总目标

2014 年 10 月 23 日，中国共产党第十八届中央委员会第四次全体会议通过的《关于全面推进依法治国若干重大问题的决定》（以下简称《决定》）提出，全面推进依法治国，总目标是建设中国特色社会主义法治体系，建设社会主义法治国家，促进国家治理体系和治理能力现代化，并对这个总目标进行阐释。这是《决定》在理论创新上的一个新亮点和理论贡献。

这个总目标的提出，既明确了全面推进依法治国的性质和方向，又突出了全面推进依法治国的工作重点和总抓手：一是向国内外鲜明宣示我们将坚定不移地走中国特色社会主义法治道路；二是明确全面推进依法治国的总抓手就是建设中国特色社会主义法治体系；三是建设中国特色社会主义法治体系、建设社会主义法治国家是实现国家治理体系和治理能力现代化的必然要求。习近平总书记在党的十九大报告中指出：成立中央全面依法治国领导小组，加强对法治中国建设的统一领导。全面依法治国领导小组站位高、层次高，对于今后深化依法治国实践必将产生重要的推动作用，具有深远的理论与实践意义。

中国特色社会主义法治道路和中国特色社会主义法治体系成为贯穿《决定》的思想红线和主线，阐明了我们党和国家在新的历史起点上全面推进依法治国，

要举什么旗、走什么路、实现什么样的总目标的问题。如何加快建设社会主义法治国家，中国的法治之路如何走，在理论指导和价值目标上就是以中国特色社会主义法治理论体系为指导，走中国特色社会主义法治道路。

《决定》提出了建设中国特色社会主义法治体系，形成完备的法律规范体系、高效的法治实施体系、严密的法治监督体系、有力的法治保障体系，形成完善的党内法规体系。"社会主义法治体系"是一个新的法学概念，它涉及立法、执法、司法、守法、法律监督、法治保障，以及党内法规体系建设等内涵丰富的综合性内容。这个概念的提出，是建立在改革开放以来法治建设实践基础之上的，是对目前法治建设各个环节的概括和综合。具体到法治实践层面，建设中国特色社会主义法治体系，就是要做到科学立法、严格执法、公正司法、全民守法，坚持依法治国、依法执政、依法行政共同推进，坚持法治国家、法治政府、法治社会一体建设，实现国家治理体系和治理能力现代化。党的十八大以来，我国民主法治建设迈出重大步伐，法治国家、法治政府和法治社会建设相互促进，中国特色社会主义法治体系日益完善，全社会法治观念明显增强。但从实践发展来看，全面依法治国任务依然繁重，依法治国进程必须继续深入推进。全面依法治国是我国国家治理的一场深刻革命，也是一个复杂的系统工程，涉及经济建设、政治建设、文化建设、社会建设、生态文明建设、国防军队建设、党的建设等各个领域，涉及改革发展稳定、内政外交国防、治党治国治军等各个方面，不能单靠某一个或某几个部门，需要从整体上强化统筹协调、总体设计，从而有效克服推进全面依法治国进程中面临的诸多问题和挑战。强化统筹协调是全面推进依法治国目标实现的必然要求，是由我国法治建设任务和我国治理体制等多种因素所决定的。

二、法治发展的模式

从世界范围法治发展的路径选择与模式设计上看，法治发展的道路有两种模式：一种是早期西方发达国家的社会演进型法治发展模式；另一种是发展中国家目前正在进行的政府主导型或称为政府推进型的法治发展模式。前者强调社会自身的主导作用，法治的进步发展依赖于社会自身的力量，社会自身的发展、经济和社会生活的需要、人民群众的呼唤和参与，是这种法治发展模式的真正动力，社会是推进法治的主体。因而，这种法治发展模式只推崇社会制度的自生自发，即自然演化，而反对政府的制度设计，其发展的方向呈现出自下而上的特征。后者则更重视政府的主导作用。在这种观点看来，正像现代市场经济和民主政治不足时，依靠社会自身力量发展缓慢，依靠政府的设计和推动才能尽快加速社会发展、实现现代文明一样，当代发展中国家的法治发展也不能仅靠自发的进化，缓慢的演化必然制约社会的进步。因此，发展中国家要尽快实现法治进程，就不能按照西方社会演进的模式进行，而必须在外部压力和示范作用下按照"借鉴—创新"的模式建设法治国家，这就要求必须由政府来领导，并由政府来具体规划和组织实施。简言之，必须主要依靠国家和政府的强制力实行强制性的制度变迁，政府是推进法治的主体，其发展的方向呈现出自上而下的特征。中国的法治发展模式明显应属于后者。

从一定意义上说，中华人民共和国从成立那天起，就开始进行社会主义的依法治国的建设工作。但是，由于对其重要性认识不足，"左"的思潮泛滥，法律虚无主义盛行，以及"文化大革命"对法律的肆意践踏和破坏，使我们的法治国家的建设遭受挫折，使这一工作在相当长一段时间内停顿下来。但是，我们的人民、我们的执政党并没有抛弃这一治国方略。在清理了自己的错误，吸取了"文化大革命"的教训之后，从 1978 年起邓小平提出了"发展社会主义民主，加强社会主义法制""一手抓建设，一手抓法制"等一系列民主法制建设的基本方针，为依法治国、建设社会主义法治国家指明了方向。在短短十几年间，我们初步建立起了有中国特色的社会主义法律体系，确立了依法行政制度，健全了现代的司法机关，构筑了全国的民主监督和法律救济系统，极为广泛地普及了法律知识，为社会主义法治国家建设奠定了一定的基础。但是，社会主义法治国家建设的现状与人民的要求和期望相距尚远，同依法治国的理想目标仍有很大距离。时代和人民要求我们进一步深化改革，作出更大的努力，朝着依法治国，建设社会主义法治国家的理想目标坚定不移地前进。在十九大报告中习近平总书记提出，"全面依法治国是中国特色社会主义的本质要求和重要保障"。将依法治国和中国特色社会主义建设联系起来，作为社会主义的一个本质要求，这是对依法治国的新定位。

三、中国建设社会主义法治国家的具体步骤

（一）理论观念的更新

要实现社会主义的依法治国，建设社会主义法治国家，就必须清除不适合形势发展要求的传统观念和陈旧理论对人们的影响，使新观念、新思想在人们头脑中生根。需要变革、更新的理论观念主要有以下方面：

1. 确立宪法观念，使宪法原则落到实处。宪法是国家的根本大法，是一国法律体系的核心，在整个法律体系中具有至上的权威性和最高的法律地位，是国家法治建设的基础。法治权威能否树立起来，首先要看宪法有没有权威。因而，"坚持依法治国首先要坚持依宪治国，坚持依法执政首先要坚持依宪执政"。

建立法治国家，仅有宪法是不够的。如果宪法制定后，或是未受重视，或是未得到执行，甚或政治当局可以随时修改它，这样的宪法就会形同虚设，更谈不上是具有最高地位的法律了。实行法治，必须使制定的宪法得到实施，使

国家政权的组织和活动只能根据其条款来进行统治并受其限制。认真实施宪法本身就意味着法治。如何确立宪法的权威，使宪法原则进一步具体化，具有可操作性，使之得到实现、落实，确立宪法观念，是当前建设法治国家要着重解决的关键问题。

为确立宪法权威，十八届四中全会通过的《决定》提出了一系列新的举措，如完善全国人大及其常委会宪法监督制度，健全宪法解释程序机制；加强备案审查制度和能力建设；依法撤销和纠正违宪违法的规范性文件；将每年12月4日定为国家宪法日，在全社会普遍开展宪法教育，弘扬宪法精神；建立宪法宣誓制度，凡经人大及其常委会选举或者决定任命的国家工作人员正式就职时公开向宪法宣誓。上述举措，对提升人们的宪法观念将会起到重要的促进作用。

2. 正确理解治国方略，确立法治观念。依法治国和建设法治国家，需要确立法治观念。所谓法治观念，就是依法管理国家，管理经济和社会的观念。由于我们国家有很长的封建社会历史，后来又实行了多年高度集中的计划经济体制，凡事按领导人意见办的习惯和作风根深蒂固，以致一些领导干部和相当多的群众法治观念淡薄。要树立法治观念，必须明确以下几点：

（1）法律具有极大权威。由于法律是人民意志、党的主张和国家意志的体现，因此任何人都必须无条件遵从。

（2）法大于权。也就是说，我们国家的任何权力都是人民赋予的，都是宪法或法律赋予的，任何权力都要依法行使并受到法律的约束。任何人不得以权代法、以权压法、以权乱法、以权废法。

（3）任何人在法律面前都是平等的，包括权利平等、义务平等、违法受追究等。从普通公民到领导干部，无论现在职务多高，过去功劳多大，都没有凌驾于法律之上、超乎法律之外的特权。

3. 在全社会树立对法律的信仰。在我国法治化的过程中，当前的一个主要障碍是法律并没有在人们的心目中树立起其应有的崇高地位。在社会的各种控制手段中，人们对法律的功能仍缺乏信任，迷信领导，迷信权威。因而，要避免出现以"依法治国"之名而行"人治"之实，把"法治"仅作为一种口号的现象。此外，在司法实践中，司法不公、司法腐败也影响着人们对法律的信任。实行法治，建设法治国家，仅仅制定一些法律制度还不够，还必须确立人们对法律的尊重和信仰。在制定符合客观规律和人民意愿的法律的基础上，通过公正的执法和司法，把法律当作非人格化的统治者，一切国家机关、社会组织及个人都应对法律规定的权利和义务负责，都要树立受法律裁决的观念。

依法治国，建设社会主义法治国家还有许多理论观念需要更新，如确立法律至上的观念、权利观念、权力制约和监督观念、国家是公共权力机关的观念等。公民上述观念的确立，一方面要靠大力宣传教育，使之掌握有关法治问题的基本知识；另一方面要靠建构一套完备的法治机制和法治实践（主要是执法和司法）的经验积累。

（二）制度与领导方式的改革

要实现社会主义的依法治国，必须对我国的一些制度和领导方式进行必要的改革。

1. 坚持和完善党的领导，正确处理党的领导与法治的关系。党和法治的关系问题是法治建设的核心问题。十八届四中全会通过的《决定》提出，坚持党的领导，是社会主义法治的根本要求，是党和国家的根本所在、命脉所在，是全国各族人民的利益所系、幸福所系，是全面推进依法治国的应有之义。中国共产党的领导地位是共产党领导人民在长期的革命斗争中和社会主义建设中形成的，中国共产党的领导是我国政治生活的核心。因此，坚持党对社会主义建设事业的领导不能有丝毫削弱和动摇。中国共产党不仅是我国社会主义事业的领导核心，也是依法治国、建设社会主义法治国家的领导核心。党的领导和社会主义法治是一致的。

如何实现党的领导，这是中国共产党一直在探索的理论和实践问题。中共十六大和十六届四中全会在如何加强中国共产党执政能力建设方面，提出了依法执政的问题。依法执政，既要求党依据宪法和法律治国理政，也要求党依据党内法规管党治党。在立法、执法、司法和法律的实施过程中，党都发挥着巨大的作用。因而推进社会主义法治国家建设，必须处理好党的领导、人民当家做主、依法治国的关系。党的领导是关键，人民当家做主是基础，依法治国是保证，绝不将能三者割裂开来、对立起来。以为发扬民主、强调法治就不需要党的领导，这是错误的。

在加强党对依法治国的领导的同时，也要改革和完善党的领导方式和执政方式，做到党的领导法律化、制度化、规范化和程序化，从而使党的领导建立在合法性的基础之上。这就要做到以下两点：

（1）经过法定程序，使党的主张成为国家意志。党的主张如果要获得全体人民的一致遵行，就需要通过一定的程序转化为国家意志，表现为国家的法律。要把改革和发展的重大决策同立法结合起来，把党关于国家和社会事务的重大主张与意志，通过法定的程序，确定为具有国家强制力的法律，从而实现党的主张与人民意志的统一，保证党始终代表广大人民的根本利益。

（2）党必须在宪法和法律的范围内活动。这就要求作为领导者的中国共产党，无论是制定政策还是进行活动，无论是党员个人还是党的组织，都要遵循宪法和法律的规定，成为守法的模范。党自身也要受到宪法和法律的制约，不

得享有超越宪法和法律的特权。执政党必须依法执政，包括：必须经过选举程序当选为国家、政府的官员，才能"执政"；一切执政行为都必须依法，不得违法执政。

2. 深入推进依法行政，加快建设法治政府。《决定》提出了法治政府建设的目标要求，即加快建设职能科学、权责法定、执法严明、公开公正、廉洁高效、守法诚信的法治政府。关于如何达到建设法治政府这一目标，《决定》提出了一系列新的措施：

（1）建立政府责任清单，即要坚持"法定职责必须为"。行政机关要勇于负责、勇于担当，坚决纠正不作为、乱作为，坚决克服懒政、怠政，坚决惩处失职、渎职。

（2）推行权力清单，即"法无授权不可为"。行政机关不得法外设定权力，没有法律法规依据，不得作出减损公民、法人和其他组织合法权益或者增加其义务的决定。推行政府权力清单制度，坚决消除权力设租、寻租空间。

（3）健全依法决策机制。建立重大决策终身责任追究制度及责任倒查机制，对决策严重失误或者依法应该及时作出决策但久拖不决造成重大损失、恶劣影响的，严格追究行政首长、负有责任的其他领导人员和相关责任人员的法律责任。

（4）全面推进政务公开。坚持以公开为常态、不公开为例外原则，涉及公民、法人或其他组织权利和义务的规范性文件要予以公布。

3. 改革立法制度，继续完善社会主义法律体系。我国的立法工作虽然成效显著，但在经济生活、政治生活、文化生活和社会生活的许多方面，还存在着空白。消除或减少这些空白要靠更加主动、积极、有效的立法。因此，要重视基本法律的完善，这是依法治国的基础。要更新立法观念，大胆吸收、借鉴和移植一切有利于解放、保护和发展生产力，有利于改革开放的法律规范和法律技术。

4. 改革行政执法制度。建设社会主义法治国家，实现建设法治国家的目标，除了进一步完善相关法律外，今后的工作更主要的是实施法律。有法不依等于无法。我们现在面临的问题和困境不是无法可依，而是有法不依、执法不严、违法不究，视法律为装饰门面的道具和滥用公权侵犯私权的工具。需要就拿出来装饰门面，甚至打着合法的旗号作出不法的行为；不需要时根本无视法律的存在。需要就用，不需要就不用。一些执法部门机械执法，对一些侵害公民权益问题的现象，不是认真履行职责，积极维护公民合法权益，而是以法制不健全作为自己不作为、推脱责任的借口。有的执法部门滥用权力或者非法执法，以维护社会公共利益为由，无视法律的存在，随意侵犯宪法、法律赋予公民的权利和自由，把法律视为"治民工具"。因此，必须强化有法必依的机制，以更加有效的措施保障法律的执行。要严格按照行政程序法办事，以保障行政执法质量，防止知法犯法。

5. 改革和完善司法制度，保证司法公正。《决定》提到"必须完善司法管理体制和司法权力运行机制，规范司法行为，加强对司法活动的监督，努力让人民群众在每一个司法案件中感受到公平正义"。建立完善的司法制度，是法治社会的一个重要特征，在建立市场经济体制的过程中如何改革和完善我国的司法制度，保证司法的客观公正，维护法律的尊严和权威，是我国法治建设需要解决的一个重要问题。

法律和秩序是人类社会赖以生存和发展的基石，而司法机关的使命就在于保障个人自由权利，防止专横统治，维护既定的秩序和社会利益。因此，没有司法保障，走向法治社会是不可能的。完善司法制度，提高司法水平，最基本、最核心的问题是要保证司法的客观公正，实现社会正义。

公正是法治的生命线。司法公正对社会公正具有重要的引领作用，司法不公对社会公正具有致命的破坏作用。司法制度的改革，要在总结实践经验的基础上，适应我国现代化进程和市场经济体制的建立，借鉴国际通行做法，对我国司法机关从机构设置、职权划分到管理体制、诉讼制度、监督制约机制，进行必要的完善和改革，从制度上防止司法腐败，保证司法公正，提高司法公信力。

（1）建立领导干部干预司法活动、插手具体案件处理的记录、通报和责任追究制度。任何党政机关和领导干部都不得让司法机关作违反法定职责、有碍司法公正的事情，任何司法机关都不得执行党政机关和领导干部违法干预司法活动的要求。对干预司法机关办案的，给予党纪政纪处分；造成冤假错案或者其他严重后果的，依法追究刑事责任。

（2）优化司法职权配置。最高人民法院设立巡回法庭，审理跨行政区域重大行政和民商事案件。探索设立跨行政区域的人民法院和人民检察院，办理跨地区案件。

（3）明确司法机关内部各层级权限，健全内部监督制约机制。司法机关内部人员不得违反规定干预其他人员正在办理的案件，建立司法机关内部人员过问案件的记录制度和责任追究制度，完善主审法官、合议庭、主任检察官、主办侦查员办案责任制，落实"谁办案谁负责"。

思考题

1. 简述我国的法治原则。

2. 法治国家的形成条件是什么？

实训项目

1996 年 4 月 9 日，呼和浩特卷烟厂工人呼格吉勒图和工友闫峰向警方报案，在烟厂附近的公厕内发现一具下身赤裸的女尸。48 小时后，负责该案的呼和浩特公安局新城分局副局长冯志明和办案人员认定，呼格吉勒图在女厕对死者进行流氓猥亵时，用手掐住死者的脖子致其死亡。

1996 年 5 月 23 日，呼和浩特市中级人民法院认定呼格吉勒图犯流氓罪、故意杀人罪，判处死刑。1996 年 6 月 5 日，内蒙古高级人民法院二审"维持原判"，核准死刑。此时距离案发仅 62 天。

2005 年初，内蒙古乌兰察布市接连发生数起奸杀惨案。警方鉴定确认，案件系同一人所为。2005 年 10 月 23 日，系列强奸、抢劫、杀人案的犯罪嫌疑人赵志红落网。落网后，赵志红主动交代了其 1996 年犯下的第一起强奸杀人案，就在呼和浩特赛罕区邻近卷烟厂的公厕里，并准确指认了早就被拆除重新建设的案发地点。赵志红甚至说出了诸如"南北朝向，女厕在南"的厕所方位，内部结构，被害人身高、年龄，当时扼颈杀死被害人的方式，尸体摆放位置等其他作案细节，都有清晰、肯定的记忆。赵志红对案件表述的准确程度远远超过了 1996 年就已经被执行枪决的呼格吉勒图。

这一情况在全国引起震动。尽管当时呼和浩特市警方有意见认为，赵志红的一面之词缺乏有力的证据支持，但 1996 年的案件寻求证据已无可能，并且有法律界及社会各界人士同样对当年呼格吉勒图被判死刑的证据支持提出质疑，认为从"疑罪从无"的角度，如果对赵志红的供认不能认定，对于呼格吉勒图的指控和审判就同样存在严重的问题。

在赵志红供出"4·09"命案后，内蒙古自治区政法委也组成了以时任政法委副书记宋喜德为组长的核查组，对案件进行复查。核查组以法律的术语强调，当年判处呼格吉勒图死刑的证据明显不足。内蒙古自治区公安厅不久即组织了调查组，重新调查"4·09"命案，结论也报给了内蒙古自治区政法委。

但"4·09"命案始终没有开启重审程序。该案件难以实质性推动的原因是，当年办理"4·09"命案（呼格案）的办案人，后来几乎都得到了提拔，在公检法各条战线上成为把关人，这个案件一旦被翻转过来，问责机制将产生巨大的影响。

2014 年 11 月 20 日，内蒙古自治区高级人民法院立案庭庭长暴巴图代表高院向呼格吉勒图父母送达立案再审通知书，呼格吉勒图案进入再审程序。

2014 年 12 月 15 日上午，内蒙古自治区高级人民法院对呼格吉勒图故意杀

人、流氓罪一案作出再审判决，撤销内蒙古高级人民法院 1996 年作出的关于呼格吉勒图案的二审刑事裁定和呼和浩特市中级人民法院 1996 年对呼格吉勒图案作出的一审刑事判决，宣告原审被告人呼格吉勒图无罪，并向其父母送达了再审判决书。

再审判决主要内容：①撤销内蒙古高级人民法院（1996）内刑终字第 199 号刑事裁定和呼和浩特市中级人民法院（1996）呼刑初字第 37 号刑事判决；②原审被告人呼格吉勒图无罪。

2014 年 12 月 15 日，内蒙古自治区人民检察院决定成立调查组，对检察系统造成呼格吉勒图错案负有责任的人员展开调查。2015 年 4 月 10 日冯志明被呼和浩特市市委免去其市公安局党委委员、正处级侦察员职务，并于次日在公安机关传达。

根据上述案情，结合法治的要求及含义，分析问题：

（1）本案中公安机关、检察院、法院在履行各自职责过程中存在哪些问题？

（2）法治国家实现的途径是什么？

实训步骤：①教师课前提供详细背景材料，安排实训任务。②学生自行分组并拟定发言提纲。③指定各组负责人，课余分小组开展讨论。④各组负责人记录整理发言内容，形成小组意见。⑤教师利用课堂时间介绍各小组情况并归纳主要观点，点评。

第四章　法与社会

学习目标

　　法与社会的关系问题，是法理学研究的一个主要领域。认识法律，必先认识社会，掌握了社会的存在机理，才能了解法律的结构及其运行的规律。法是社会的产物，不同的社会就有不同的法律，社会性质决定法律性质，社会物质生活条件在归根结底的意义上最终决定着法律的本质。现代社会中，法律及其调整机制已经成为社会调整的主要手段，正是通过与经济、政治和文化等社会领域，以及政策、道德等社会规范的互动，法律调和社会各种冲突的利益，进而保证社会秩序得以确立和维护，从而实现全方位的社会和谐。本章主要讨论法与经济、政治、道德、中国传统文化等的关系。

 **第一节　法与经济**

　　法与经济的联系，是法与各种社会现象的联系中最根本的联系。经济基础决定法，法的产生、性质、内容、特点和发展变化，决定于或在很大程度上决定于经济基础。但经济基础决定法是从最终意义上说的，经济基础之外的因素对法也有重要影响。此外，法反作用于经济基础，对经济基础又具有指引、预测、维护和保障的反作用。法对经济基础的反作用，对社会发展的影响进步与否的标准主要看法所服务的经济基础的性质。

　　一、法与经济的一般关系

　　（一）法决定于经济基础

　　法决定于经济基础，表现在法的产生、本质、特点和发展变化等，由经济基础决定或在很大程度上由经济基础决定。

　　1. 经济基础决定法的产生。在原始公有制社会，不存在阶级划分，因而也不存在作为阶级意志的法。随着经济的发展，出现了私有制以及与其相伴随的阶级分化，才产生了首先和主要反映一定阶级意志的法。

　　2. 经济基础决定法的性质。自私有制和阶级产生以来，出现过四种类型的社会经济基础，因此就有奴隶制、封建制、资本主义和社会主义四种相应类型即四种性质不同的法。前三种类型的法都建立在私有制经济基础之上，因而都是私有制性质的法；后一种类型的法建立在社会主义经济基础之上，因而是社会主义性质的法。每一种类型的法，都不过是以法的形式表现出来的占统治地位的经济关系。

3. 法的内容在很大程度上也由经济基础所决定。规定国家基本制度、生产资料所有制形式、经济活动过程和其他社会关系的法律规范，通常总是被一定的经济内容所决定，必须适合经济基础的性质和经济关系提出的要求。在与同一经济基础密切结合的不同经济体制下，法的内容也大有区别，计划经济体制下民商法难以发达，而市场经济体制下民商法则相应发达。

4. 法的发展变化及其特点也在很大程度上决定于经济基础。不仅经济基础的根本变化会引起法的质变即历史类型的更替，而且经济基础发生量变时也能引起法的立、改、废亦即法的局部变更。法的许多特点也由经济基础所决定，如奴隶制法公开保护奴隶主对生产资料和奴隶人身的双重占有权，便是由奴隶制经济基础的特点决定的。

法决定于经济基础，是在最终意义上说的。这既不是说经济基础之外的因素对法没有重要影响，也不是说法可自发地从经济基础中产生出来。事实上，一国的历史传统、国家形式、道德和宗教观念、政治和法的观念、风俗习惯以至国际环境，都能对法产生重大影响。经济基础决定法，是一个复杂的过程。

（二）法反作用于经济基础

法与经济基础的关系，不仅反映在它决定于经济基础，也反映在它对经济基础有积极的反作用或服务作用。

1. 法有特殊的强制性，可帮助执政阶级摧毁或改造旧的经济基础，阻止不利于自己的经济基础的产生，并可致力于消灭或改造旧经济基础的代表者。如新中国成立后实施《土地改革法》和其他一系列法律、法规，对摧毁封建土地所有制、改造生产资料私有制，发挥了重要作用。

2. 法有特殊的权威性和稳定性，用法来确认一定的经济基础，可使经济基础具有不可侵犯的性质，惩治破坏或危害经济基础的行为，维护一定的经济关系和经济秩序；也可制约社会组织和个人对经济基础的任性行为，使经济基础具有稳定性、连续性，不因人事的变迁而中断或变动。

3. 法有指引和预测作用，可促进经济关系和经济活动向健全、完善的方向发展；法也是经验的总结，可起到完善和发展经济关系的作用。

4. 法对生产力也有直接作用，这种作用也会对经济基础发生影响。

5. 法对经济基础有积极的反作用，但这种反作用对社会的发展和进步并不都是积极的。当法为先进的经济基础服务时，就是促进经济发展和社会进步的积极力量；当法为落后的经济基础服务时，就成为阻碍经济发展和社会进步的反动力量。一切上层建筑对经济基础都有反作用，但法的反作用同上层建筑中其他部分对经济基础的反作用相比，有着自己的特点：法是通过规定人们在各种经济关系中的权利和义务的方式来作用于经济基础的。

二、法与经济的历史发展

法从产生之日起，就与经济结下了不解之缘。在法的发展的各个阶段和各种层面上，都烙下经济发展的深深印痕。在经济发展的各个阶段和各种机制上，也都留有由其决定、为其服务的法的发展的种种轨迹。

检视法与经济的历史发展过程，可以看到法的产生和发展与商品经济的发展密不可分。古代的简单商品生产、典型商品生产，近代市场经济和现代市场经济，都需要有使自己得以存在和发展的安全和秩序，需要有开展竞争和进行生产、交换以及解决纠纷的法的准则，需要有保证这些准则得以实施的执法和司法的人员、组织和制度。法的发展程度、法对商品经济的作用程度，直接受商品经济发展程度及其对法的需求程度所制约。商品经济越发展，法就越兴旺，法的权威性就越高，法的部门就越多，法的体系就越发达，法对商品经济的作用就越大，反之亦然。

法是伴随商品经济的出现而产生的，是商品经济的必然产物，又是商品经济不可或缺的调整机制。商品交换是平等自愿的交换，它需要法这种具有特殊权威性的社会规范来确认交换主体的地位，以便交换能在平等条件下进行。商品经济的实质是改变商品归属关系，它需要法这种具有普遍性和特殊权威性的社会规范来确认商品的所有权，以解决交换的资格和有效性问题。解决商品交换以至整个商品经济发展过程中不可避免地要出现的纠纷，需要有法这种具有普遍性、明确性、指引性、权威性的规则。

经济的发展与法的发展是同步而行的。古代东西方社会都有商品经济存在，因而都有法。但古代东方主要实行土地国有制，商品经济甚少，法的发展缓慢，重刑轻民，民事法极为落后。古罗马的简单商品经济繁荣发达，因而产生了比东方国家复杂得多的法和法制，特别是产生了被恩格斯称为"商品生产者社会的第一个世界性法律"的罗马法。而发达的罗马法和盛况空前的罗马法学对当时和后世商品经济的发展又起了人所皆知的促进作用。11世纪末，随着海上贸易的发展，西欧商品经济开始步向高级形态，市场经济渐始萌生。与此相应，地中海沿岸的一些港口城市产生了海商法。之后在西欧大陆，随着市场经济的成长和发展，沉寂多时的罗马法又趋于复兴。进入19世纪，资本主义制度最终取代封建制度，生产力空前解放，近代市场经济出现。在以巨大的市场作为资源配置的主要方式的经济体制和经济活动面前，仅有罗马法的复兴和海商法的补充远远不敷需要。因此，欧洲大陆各国开展了法典编纂运动。而在垄断阶段，"国家干预"代替了"自由放任"，近代市场经济为现代市场经济所取代。与此相应，法的社会化成为西方法发展变化的最主要的标志之一。

当市场经济与社会主义基本制度结合起来时，现代市场经济中就形成了一种新的经济体制——社会主义市场经济。社会主义市场经济与其他现代市场经济一样，也与法有着紧密联系，实质上也是法治经济。

三、法与社会生产力

（一）生产力对法的决定作用

生产力是所有社会现象中最根本的因素。生产力标准是衡量社会物质文明、精神文明以及其他一切社会现象的状态的基本标准。生产力发展水平、性质、要求和整体功能状况，一方面通过经济基础的中介，在深层次或根本意义上，决定法的产生、性质和发展变化等；另一方面又在相当大的程度上，直接影响、制约法的形式、内容、体系、观念、调整范围和发展变化等。

（二）法对生产力的作用

法对生产力的作用一般要通过经济基础的中介。当法服务的经济基础适应生产力发展要求时，法对生产力的发展便起促进作用；当法服务的经济基础已成为生产力发展的桎梏时，法就对生产力发展起阻碍作用。因此，法对经济基础有积极的服务作用，不等于法对生产力和社会发展的作用都是积极的。

法对生产力也有直接的促进或阻碍作用。一方面，生产力的发展会在法的领域反映出来，提出许多新的问题，直接导致法的调整范围的扩大和调整方法的改变。而法的调整范围和调整方法的变化，直接影响生产力的发展。另一方面，许多关于保护劳动者、保护自然资源的法的规定，也直接起到保护生产力的作用。

四、法与市场经济

法与经济的相互影响和相互作用的密切关系，是伴随着商品经济或市场经济的发展而发展的。法的发展过程、阶段和程度，法对经济的作用大小，直接受商品经济或市场经济发展程度及其对法的需求程度制约。市场经济作为主体独立的经济、契约经济、自由竞争和平等竞争经济、有序经济、开放性经济，实质上就是法制或法治经济。法在市场经济宏观调控方面，对市场经济的运行起着引导、促进、保障和制约等多方面的作用；法在市场经济微观搞活方面，对市场经济运行所起的作用则主要表现为确认经济活动主体的法律地位，调整经济活动的各种关系，解决经济活动中的各种纠纷和维护正常的经济秩序。

（一）市场经济实质上是法治经济

1. 市场经济是主体独立的经济。市场经济主体的行为和地位需要由法来规

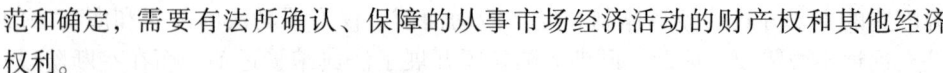

范和确定，需要有法所确认、保障的从事市场经济活动的财产权和其他经济权利。

2. 市场经济关系是契约经济关系。现代市场经济运行过程中的各种活动，几乎都通过契约来实现。产品生产、市场交换、分配方式、产品消费、社会保障等各个环节，虽然形式上有许多差别，但实质上都是契约关系的表现。从身份到契约是从自然经济到市场经济的主要标志。

3. 市场经济是自由竞争、平等竞争经济。竞争就是比赛，比赛就要有比赛规则、规范。这种规则和规范的主要表现形式就是法。

4. 市场经济是有序经济。市场运行需要有正常的秩序，需要有正常的市场进入、市场交易的秩序。要使市场经济成为有序经济，就离不开法制或法治的作用。

5. 市场经济是开放性经济。现代市场经济的内在动力机制使得它呈现扩展的状态，使各国的经济联系趋于密切。这就要求主权国家既要熟悉和善于运用国际经贸法律、规则和惯例，又要充分注意并善于使自己的涉外经贸法律、法规同国际经贸法律、规则和惯例接轨。

（二）法在实现市场经济宏观调控中的作用

1. 对市场经济的运行起引导作用。通过法的规范，引导市场经济主体在遵循市场经济体制自身要求的同时，也遵循一套统一而普遍适用的规则，避免或抑制各经济主体随意发展、产生利益冲突以及某些经济领域发展失控或呈现危机，使市场经济得以健康发展。

2. 对市场经济的运行起促进作用。通过法的规范，为市场经济的发展创造条件，反映市场经济规律，促进市场经济发展。不仅通过直接调整市场经济的法，为市场的发展、完善创造条件，扫除障碍，促使市场按法所反映的规律发展，还通过不直接调整市场经济的法，为正确处理各种社会关系提供标准，促进市场经济发展。

3. 对市场经济的运行起保障作用。通过法的规范，确认和维护市场经济主体的正当权益，为市场经济运行提供利益保障；确立和维护必要的平等原则，为市场经济运行提供平等保障；建立和维护必要的法的秩序、法的环境，为市场经济运行提供秩序保障和环境保障。

4. 对市场经济运行起必要的制约作用。通过法的规范，在引导、促进和保障市场经济的同时，也制约市场经济中的自发性、盲目性等非有序化倾向和片面强调本位物质利益的消极因素，使市场经济健康发展。

（三）法在规范市场经济微观行为中的作用

1. 确认经济活动主体法的地位。市场经济是主体多元化的、多种经济成分并存的经济，是各种不同经济主体在经济活动中地位平等、有权决策的经济。要搞活市场经济，就要用法的形式确认和保障各种经济主体、经济成分的合法地位、平等地位和有权决策的地位。

2. 调整经济活动中的各种关系。市场经济运行的过程，就是经济主体处理相互间各种经济关系的过程，就是在处理这些经济关系时采取各种经济行为的过程。要处理这些关系，采取有效有益的经济行为，就要用法来规范生产要素的自由流动，规范自由交换与正当竞争的活动，完善契约关系这种市场经济条件下最基本的法的形式。

3. 解决经济活动中的各种纠纷和维护正常的经济秩序。市场经济运行的过程，也就是有关经济主体的利益发生冲突的过程，是遵循必要的秩序，以及与秩序发生矛盾又使秩序复归正常的过程。搞好市场经济，需要法作为解决纠纷和维护正常秩序的依据。通过法使经济活动中出现的纠纷以协商、仲裁及诉讼等方式解决，使破坏经济秩序的违法行为受到应有的制裁和追究。

五、法与经济体制改革

法与经济体制改革相得益彰。经济体制改革对法制建设提出更高的要求，有力地促进着立法、司法和法制其他环节的发展。法制建设的发展，对确认改革大政方针，巩固改革成果，指导改革深入，保障改革进行，有直接而重要的作用。要正确认识和处理法的稳定性与改革的复杂性、渐进性和探索性之间的矛盾。我国经济体制改革的性质、目的、方式，以及其他有关条件的具备，决定了我国经济体制改革必须在法的范围内进行，应当善于分析处理改革与法的冲突问题。

（一）经济体制改革的必要性

1. 经济体制改革是社会主义制度的自我完善。改革大体有两种：一种是以崭新的社会制度取代旧的社会制度的改革。这种改革同现存社会制度的矛盾是对抗性的，改革不能由这个社会的统治者来进行，而是由代表当时新生产力方式的先进的社会力量来进行，改革的结果不是使这个制度完美无缺，而是用一种新制度代替现存的制度。这种改革不是社会制度的自我完善。另一种改革则是在同一社会内部的改革，它主要是改革现存社会制度中的不合理的环节，纠正它的弊病。这种改革同现存社会制度的矛盾，在通常情况下，是非对抗性的，因而这种改革一般是由这个社会的统治者或管理者进行的，改革的目的和结果是使这个社会的基本制度得到完善。我国当前的改革就是后一种，所以说，它是社会主义制度的自我完善。

2. 我国经济体制改革的现实原因。新中国成立以来，我国经济制度在本质上是好的，具有明显的优越性，但由于种种原因，这种优越性没有得到充分的

发挥。在管理方面权力过分集中，政府和企业职责不分，国家对企业管得过多过死，忽视商品生产、价值规律和市场的作用；在分配方面平均主义严重，结果造成了企业好坏一个样，职工多干少干一个样，企业吃国家的"大锅饭"，职工吃企业的"大锅饭"，使经济发展在很大程度上失去了活力。因此，就必须从根本上改变束缚生产力发展的经济体制。

（二）法与经济体制改革的相互作用

1. 改革加速了法的制定、修改、废止的进程。随着改革的进行，经济关系中产生了一系列新的关系或变化，一方面要求尽快制定新法以适应改革的需要，并由此产生大量的经济法律、法规、规章；另一方面要求对许多不适应形势需要的现行法律、法规、规章，加以修改、补充或废止，促进法的完善。

2. 改革推动着法的体系建设。随着改革的推进，这一阶段法的体系建设在总体上呈直线上升的趋势，每年有大批法律、法规、规章产生；部门法增多了，产生了一些原来没有的部门法；绝大多数部门法有了重要法律作为骨干。

3. 改革促进着立法体制的发展和完善。在改革推动下，这一阶段我国立法权限划分体制朝着合理化的方向发展，形成了一个多级并存、多类结合而以国家立法权为主导，在一定程度上分权的新的立法权限划分体制；立法主体设置体制有很大进步，人大常委会建设得到加强，政府法制机构逐步建立；立法运行体制逐步发展，出台了专门规定法律、法规、规章如何制定的规范性文件。

4. 改革促进司法战线发生一系列变化。

（1）促使司法队伍扩大。例如，改革给经济立法、行政立法带来很大发展，因而经济司法和行政诉讼也相应得到发展，表现在组织上的一个变化，就是各级法院逐渐设立了经济庭和行政庭。

（2）促使司法人员提高业务水平。例如，法规制定得再完备也不可能包括一切事例，改革中经常发生所谓"合理不合法"或"合法不合改革"的情况。在这些情况面前，立法要加强不言而喻，司法人员善于正确理解和适用法律、法规和参照规章也非常重要。面对改革中出现的新情况，司法人员必须具有较高的政策水平和较高的法制理论水平、丰富的法学知识，善于按法的基本精神处理问题。这就要求司法人员提高自己的业务水平。

5. 改革也促使全社会增强法的意识。这些年来，改革中涉及的大量的法的问题，把法、法制和法治推到国家生活、社会生活和公民生活的突出地位。人们从来没有像现在这样渴望得到法学知识，也从来没有像现在这样关心法制和法治建设，较好地运用法律武器维护自己的权益，全社会的法律意识就在这种背景和氛围中逐步增强。

（三）法促进和保障经济体制改革

法可以将改革的大政方针确认下来，使改革获得法的依据，从而名正言顺地进行，并保障改革沿着正确的方向发展；使改革能够凭借法的普遍性、强制性在全国范围内有效地进行；也使改革能够凭借法的明确性、肯定性，沿着清楚的、明确的道路推进。

法可以将改革成果和经验确立和巩固下来，并使其得以有效地推行，保障改革能稳定地、成功地、深入地进行下去，指导改革健康地发展。改革以来，我国出现了多种经济形式、经营方式和多层经济结构并存的新的经济关系，涉外经济迅速发展，经济特区和开放城市日渐增多。要巩固这些成果并将经验确立下来、推广开去，就需要借助于法，使改革的成果和成功经验得到普遍承认和推行，并将产生这些成果和经验的新的体制规范化、制度化。

法可以发挥它的权威性、普遍性，为改革所需要的安定的社会环境和社会秩序提供保障。一方面，法可直接用来制裁破坏改革并构成违法犯罪的各种行为，保障改革的进行；另一方面，法对其他违法犯罪行为的处理和制裁，也能间接保障改革的进行。

（四）正确处理法与经济体制改革的关系

1. 正确处理法的稳定性与改革的复杂性、渐进性和探索性之间的矛盾。正在我国进行的这场经济体制改革，是一个复杂、渐进的过程。由旧体制向新体制转变，需要经历一个新旧两种体制交替并存的、复杂的、逐步过渡的阶段。而法要求具有稳定性，这样，改革的复杂性、渐进性与法的稳定性就会发生矛盾。同时，这场改革又是一个探索的过程，一些重大的改革需要经过试验。这样，改革的探索性与作为主要是经验总结的法之间，与已过时的法之间的矛盾也是回避不了的。但从整体上说，这场改革与我国社会主义法不是也不能是在根本上相抵触的。相反地，两者的性质、目的和根本使命等多方面是一致的、相适应的，并且这种一致性和适应性还是主要的。

法与改革既相矛盾又相适应，并且相适应的一面还是主要的情况。这一方面决定了不应当也不可能期望每一项具体的改革都要在法的范围内进行，要求预先制定一整套完备的、成熟的有关改革的法律、法规、规章，然后按图索骥似地进行改革，这是不切实际的；另一方面更决定了应当也可能将改革在整体上或总体上置于法的范围内进行。

2. 在法的范围内进行改革是改革的自我要求。在法的范围内进行改革，是由改革的方式决定的。这场改革是在党和政府的领导下有计划、有步骤、有秩序地进行的，而党必须在宪法和法律的范围内活动，政府必须依法领导和管理国家大事。

在法的范围内进行改革，是保证社会安定的需要。改革的进行，只应该促进而绝不能损害社会的安定、生产的发展、人民生活的改善和国家财力的加强。

要做到这一点，就要在法的范围内进行改革，因为法是社会安定的保障。如果抛开法来进行改革，法制就难以稳定，就会对保障社会安定的作用产生负面影响，就难以实现生产的发展、人民生活的改善和国家财力的加强。

改革的历史和现实经验也表明，改革与法一般都是紧密伴随的。

3. 在法的范围内进行改革具有可能性。我国改革的性质和目的决定了改革能在法的范围内进行。目前我国进行的是使社会主义制度得以自我完善的改革，其目的同社会主义法的根本目的是一致的，即促进生产力更快地发展，推动社会主义事业更快地前进。因此我国改革能够在法的范围内进行，而不必抛开现有法律制度来进行。

我国已初步具备在法的范围内进行改革的法制基础。立法方面，我国制定了大批法律、法规和其他规范性法律文件，形成了新的立法体制，为在法的范围内进行改革提供了立法基础。司法方面，队伍正在壮大，人员素质正在提高，机构正在健全，为在法的范围内进行改革奠定了司法基础。

我国现行宪法和法律已在相当大的程度上体现了改革的精神，确立了改革的大政方针，还反映了不少关于改革的基本内容。这些可以在一定程度上为改革在法的范围内进行提供依据和法制条件。全民的法的意识正在提高，法制教育和科研正在深入，司法人员的法律修养正在加深。这些都为在法的范围内进行改革提供了重要的精神或观念条件。

4. 要加快立法步伐以适应改革的发展。要使改革在法的范围内进行，单有宪法和重要法律的原则规定还不够，还必须及时制定与宪法和重要法律确认的改革原则相一致的具体的法律、法规、规章，并尽快建立门类齐全的、完备的法的体系，将通过改革已趋于稳定的经济关系和管理形式固定下来。立法是要慎重的大事，特别是在社会变革时期，许多社会现象未定，要抓紧立法、尽快立法，更是困难。但慎重和困难同抓紧和尽快并不是非此即彼的对立关系。立法史上，在剧烈的社会变革面前用不长的时间制定一系列法律、法规的事例并不少见。拿破仑执政后，在社会大变动的历史时期，短短的时间里，便主持编纂了包括《法国民法典》在内的一系列重要法典，便是例证。从一定意义上说，在变革时代，立法事业更有生命力。

现在我们也确实具备了抓紧立法、迅速制定与改革基本适应的大批法律、规章、法规的有利条件：有党和国家关于改革的一系列方针、政策作为立法的指导和依据；有多年来的改革实践和成功经验作为立法的实践基础；有立法经验和教训可资借鉴。

5. 要善于分析处理改革与法的冲突问题。改革与法的冲突有其必然性，要辩证地分析这种冲突：①判断改革得失成败的最主要标准是看它是否有利于发展社会生产力，是否有利于增强我国的综合国力和是否有利于提高人民的生活水平。②要分析法方面的情况。分析与改革发生冲突的法，主要就是分析该法是否同宪法中的改革原则、精神相符合。

改革与法发生冲突的情况主要有三种：一是不合时宜的改革同宪法和符合宪法原则的法律、法规、规章的矛盾。发生这种矛盾时，应当坚持宪法原则，阻止这种改革发生或暂不让其发生。二是不合时宜的改革同那些与宪法的改革原则相抵触的法律、法规、规章的矛盾。解决这种矛盾的办法主要也是阻止这种改革发生，同时要修改与宪法原则不符合的法律、法规、规章。三是好的改革、正确的改革与不适合改革进行的法律、法规、规章的矛盾。这种矛盾发生时，应当及时修改法律、法规、规章。在没有修改之前，不能用它们束缚改革的手脚。因为，同好的、正确的改革相冲突的法，必然是同确立了正确的改革原则的宪法相矛盾的。遵守这样的法不仅会扼杀改革，而且是违宪的。

 **第二节 法与政治**

法与政治都属于上层建筑，都受制于和反作用于一定的经济关系。但二者仍具有不同：政治通过把利益关系集中、上升为政治关系来反映经济关系，法以规则、程序和技术形式对经济关系作制度化表现；政治突出体现社会生活的组织性，法突出体现社会生活的规则性和秩序性；政治的控制和调整功能通过政治行为和过程实现，法通过对主体权利义务的确认和保障实现对社会的控制和调整。

一、法与政治的一般关系

（一）政治对法的作用

由于政治在上层建筑中居主导地位，因而总体上法的产生和实现往往与一定的政治活动相关，反映和服务于一定的政治。但必须注意，这并不意味着每一部具体的法律都有相应的政治内容，都反映某种政治要求。而法在形式、程序和技术上的特有属性，使法在反映一定的政治要求时必须同时满足法自身特有属性的要求。法的相对独立性不只是对经济基础的，也表现在对上层建筑诸因素的关系中。政治关系的发展变化也在一定程度或意义上影响法的发展变化。

（二）法对政治的作用

法作为上层建筑相对独立的部分，对政治并非无所作为。特别在近现代，可以说，法律在多大程度上离不开政治，政治便在多大程度上离不开法律。

1. 法与政治体制。政治体制指政治权力的结构形式和运行方式。在集权型

权力结构中，法的被需要还只是作为人治这种权力运行方式的点缀或辅助，但在分权型权力结构中，权力的配置和行使就必须以法为依据。

2. 法与政治功能。政治的基本功能是把不同的利益交融和冲突集中上升为政治关系，对社会价值物进行权威性分配和整合。法不仅贯穿经济关系反映和凝聚为政治关系的过程，而且将利益和价值物的权威性分配以规范、程序和技术性形式固定下来，使之具有形式上共同认同的性质，并因此具有形式上的正统性。

3. 法与政治角色的行为。法对于国家机构、政治组织、利益集团等政治角色行为和活动的程序性和规范性控制，以及 20 世纪初期开始的政党法制化趋势，都表明法对重要政治角色行为控制、调整的必然性和必要性。

4. 法与政治运行和发展。政治运行的规范化、政治发展中政治生活的民主化（如政治过程的透明、公民政治参与的质感等）和政治体系的完善化，离开法的运作都无从谈起。

二、法与国家

（一）国家的概念

"国家"一词具有多重涵义，在学术讨论、法律文献和日常用语中，它至少被在五种意义上使用：①"国家"一词指称国家政权和行使政权的国家机构体系。②"国家"一词指称由政府、人民和领土所组成并拥有主权的政治实体。这在讨论近现代国际关系时最为常见。其中，政府相当于国家第一种涵义所指的政权和机构，但如果不拥有主权，便不能被称为国家。③"国家"一词指称在法律上代表公共利益的具有法律人格的特殊权利主体。这是国内法上的概念。在此意义上，国家同自然人一样，有独立的人格和意思，享有权利并承担义务和责任。④"国家"一词指称政治社会。此种意义上的国家通常被称为"政治国家"，它是国家权力直接发生作用的所有政治社会关系的总和。这是某些学者在学术研究时使用的概念，与"市民社会"相对应。⑤"国家"一词指称社会的总和。当我们把"法与国家的关系"作为一个论题提出来，并从法理学的角度加以论述的时候，我们所说的"国家"主要指第一种意义上的国家，即国家政权或国家权力意义上的国家。

（二）法与国家的关系

法和国家是两种既有联系又有区别的社会现象。认识法与国家的关系对于深入理解法的本质、发挥法的作用、实现法的价值以及把国家权力运行纳入法治轨道，均具有十分重要的意义。

1. 从国家与法的起源上看，两者都是在社会出现私有制和分裂为阶级的过程中，为了控制个人之间、阶级之间的利益冲突，维护社会的存在而产生的。

2. 从国家与法在社会结构中的地位和功能上看，它们都是上层建筑最重要的组成部分，都由社会的经济基础决定并对经济基础发生着最直接、最明显的反作用。

3. 从国家和法的本质上看，在阶级社会它们都是统治阶级借以实现统治的工具。法作为一种行为规范体系，是统治阶级意志的客观化、定型化；国家作为一种权威性的政治组织体系，则是统治阶级用以推行其意志的工具。在社会主义社会它们都是人民主权的体现，都是为了人民利益的实现而运行。

4. 从国家和法的存在方式上看，它们是互为条件、相互依存的统一整体。国家离不开法，法也离不开国家。法作为国家意志，要由国家来确立和推行；国家作为实行统治的组织，要由法来协调其内部关系并为其活动指明方向，提供调整社会关系的各种规则。

国家是统治阶级用来实现自己统治的机器。把国家说成是机器，这是很形象的比喻。一提到"机器"这个概念，人们就会想到它是由齿轮、杠杆和纽带等部件组成的。然而，机器之所以是机器而不是部件的简单堆积，就是因为它除了物质部件之外还有着严密的程序系统，只有把这些物质部件按照一定规则组合起来并按照规则来操作，它才能有条不紊地运转，从而发挥其特定的功能。国家这部庞大的机器，主要由官吏和武装力量两种成分组成，统治阶级把这两种成分按照一定的规则组织在各种国家机构里面，就构成了国家机器的各个部件，然后，再把这些部件组织成为一个有机的整体，就构成了完整的国家机器。把国家机器的各个部件联结起来，使之能够协调运转的程序系统，就是法的规范体系。我们通常所说的组织法、诉讼法和实体法，就是从各个方面规定了国家机器的内部关系和操作程序。不难想象，如果只有国家机构而没有法，那么，国家机构的活动就必然带有极大的主观随意性和盲目性。在这种情况下，统治阶级和被统治阶级之间的矛盾就会因为剥削和压迫的毫无限制而被激化，统治阶级成员之间的利益争夺和竞争也会因为毫无规则导致内乱，这样一来，统治阶级的统治就难以巩固了。反过来，如果只有法而没有国家，那么，任何法律都会因为失去了国家强制力的保障而成为一张废纸，正如机器的程序系统若离开了具体的物质部件就只能存在于人们的想象之中一样，离开了国家这个社会实体，法的规范体系也就失去了任何实际的社会意义。

三、法与政策

政策一般指国家或政党的政策，此处指政党政策。政党政策是政党为实现一定政治目标、完成一定任务而作出的政治决策。执政党的政策在政治生活中尤其占有重要地位。

法与执政党政策在内容和实质方面存在联系，包括阶级本质、经济基础、指导思想、基本原则和社会目标等根本方面具有共同性。但二者的区别也很明显，主要表现在形式上：

1. 意志属性不同。法由特定国家机关依法定职权和程序制定或认可，体现国家意志，具有普遍约束力，向全社会公开；政党政策是党的领导机关依党章规定的权限和程序制定的，体现全党意志，其强制实施范围仅限于党的组织和成员，允许有不对社会公开的内容存在。但在政党法制化趋势下，政党特别是执政党政策公开与秘密的范围亦由法界定。

2. 规范形式不同。法表现为规范性法律文件或国家认可的其他渊源形式，以规则为主，具有严格的逻辑结构，权利义务的规定具体、明确。政党政策则不具有法这种明确、具体的规范形式，而是表现为决议、宣言、决定、声明、通知等，更多具纲领性、原则性和方向性。

3. 实施方式不同。法的实施与国家强制相关，而且是有组织、专门化和程序化的。政党政策以党的纪律保障实施，其实施不与国家强制相关，除非它已转化为法律。

4. 调整范围不尽相同。法倾向于只调整可能或必须以法定权利义务来界定的，具有交涉性和可诉性的社会关系和行为领域。一般而言，政党政策调整的社会关系和领域比法律要广，对党的组织和党的成员的要求也比法的要求要高。但这并不意味着政党政策可涵盖法的调整范围，法也有其相对独立的调整空间。

5. 稳定性、程序化程度不同。法具有较高的稳定性，但并不意味着法不能因时而变，只是法的任何变动都必须遵循严格、固定且专业性很强的程序，程序性是法的重要特征。政策可应形势变化作出较为迅速的反应和调整，其程序性约束也不及法那样严格和专门化，但这也并不意味着政策可朝令夕改或无最基本的程序要求。

四、法与民主政治

（一）民主政治

民主是一种国家制度、政治制度。在这种制度中，全体人民有权并且能够直接或间接地、积极或消极地参与公共事务的决策过程。作为一种制度，民主的最大特点在于，它以人民的意志作为其政治合法性的基础，政治决策以人民的意见为最终依据。真正的民主政治必然是法治政治，离开法治，就不存在民主政治。同时，民主又是法治的政治基础，如果民主不复存在，法治必然荡然无存。

1. 民主政治是程序政治。

（1）民主政治实质上是民主集中制。而民主集中制的科学内涵必定是程序性的，即民主基础上的集中，集中指导下的民主。在现代文明社会和法治时代，

"集中"不是集中到某个人，而是集中到法律和制度；社会共同意志应当通过法律表现出来，而不应通过某个人的意志表现出来。集中指导应主要体现为法律的指引，而不是某个人或某个机关的指令或命令。

（2）民主政治要求各政治主体必须依照既定的规则和程序参与政治（行使政治权力和权利）。政治是不同的政治主体为实现一定的利益而影响、控制或行使国家权力的活动。由于各政治主体的利益不同，必然出现政治期望和政治目标的冲突。按照既定的规则从政，可以创造一种公平竞争、和平共处和稳定合作的局面，这正是民主的程序价值所在。随着法治意识的增强和法律技能的普遍提高，公民对规则的要求和对一切政治活动必须符合法律的要求会越来越强烈，从而推动政治活动的法制化。

2. 民主政治是一种自由的、平等的和参与的政治。所谓"自由"，是指政治主体可以不受限制地表达他们认为是合理的、其他人和国家应该听取与采纳的政见、决策或立法建议。所谓"平等"，是指在表达政见、提出决策或立法建议方面，各个政治主体享有同等的资格和机会，同时每个主体对他人的政见和建议有提出异议和否决的权利。所谓"参与"，是指民主政体下的决策和立法程序不是少数几个人说了算，更不是个别人的专断，而是在广大人民群众直接或间接的参与下，按照少数服从多数、多数尊重和保护少数的民主原则行事。自由、平等和参与的政治为各种政见、决策和立法建议的表达和交流及各政治主体影响和参与决策提供了机会，使立法政策和法律既能真实地反映广大人民群众的根本利益和共同意志，又能够比较有效地避免出现长时期、大面积、难以纠正的决策失误，但如果没有一定法律的引导、规范和制约，人们就无法进行愿望和政见的交流，更不可能在平等、自由地发言和讨论的基础上形成多数人的意志，并根据多数人的意志制定出法律和政策。

3. 民主政治应当是高效的政治体制，而高效的政治体制必须是法制化的体制。高效的政治体制是能够用较少的资源消耗取得同样多的效果或用同样的资源消耗取得较大效果的体制，即用尽可能少的机构和人员、最低额的经费取得最大的政治效果的体制。政治体制的效率取决于多种因素，其中法制化是一个基本因素。首先，高效的政治体制必须有规则和有秩序地运行。为确保政治体制有规则、有秩序和高效率地运行，避免"瞎指挥"引起"瞎折腾"，必须排除人治，实行法治。其次，高效的政治体制需要政治体制的每个组成部分都活跃起来，都发挥其功能。这里一个不言而喻的前提是，各国家机关和政治组织之间要有明确的功能和权责界限。首先是党和国家权力机关、行政机关、司法机关和其他社会组织之间的功能和权责要分明；其次是中央、地方、基层之间的职责权限要分明，做到政治体制内部上下左右的职能划分及相应的权利和义务的配置科学化，并用法律固定下来。

4. 民主政治是一种整合政治。在任何政治体制下都存在着政治张力和冲突，诸如发展与稳定、民主与效率、自由与平等、公民权利之扩散趋势与国家权力之集中趋势、各种政见和价值观点的对立等。正是由于这些张力和冲突产生了对民主政治的需要和珍爱；同时，也只有妥善地对待和处理这些张力和冲突，才能保卫和发展民主政治。政治张力和冲突的解决，有赖于社会整合。民主是人类发明出来的一种行之有效的整合机制。而民主整合是借助于法律进行的，并需要通过法律表现出来。

（二）民主是法治的政治基础

民主作为法治的政治基础表现为：

1. 民主政治决定着法治的本质和效能。法治的标志主要不在于有无法律，法律多少，甚至也不在于法律实现的状况，而在于法律是否由人民制定，是否切实体现和维护人民的利益和意志。人民的利益和意志决定着法律的"合法性"，而法律的"合法性"则直接影响或决定着它的效能。只有民众认同为"合法"的东西，民众才会把它转化为内在的行为规则而去自觉遵守和维护，法律的价值才能充分实现。只有认真对待公民权益的法律，才能赢得人民对它的信赖、尊重、支持和遵守。

2. 民主政治是权利决定权力、权利制约权力的政治。在民主政治下，国家的政治权力一方面来自人民，人民（作为整体）是权力的源泉；另一方面又被分解为公民（作为个体）的政治权利。民主政治则把国家权力分解为公民的基本政治权利，赋予公民参政的资格和机会，把政治变成绝大多数人的事务，从而克服了专制政治的弊端。在民主制度下，公民享有法定的政治权利并承担着相应的政治义务，国家权力的和平转移，政权机关的组建，都是公民按照既定的法律程序行使政治权利的结果；国家权力是在公民的参与和制约下依法运行和操作的；公民与国家机关工作人员的关系是主仆关系、委托人与受委托人的关系。这样，政权与社会融为一体，公民一方面以政治主体的身份采取主动的参政行动，影响、支持现行的政治决策和立法，从而大大增强了政治的动力以及政治体制的承受能力、应变能力、同化能力和自我完善的能力，增强了法律的效能。另一方面，又时刻监视着国家机关行使权力的活动，制止以权代法、以权压法等破坏法治的行为，从而强有力地保障法律的实行和实现。总而言之，民主和法治是相互依存的，民主法制化和法制民主化是统一的、相互促进的。

五、法与政治文明

（一）法与政治文明

政治文明与政治进步、政治发展有着密切的联系。它主要指政治进步和政治发展所形成的积极成果及政治生活的合理状态。具体说来,一方面,政治文明包括所有的积极政治成果,这表明政治文明是与野蛮、消极、反动的东西相斗争而发展的,是与愚昧落后截然不同的文明形态,代表着时代的社会发展方向。另一方面,政治文明是人类政治生活的合理状态,是人们合理地对待政治生活,或者说在政治生活方面人们行为的合理化程度。

法治与政治文明具有广泛的一致性:①两者都是建立在一定经济基础之上的上层建筑。②两者在内容上大部分是相同的,诸如政治制度、分权与制衡的原则、平等的普选制等。③在基本理念上,两者也大体一样,诸如人权、自由、平等、正义、公正等。

法治与政治文明既有广泛的一致性,也有一定的差异:①侧重面不相同:法治重视实现法的功能与价值,强调法的权威;政治文明重视政治制度的民主,提倡正义。②手段不相同:法治注重法的强制性和国家意志性,提倡法不徇情,要求一切按规则办理,对违法和犯罪行为将给予制裁;政治文明侧重于人的思想解放,提倡社会和谐,尊重人的尊严。③法治侧重于国家生活,中心是国家机关依法办事;政治文明涉及各个领域,重点是人们相互间的尊重与团结、友好与合作,突出人的主体地位。

发展政治民主,建设社会主义政治文明,是全面建设小康社会的重要目标,将政治文明和物质文明与精神文明并列,是我们党在建设中国特色社会主义实践中取得的新的重大认识,也是我们继续建设中国特色社会主义事业必须完成的重大任务。因此,提出政治文明的概念,强调建设社会主义政治文明的重大意义,决非一时的兴之所至和权宜之计,而是中国社会发展使然。

(二)法与政治体制改革

1. 政治体制改革。从党的十一届三中全会开始,中国社会进入了改革开放的历史时期。改革首先是从经济体制开始的,接着是科技体制、教育体制、文化体制等方面的改革。这些体制改革,特别是经济体制改革的深入发展,日益暴露出我国现行的政治体制同经济和社会发展的矛盾,如果不及时进行政治体制改革,它就会成为经济体制改革和其他改革的严重障碍,成为经济发展和社会全面进步的巨大阻力。同时,发展社会主义商品经济—市场经济的过程,也应该是发展社会主义民主政治的过程。商品经济—市场经济的发展一方面为民主政治的发展创造了经济前提,另一方面也需要民主政治为之提供有效的政治保障。基于这种实践需要和社会进步的逻辑,党中央在20世纪80年代中期就明确指出,不进行政治体制改革,经济体制改革不可能最终取得成功,强调必须在进行经济体制改革的同时,积极推进政治体制改革。

所谓政治体制,指的是为保障社会根本政治制度得以实施和完善而建立的

各种具体制度的有机体系。例如，干部制度、政治协商制度、司法制度、国家机构组织制度等，都属于政治体制的范围。政治体制改革就是要在这些方面改革。我国政治体制改革的终极目标，是建设有中国特色的社会主义民主政治。具体说就是建立高度民主、法制完备、富有效率、充满活力的社会主义政治体制。政治体制改革不是把现行的政治体制推倒重建，而是在科学地分析现行政治体制优点和缺点基础上的兴利除弊，是政治体制的自我完善和更新。因此以市场经济和社会发展为参照，政治体制改革不是某种表面文章，而是触及政治体制深层矛盾和运行机制的变革。在这种意义上，政治体制改革应当理顺各政治主体之间的关系，在各主体之间合理地配置政治权力（权利）和责任（义务），以有利于人民群众当家做主，有利于巩固和发展社会主义市场经济和社会全面进步所需要的稳定的政治环境，有利于解放和发展生产力。

2. 法对政治体制改革的作用。政治体制改革与法制建设是同步的。我们的政治体制改革是按照民主化和法制化紧密结合的要求进行的，法制建设同民主建设一样，它既是政治体制改革的目标和内容，又是政治体制改革的保障。所以，必须一手抓改革，一手抓法制，把法制建设贯穿于政治体制改革的全过程，用改革推进法制化，用法制引导和保障政治体制改革。

（1）法制对政治体制改革的引导作用。在政治体制改革中，应兴应革的事情，要尽可能用法律或制度加以明确。也就是政治体制改革应以法制为先导，运用法律为政治体制改革指明方向和具体要求与步骤。只有这样，全社会才有可能缩小人们在认识和行动上的偏差，从而有效地参与改革，也才有可能真正从制度上保证政治体制改革的不可逆转。这也是政治体制改革得以深化和成功的重要前提。对此，我国宪法所确认的人民民主专政和社会主义基本政治制度，应作为中国当代政治体制改革必须坚持的基本方向和方针。政治体制改革的每一个决定在内容与形式上均应具有合宪性，每一项重要改革措施都做到法律化、规范化，使其具有可操作性、权威性和稳定性，以便全社会一体遵循。也就是说，法律在政治改革中的作用，首先是提供规范或制度的安排，保证政治体制改革达到预期目的。

（2）法制对政治体制改革的保障作用。在政治体制改革中，法制建设必须保障建设和改革的秩序。当代中国政治体制改革是社会主义基本政治制度的自我完善，在一定意义上讲也是一场深刻的革命。因为改革促进了生产力的发展，引起了经济生活、社会生活、工作方式和精神状态的一系列深刻变化，在一定范围内也发生了某种程度的革命性变革。但它又不同于通常意义上的革命。因为它既不是政治革命和社会革命，也不是社会制度的根本转变，而是在坚持社会主义基本政治制度前提下，在中国共产党领导下的，有计划、有步骤、有秩序的社会主义性质的体制改革。显而易见，当代中国政治体制改革是党领导的循序渐进的社会改革，是有序化的一个社会发展过程。而改革秩序的形成，主要是通过法制来营造和保障的。法制自身有一种趋于秩序的倾向，因为它必然意味着对人们的行为的一种引导和限制。所以加强和完善法制，也就是强化和保障秩序。在当代中国政治体制改革过程中，法制建设保障秩序主要表现为：保证社会主义基本政治制度不变形，并使之在客观上总揽改革，制约各项具体改革措施；反映改革的内在逻辑和历史进程，防止体制改革出现反复和随意性；消除体制改革中的阻力和对体制改革的破坏与干扰，及时纠正各种无序行为，克服各种无序现象，如惩治腐败、打击犯罪等。

（3）法制对政治体制改革成果的巩固作用。在体制改革进程中，应运用法律形式使改革成果得以巩固。所谓巩固，在这里既有确认改革成果，又有保护、强固改革成果的含义。改革成果实际上是通过改革所形成的新的政治体制，乃至新的社会组织结构、社会关系模式。这些成果离不开法律的确认和保护，否则就无法存在、生存和发展。而且，法制在改革中的各种作用，最终都要通过巩固作用来实现。进一步而论，法制对政治体制改革行为的指导和秩序的保障所取得的成果，如果没有法制加以巩固，那么就有极大的付诸东流或畸变的可能性。所以，政治体制改革所取得的每一项成果都依赖于法制的确认和巩固，只有如此，改革的成就才能在更深广的时空范围内发挥作用。

六、全面推进依法治国，建设社会主义法治国家

在中国这样一个发展中大国全面推进依法治国，是国家治理领域一场广泛而深刻的革命。全面推进依法治国，总目标是建设中国特色社会主义法治体系，建设社会主义法治国家。这就是说，在中国共产党领导下，坚持中国特色社会主义制度，贯彻中国特色社会主义法治理论，形成完备的法律规范体系、高效的法治实施体系、严密的法治监督体系、有力的法治保障体系，形成完善的党内法规体系，坚持依法治国、依法执政、依法行政共同推进，坚持法治国家、法治政府、法治社会一体建设，实现科学立法、严格执法、公正司法、全民守法，促进国家治理体系和治理能力现代化。

在研究全面推进依法治国这一基本治国方略中，依法治国是建设和谐社会的应有之义，依法执政是保证依法治国成功的不可或缺的组成部分，依法行政是依法治国和依法执政大系统中的一个子系统。依法执政是依法行政的前提，依法行政则是依法执政最直接的落实，也是依法治国最重要的落实。

（一）依法治国是法治政府的前提和根本特征

1. 依法治国，要处理好党、民主和法三者之间的关系。多年来，社会主义国家执政党，在领导方法上，几乎都遇到了一个同样的重大课题，即如何处理

好党、民主和法三者之间的关系问题。一些国家由于在指导思想和方法上的失误，给社会主义革命和建设造成了巨大的损失。历史的经验值得注意，要保障国家的长治久安，作为执政党必须从理论上弄清党、民主和法三者的关系，从实践上找到如何处理和解决三者关系的有效途径。对这个问题，我们党一直试图从根本上解决。邓小平同志在《解放思想、实事求是，团结一致向前看》的报告中曾指出："为了保障人民民主，必须加强法制，必须使民主制度化、法制化，使这种制度和法律，不因领导人的改变而改变。"从制度上和法律上，保证党的基本路线和基本方针的贯彻落实，为新时期提高党的执政水平、领导水平，提供了一条有效的新途径。

2. 法治建设的核心问题，是处理好党的领导与依法治国的关系。对于全面推进依法治国，党的领导同样起着决定性作用。中国这样一个有着独特历史文化传统的国家，正面临着激烈的现代化转型，要处理好法治建设中出现的大量矛盾问题，党总揽全局、协调各方的作用不可或缺。实践中，依法治国是我们党提出来的，把依法治国上升为基本方略也是我们党提出来的，而且党一直带领人民在实践中推进依法治国，只有在党的领导下依法治国、厉行法治，人民当家做主才能充分实现，国家和社会生活法治化才能有序推进。可以说，坚持党的领导，是中国特色社会主义政治发展道路的根本要求，也是我国法治与西方"宪政"的根本区别。社会主义法治必须坚持党的领导，党的领导必须依靠社会主义法治，只有认识到二者的一致性，才能理顺法与权的关系，让治国理政有依据，法治建设有遵循。

3. 处理好民主与法治的关系，是推进依法治国的理论基础和前提。民主与法治是现代宪法机制良性运作的双翼。两者在一定条件下是可以统一的。具体来讲，法治将民主制度化、法律化，为民主创造一个可操作的、稳定的运行和发展空间，把民主容易偏向激情的特性引导至理性的轨道，为民主的健康发展保驾护航。法治则通过对一切私人的、公共的权力施以必要的法律限制，从而保障公民权利，维护民主秩序；同理，民主也为法治注入新的内容和动力，以民主机制形成的法律制度，更能体现公共利益的导向，使法治为保障人权、自由及促进人们的幸福生活服务。民主与法治也非绝对的天然盟友。缺乏民主的法治，法律往往沦为工具，法治就不可能真正实现，而成为"形式法治"。而缺乏法治的民主，由于欠缺宪法与法律制约，往往借"民主"之名，实施多数人暴政，人权无法得到保障，难免会走向另外一种极端。在现代民主法治社会中，应以法治支持民主秩序，并借助民主来完善法治。

（二）依法执政是党执政的方式，是依法治国的核心

1. 依法执政的概念。依法执政是新的历史条件下党执政的一个基本方式。

它主要体现在：加强党对立法工作的领导，善于使党的主张通过法定程序成为国家意志，从制度上、法律上保证党的路线方针政策的贯彻实施，特别是领导干部要牢固树立法制观念，坚持在宪法和法律的范围内活动，带头维护宪法和法律的权威；督促、支持和保证国家机关依法行使职权，在法治轨道上推动各种工作的开展，保障公民和法人的合法权益；加强和改进党对政法工作的领导，支持审判机关和检察机关依法独立公正地行使审判权和检察权；以保障司法公正为目标，逐步推进司法体制改革，形成权责明确、相互配合、相互制约、高效运行的司法体制，为在全社会实现公平和正义提供法制保障。

2. 依法执政的客体分析。执政的客体，就是权力。从民法所有权的视角分析，权力也可以分为占有、使用、收益和处分四项权能。"所有权"是权力的完整形态，拥有全部权能，"他物权"则只拥有占有、使用、收益等部分权能。不同的国家，因其性质不同，权力的归属即权力的所有者有所差别。奴隶制国家的权力归属于少数奴隶主阶级，封建制国家的权力归属于少数地主阶级，资产阶级国家的权力归属于少数资产阶级。中国共产党不是权力的"所有者"，其执政就是要支持和保障人民群众当家做主，领导人民来行使属于人民的权力，做到"权归原主"。

依法执政的提出是依法治国理念在新的历史时期的深化，是对依法治国方略核心问题的反思，它标志着党的领导方式和执政方式的改进和创新，它必将成为社会主义中国走向文明、法治的一个里程碑。

（三）依法行政是依法治国的应有之义，是依法治国的关键

1. 依法行政的基本要求。依法行政的含义就是要求政府严格按照宪法和法律的规定来履行自己应负的职责，合理地运用手中的自由裁量权。要求行政机关自身的设立、行政机关的运行都必须依据法律的规定并遵守相应程序，一切行政行为都要接受法律的监督，违法行政应承担法定责任。行政理性表现为以下三个原则：①公平公正原则，要平等地对待行政管理相对人，不偏私、不歧视；②考虑相关因素原则，作出行政决定和进行行政裁量，只能考虑符合立法授权目的的各种因素，不得考虑不相关因素；③行政机关实施行政管理可以采用多种方式实现行政目的的，应当避免采取损害当事人权益的方式。

2. 依法行政的双层理念。

（1）公共行政理念。通过对依法行政原则的历史和理论考察不难发现，依法行政原则所要求的法律至上、权利本位、社会自治、程序法治等理念正是依法治国方略在行政领域内的重大变革，更是现代政府管理模式的一场深刻革命。公共行政是行政的首要理念，它衍生出公开、公平、公正和公信原则，公开有利于公众参与行政过程，增强行政动力，从而提高行政效率，并能深化对行政

的监督进而保障行政方向。

（2）平衡行政理念。在民主宪政体制中，无论行政权力与其他国家权力构建了怎样的关系，制约和平衡已成为权力关系的基本精神。但在广泛存在的权力领域，背离权力制衡精神的行政权力的扩张侵蚀着立法和司法的地盘并可能突破宪法框架从而形成行政专横。因此，行政过程不应是单纯权力意志的体现，而应该描绘为行政与相对方两个方面对行政关系的共建。

3. 依法行政对转变政府职能的意义。政府职能是通过政府行政官员及其公务员以贯彻落实党的方针政策，制定发展目标和履行具体职责的事实，作用于民众思想感情而产生的一种综合认识。政府官员和公务员的作为直接影响着民众对政府的依赖和对政府职能的认识，从而使政府具有崇高的威信、巨大的凝聚力和强大的号召力。这就要求政府行政官员和公务员在行政管理活动中增强执法意识，规范执法行为，提高执法水平，同时做好执法监督和执法检查，避免主观性和随意性，防止行政权力的滥用。依法执政理念是对依法治国方略的进一步深化，是依法治国的核心，而由于现阶段政府施政的特点，实际上依法行政正是依法执政的日常体现。

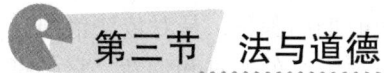

第三节 法与道德

法律与道德的关系是法理学核心的问题之一。法律和道德的关系不是法哲学的局部问题，而是贯穿于整个法哲学的全局问题。凡是法治不及之处，皆是德治用武之地，法治不可能完全取代德治。从某种意义上讲，在一个法制完善和健全的国家中，法律几乎已成了一部道德规则的汇编。

一、道德的含义及特征

道德的学理含义从唯物史观的角度来看，道德的内容不是来自于自然或神，也不是来源于抽象的人性，而是根源于一定的物质生活条件，主要来自于一定的生产关系以及以此为基础的社会关系。一定的道德是一定经济基础之上的上层建筑的一部分，其内容最终由经济条件决定，并伴随经济的发展而有相应的变化；基于不同的物质生活条件的不同社会集团，有着不同的道德观，在阶级社会中的道德具有阶级性。因此，道德可以简单概括为：道德是生活在一定物质生活条件下的自然人关于善与恶、光荣与耻辱、正义与非正义、公正与偏见等观念、原则以及规范的总和，或者说是一个综合的矛盾统一体系。

道德作为由一定经济基础决定的上层建筑中的意识形式和社会调整形式，具有以下特征：

1. 道德具有物质制约性和历史继承性。物质制约性指道德的根本内容和性质归根到底是由一定的物质生活条件决定的，最主要是由社会的经济基础决定的。有什么性质的经济基础，就有与之相适应的道德，因此经济基础相同的社会，其道德在根本性质上相同，但内容存在多样性和差别。随着经济基础的历史发展和变更，道德的内容和性质也相应发展和变更，道德的物质制约性以及上层建筑中其他因素的相互影响，决定了道德的历史继承性，即后一社会形态的道德可以继承前一社会形态道德的合理内容。

2. 道德具有阶级性。在阶级社会中，道德具有阶级性，不同的阶级具有不同的道德。这是因为人们自觉地或不自觉地，归根到底总是从他们阶级地位所依据的实际关系中——从他们进行生产和交换的经济关系中，获取自己的伦理观念。

3. 道德具有民族性。道德具有民族性，指不同民族具有不同的道德，或者说道德具有民族的特点。比如，中华民族道德中特别注重"均"，注重"同"，注重"和"，注重集体（由家到国），这与西方一些民族的道德有所不同。道德民族性的形成，除受经济基础制约外，还受本民族的风俗习惯、宗教、文化、哲学等上层建筑因素的影响，这些因素促进和保证了道德发展的稳定性，促进和保证了道德与这些文化因素的亲和。同时，道德本身也还有历史继承性，这也保证了道德中民族性的形成。

4. 道德具有人类共同性。道德的人类共同性是指人类社会共同体有共同的道德内容，比如尊重人的尊严与平等、保护环境、保护生态、强盛的民族不能欺凌落后弱小民族等方面的原则和规则。人类社会共同体是在全球经济、政治、文化、环保等各领域交往日益密切的基础上形成的。近现代以来，经过各民族的努力，这个共同体正在形成和发展。尽管目前这个共同体的发展还有很多矛盾和冲突，但作为人类文明和智慧结晶的共同规则正在解决这些矛盾和冲突的过程中形成并发挥作用，其中一些重要规则还被表达在国际法文件当中。

二、法与道德的关系

法律和道德同属于上层建筑的重要组成部分，都决定于经济基础，并为经济基础服务。它们之间既有联系又有区别。

（一）法与道德的区别

1. 产生和消亡的条件不同。法律的产生以国家的形成为前提条件，法律是国家制定或认可的、以国家强制力为后盾的行为规范。没有国家就没有法律，国家的性质决定了法律的性质。而道德则不以国家的产生为前提，早在原始社会就已经有了道德的存在。在一种社会形态之内通常只可能存在一种同一性质的法律，却可能存在几种不同性质的道德。如在社会主义国家产生以前，少数先进人物与革命导师就已经具备了社会主义的道德理念和道德品质。法律既然随着国家的产生而产生，也必然随着国家的消亡而消亡。在法律消亡之后，道德依然存在。

2. 表现形式不同。法律是国家制定或认可的一种行为规范，它具有明确的内容，通常要以各种法律渊源的形式表现出来，如国家制定法、习惯法、判例法等。而道德规范的内容存在于人们的意识之中，并通过人们的言行表现出来。它一般不诉诸文字，内容比较原则、抽象、模糊。

3. 调整范围不尽相同。从深度上看，道德不仅调整人们的外部行为，还调整人们的动机和内心活动，它要求人们根据高尚的意图而行为，要求人们为了善而去追求善。法律尽管也考虑人们的主观过错，但如果没有违法行为存在，法律并不惩罚主观过错本身，即不存在"思想犯"；从广度上看，由法律调整的，一般也由道德调整。当然，也有些由法律调整的领域几乎不包括任何道德判断，如专门的程序规则、票据的流通规则、政府的组织规则等。在这些领域，法律的指导观念是便利与效率，而非道德。

4. 内容不同。法律是以权利义务为内容的，一般要求权利义务对等，没有无权利的义务，也没有无义务的权利。而道德一般只规定了义务，并不要求对等的权利。例如，面对一个落水者，道德要求公民有救人的义务，却未赋予其索要报酬的权利。向被救起的落水者索要报酬往往被视为不道德。

5. 保障实施的力量不同。法律是靠国家强制力保障实施的；而道德主要凭借舆论、习惯、内心信念、宣传教育等手段保障实施。

（二）法与道德的联系

道德与法律同属于上层建筑，都是为一定的经济基础服务的。它们是两种重要的社会调控手段，自人类进入文明社会以来，任何社会在建立与维持秩序时，都不能不同时借助于这两种手段，只不过有所偏重罢了。两者是相辅相成、相互促进、相互推动的。其关系具体表现在：

1. 法律是传播道德的有效手段。道德可分为两类：第一类是社会有序化要求的道德，即社会要维系下去所必不可少的"最低限度的道德"，如不得暴力伤害他人、不得用欺诈手段谋取利益、不得危害公共安全等；第二类包括那些有助于提高生活质量、增进人与人之间紧密关系的原则，如博爱、无私等。其中，第一类道德通常上升为法律，通过制裁或奖励的方法得以推行。而第二类道德是较高要求的道德，一般不宜转化为法律，否则就会混淆法律与道德，结果是"法将不法，德将不德"。法律的实施，本身就是一个惩恶扬善的过程，不但有助于人们法律意识的形成，还有助于人们道德的培养。因为法律作为一种国家评价，对于提倡什么、反对什么，有一个统一的标准；而法律所包含的评价标准与大多数公民最基本的道德信念是一致或接近的，因此，法律的实施对社会道德的形成和普及起了重大作用。

2. 道德是法律的评价标准和推动力量，是法律的有益补充。其一，法律应包含最低限度的道德。没有道德基础的法律，是一种"恶法"，是无法获得人们的尊重和自觉遵守的。其二，道德对法的实施有保障作用。"徒善不足以为政，徒法不足以自行"。执法者的职业道德的提高，守法者的法律意识、道德观念的加强，都对法的实施起着积极的作用。其三，道德对法有补充作用。有些不宜由法律调整的，或本应由法律调整但因立法的滞后而尚"无法可依"的，道德调整就起了补充作用。

3. 道德和法律在某些情况下会相互转化。一些道德，随社会的发展，逐渐凸现出来，被认为对社会是非常重要的并有被经常违反的危险，立法者就有可能将之纳入法律的范畴。反之，某些过去曾被视为不道德的因而需用法律加以禁止的行为，则有可能退出法律领域而转为道德调整。

总之，法律与道德是相互区别的，不能相互替代、混为一谈，也不可偏废，所以单一的法治模式或单一的德治模式不免有缺陷；同时，法律与道德又是相互联系的，在功能上是互补的，都是社会调控的重要手段，这就使得德法并治模式有了可能。

三、法与道德的冲突

（一）法与道德相冲突的表现

法与道德不仅有和谐一致的一面，也有出现冲突的可能性。法与道德的冲突表现为两种情况。

1. "合法不合理"或"合理不合法"，即法与"理"的冲突。比如，已过诉讼时效的债权，在诉讼过程中得不到支持；又如，证据必须经合法取得，才能在法庭上被认可为案件证据。一个已过诉讼时效的真实的债务关系，一个有法律上瑕疵但实际上能证明事件真相的材料，都遭到法律拒绝。这在中国，很多人都会觉得合理的东西得不到法律支持。由于中国的法治基础太弱而德治文化积淀太厚，所以在中国法治建设进程中，这种法与理的冲突是非常明显的。

2. "合法不合情"或"合情不合法"，即法与"情"的冲突。我们通常说"法不徇情"，但道德是徇情的，因此会产生这种冲突。比如，《刑事诉讼法》规定，凡是知道案件情况的人，都有作证的义务；任何单位和个人发现有犯罪事实或者犯罪嫌疑人，有权利也有义务向公安机关、人民检察院或者人民法院报案或者举报。这里规定的知情必须作证、知情必须举报都是法律义务，这种规定与亲情就会发生冲突，比如，丈夫做了一件违法犯罪的事，妻子马上去举报；父亲做了一件违法犯罪的事，儿子马上去报案……如果不是较严重的犯罪，这在道德上恐怕没有多少人赞扬这样的妻子和儿子，相反人们会说这很绝情。这样的人可能在生活中被人们疏远，这是因为在道德中人情是一种重要价值。

（二）法与道德出现冲突的原因

1. 法律移植和改革，造成法与社会原来的道德发生冲突。在有意识推动社会改革和社会变革较快的情况下，这种冲突出现较多。比如，中国长期（从古代到改革开放以前）的道德意识中都将"均"（实际平等）视为特别重要的价值，当我们追求效率，并用法律确认形式上的平等和由此产生的实际差别时，这种冲突就出现了。虽然随着改革的深入和法律的贯彻，人们在道德上已慢慢接受了这种状况，但这种冲突到现在还是存在的。再如，当我们把法治发达国家严格的程序制度引进来时，会与我们长期追求实体合理、实体正义的道德观念发生冲突。

2. 社会发展，道德发展，但法律滞后。这主要是指立法和法律实践跟不上社会发展而产生的法与道德的冲突。比如，有许多人都在批评现在实行的男女不平等的退休制度，妇女比男子早退休 5 年。这一制度形成的主要原因，是我们当时的社会还比较落后，现代化程度低，体力劳动是工业生产中的重要部分（在人们的观念中这种沉重的劳动应当是由男子承担的），同时，人们普遍将妇女当作需要照顾的对象。现在情况发生了变化，体力劳动与脑力劳动的比例发生了变化，男女平等意识发生了变化，致使现行的退休制度中的年龄差别规定就与人们的平等意识发生了冲突，许多人认为这是对妇女的歧视。

3. 道德的价值和法的价值都是多元的，两者不会一一对应，这也是冲突的原因之一。比如，在道德的价值中，效率并不是非常重要的，而在法的价值追求中则是非常重要的，法律制度的设计必须比较精确地计算或估计它对社会资源配置最优的影响，必须计算或估计法律调整中的成本最小化，因此，从道德的公平正义角度来评价，这样的法不一定是最优的，甚至会受到批评。

4. 法律的形式化要求，有时会偏离实质内容。法是一种普遍的规范，它一定要求自身的和谐一致，没有冲突，并且普遍适用，因为它追求的是一种普遍的公正和正义。但这种形式化的要求，会使法在一定情况下不能实现正义，这时也就出现了法与道德的冲突。比如，根据法律规定的刑事责任年龄，一个人实施了严重危害社会的行为，但就因年龄差一天而不受惩罚；因为警察违法取证致使关键证据不被采用，犯罪人受不到追究。这些情况下，人们通常会从道德角度批评法律。

5. 法的评价方式与道德的评价方式不同，这也是产生冲突的原因之一。道德的评价是求真的，但是法律的评价是存在假定前提的，这种评价方式在道德上并不存在。这种差别最典型的例子就是无罪推定。在法律上，当一个人没有

经过正当程序的审判被确认为有罪以前，不得视为有罪，而证明被告有罪的责任在于控方，所以，诉讼中如果不能证明被告有罪，就推定为无罪。正因这种假定，一些人确有危害行为，但从法律上又不能证明（如因证据问题）其有罪，因而作为无罪对待，民众会因此感到法律不公或难以理解。

从上述的原因来看，法与道德的冲突具有一定必然性，但冲突的量可大可小，如果注意调整两者的关系，可以将冲突降到最低程度。

（三）解决法与道德冲突的基本措施

解决法与道德的冲突，可以从以下几个方面着手：

1. 法治建设与道德建设同步进行。这需要在立法中尽可能地注意与道德协调，立法不能偏离社会的主流道德太远；同时，如果是法律改革，应尽可能地推广相关道德意识。

2. 在法律移植中，尽可能地注意与本民族道德的协调。如果移植的法律与道德有较大的距离，则给予司法较大的裁量权，通过司法裁量权来缓和这种差别。在处理法律的地区差别和民族区域差别方面也是这样，比如在我国，除了在民族区域自治制度中专门对立法权安排外，还可通过司法裁量权来缓和这些差别。

3. 宣传法律的评价方式，使民众特别是法律工作者接受法律的思维和评价方式。

4. 学会接受法治的代价，克服那种以为法治是有百利而无一弊的制度的观念。法治固然重要，但它不是包医百病的万应灵药，它不可能调整所有社会关系，不可能解决所有社会问题，同时，它是要有代价的。我们要能够理解它的缺陷，能够接受它的代价。

四、法与道德的嬗变

法与道德因存在差别而产生矛盾，同时又因二者之间的联系使矛盾之协调成为可能。道德法律化使社会规范系统中道德与法律的结构趋于合理，以实现系统本身的功能优化。

1. 通过立法确认某些道德标准为法律标准。我国宪法规定了社会主义道德的基本要求，合同法确认交易活动中的诚实信用原则，尊师重教、尊老爱幼的传统美德在教师法、老年人权益保障法、青少年权益保障法中得以反映，以及若干职业道德、市民行为规范被赋予行规、民规的法律意义，无一不是道德法律化的表现。

2. 使某些道德升格为习惯法。法可分为国家法和民间法。国家法即典型意义上的法，指一国立法机关通过一定的程序制定的，并由国家的强制力保障实施的法。民间法指民众在生产、生活过程中自行创制和遵守的，在特定地域、社会关系网络内发挥作用的地方性规范。在一定意义上讲，民间法是一定地区道德的规范化，是一定的道德加强了其强制力并更经常地得到遵守的产物。至少，民间法与道德传统、社区习俗有更强的依附力、亲和力，并往往交织在一起而难以区分。所以，国家法与民间法的关系，也能折射出法律与道德的关系。

3. 通过监督保障机制保护文明道德行为，禁止不文明不道德行为。

总之，道德法律化是进行法制改革的基础，是实现法治的桥梁；而法律道德化表达了社会规范系统的最佳结构及各要素之间的协调配合状态。法治社会形成的最基本条件是亚里士多德早就勾勒出的"良法＋普遍守法"的框架。普遍守法即法律道德化后的守法精神，良法即善法、符合人类良知与正义道德的法律，即法律道德化后的法律。法律道德化正是通过立法者、执法者、守法者三方将自身的道德修养、人格魅力反映到法治活动中来。越文明发达、法制完善健全的国家，其法律中体现的道德规范便越多。可以说，一个国家的法制是否完善和健全，主要取决于道德规则被纳入法律规则的数量。从某种意义上讲，在一个法制完善和健全的国家中，法律几乎已成了一部道德规则的汇编。使法律与道德的精神一致起来，使法律得到道德的有力支撑，让法律精神深入到人们的心灵，成为人们的信念，同道德精神一道成为全社会共同的价值观念，只有造就这种法律，才能使法律获得普遍性和权威性，建立法治才有可能。

第四节　法与中国传统文化

一、中国传统法律文化的主要内容

法律文化是指在一定的社会文化系统中体现出来的有关法的普遍的社会态度和社会价值。其表现为人们对法律性质的认识，对法律价值的评断，以及对法律在社会系统中的地位的理解。早在公元前3000年左右的尧舜禹时期，伴随着社会阶级的分化与国家的出现，传统法律文化就在习俗文化的基础上得以产生。中国传统法律文化深受中国特殊的国情和文化传统的影响，显示了其鲜明的特色。

（一）以礼为主、礼法结合

在古代中国，律多指制度规范，法的价值剥离为礼，于是礼就成了中国古代法律所追求的目标。以礼为主、礼法结合是中国古代刚柔相济的管理模式。在实践中，强调礼治居于主要地位，是仁治的基础，法治位于次要地位，以弥补礼治不足。礼由氏族社会一般的祭祀习惯演变为中国古代法的精髓，是由具有极强血缘关系合为一体的家国相通的统治传承的结果，也是数千年立法、司法的实践选择的结果。在以礼为主、礼法结合的思想指导下，中国传统法律文化中包含了根深蒂固的特权等级观念。

（二）德融于法、德主刑辅

自汉武帝"罢黜百家，独尊儒术"后，儒家思想便成为统治者治理国家的指导思想，与此同时，"德主刑辅"的立法、司法原则也随之确立。"德教者，人君之常任也，而刑罚为之佐肋焉"和"道之以政，齐之以刑，民免而无耻。道之以德，齐之以礼，有耻且格"便是最好的证明。道德成为社会调整的主要手段，而法律只是次要手段，中国人一般是在不用法的情况下生活的，他们对于法律规定些什么不感兴趣，也不愿站到法官的面前去。他们处理与别人的关系以是否合乎情理为准则。

（三）国家本位、义务本位

我国的传统法律文化具有浓厚的人治主义色彩，主要表现便是在权力与法律的关系上，强调权力大于法律，皇权至上。在立法上，法自君出，君主是最高的法律渊源，法律是皇权的附属品。行政与司法不分，行政长官兼有司法权，司法机关缺乏独立性。封建统治者们只注重人们的社会义务，而忽视个人的权利，个体成员的权利受到社会、家族等因素的抑制。

（四）以秩序和谐为最高价值理想

"礼之用，和为贵；先王之道，斯为美，小大由之。"中国传统法律文化中解决纠纷时，"和"为最高的价值选择。礼的运用，贵在能和。先王传下来的道，以礼为最美好，不论小事大事都是由此而行。作为儒家法哲学最高标准的"和谐"，便成为整个中国传统法律文化的最高价值理想。以天人合一为哲学基础的中国传统法律文化，其价值目标是要寻求人与自然、人与人之间的秩序和谐。这种思想在社会生活中则体现为"无诉"的法律意识。人以无诉为有德，以诉讼为可耻，因此，"打官司也成了一种可羞之事"。

（五）以贤人政治为执法者的选择

儒家认为，治国之道能否实行，关键在于人，不同的人会产生截然不同的效果。在良好的法律制定以后，应当重视对政执法者的选择，特别是对他们道德品质的考察。儒家十分注重贤人的道德感召力，孔子说："君子之德，风；小人之德，草。草上之风，必偃。"把领导者道德品质的好坏，看作是影响民众道德品质的重要因素。儒家在人与法的关系上是有着清醒的认识的，并不认为有了善、有了贤人就可以不要法，而是要求法与人兼备。

而与农耕文明的中国社会不同，西方大多属于海洋文化，西方社会是一种以个人为中心、以权利为纽带建立起来的社会，强调人的"权利伸张"：

1. 海洋文明造成了人们"权利伸张"。相对农耕文明，海洋文明的资源较

贫乏，由于不依托土地，收获更加不稳定，外部资源的获取一般采取两种途径：一是商业贸易，二是武力征服。商业贸易的必备条件就是交易双方的人身是自由和平等的，这种权利的不断伸张，逐渐发展到财产权、自由权、家庭权、选举权等公民权。通过战争和武力征服获取财富，这种掳夺也助长了人们"权利伸张"，所以西方的思想是开放的，是外张的，并带有侵略性。

2. 契约社会的形成促进了"权利伸张"的发展。随着生产力的发展、封建社会的衰亡和资本主义的发展，西方国家传统的人身束缚、土地束缚、行会束缚和等级制度逐渐消失。个人作为自由的和独立的行为者出现在历史舞台上，并逐渐形成了以个人为中心的社会结构和价值观念。每个人都是一个自我中心的主体，无数孤立的个人为了自身的利益，通过契约的形式结合成社会。同时，契约的发展也促进了西方民商法的高度发达。

3. 通过尊重他人权利来实现社会义务，这与中国的传统文化完全相反。人们通过法律和习俗规定个人拥有一系列必须受到别人尊重的权利，如私有财产神圣不可侵犯；在不侵犯他人权利的情况下，个人可以无限制地追求自己的利益。只要每个人都专注于追求自己的利益，同时尊重他人的权利，那么社会就可以顺畅地运行。

虽然中国传统法律文化曾有过辉煌的历史，其中也包含着很多优秀的内容，但与以商业文明为基础的西方"私法文化"不同的是，中国传统法律文化总体上呈现出"公法文化"的特征。在封建集权统治下，法律仅仅是统治者手中驭民的工具而已，难以形成现代法治所要求的民主、平等、自由、人权等观念。因此，传统法律文化中存在着许多与现代法律精神和发展趋势背道而驰的地方，例如人治的内在特征和"无诉"价值取向是对现代法律精神的背离；传统法律文化中的等级观念和对等级秩序的追求显然与现代法律文化的平等观念和平等秩序的追求不相容；传统法律文化重亲轻理的观念和现代法律文化也不相容。因此，传统法律文化要想实现现代转型并不是一件轻而易举的事。

二、对中国传统法律文化的评价

中国传统法律文化是我国法律文化和世界法律文化的重要组成部分，具有极其重要的研究价值。但是过去由于种种原因它却没有得到科学公正的对待。对其有两种极端的看法：一种是把它渲染为中华民族的国粹精华；另一种则采取全盘否定的态度。这样的态度是不对的，必须正确认识和处理中国传统法律文化与现代法制之间的关系。

一方面，必须肯定的是中国传统法律文化与现代法制之间必然会存在冲突。首先，传统法律文化是产生在落后封闭的小农经济基础之上的一种文化形态；而现代法律文化则是在工业化大生产的背景下，为适应市场经济的需要而产生

的。其次，两者体现了不同社会的价值取向。传统中国社会权力至上，国家本位，义务本位，忽视个人权利；现代社会人人平等，民众的权利意识很强，强调权利本位。这两种法律文化植根于不同的土壤，所以传统法律文化难免会显得格格不入，在一定程度上构成了抑制当代中国法制变革的消极因素。

另一方面，应当明确传统法律文化是具有历史继承性的。传统法律文化作为人类历史的积累和沉淀，深刻地影响着广大中国人的法律心理与行为，制约着他们的法律态度及其对法律的认同感。缺乏世代相传的民族法律文化心理的支持与认同，无论现行社会秩序受到现行法律规则的怎样强化，它也是脆弱的不稳固的。我们不能照搬国外的法律文化，更不能割断传统，要注意从我国的传统中发掘积极因素，使传统发生创造性转换，因为自由、理性、法治与民主不能经由打倒传统而获得，只能使传统经由创造的转化而逐渐获得。

新中国成立以后，由中国传统法律文化与社会主义法律文化整合而成的中国社会主义法律文化占绝对主导地位。改革开放以来，这一局面开始发生变化，中国法律文化作为一个整体，出现了三个相互作用的法律文化子系统，它们分别是中国传统法律文化、社会主义法律文化和西方法律文化。中国传统法律文化是一种发源于过去、存在于现在并在一定程度上影响于未来的法律文化。它经历了几千年的演变和发展，形成了一种有着鲜明个性和成熟形态的文化样式，存在于中国民众的法律认知、法律情感、法律评价以及风俗习惯、行为方式当中，作用于国家制定法控制之外的社会生活领域，甚至在一定程度上直接体现在国家制定法当中，在影响民众的日常生活秩序和国家法制定、实施方面发挥着重要作用，它一直是新中国成立之前的主导法律文化。新中国成立后，由中国传统法律文化与苏联社会主义法律文化整合而成的中国社会主义法律文化逐渐占据主导地位。它直接指导着中国国家法的制定、实施和法律制度、法律设施、法律技术的成熟与完善，影响着中国民众的法律意识和行为模式。随着改革开放政策的实施及社会主义市场经济的逐步确立，传统法律文化和中国社会主义法律文化作为人们应付和解决各种自然的、社会的法律问题的经验、知识和评价体系，已不能完全反映社会物质生活条件的状况和变化，经济政治体制变革的现实迫切需要一种与之相适应的新型主导法律文化。以市场经济和民主政治为根基的西方法律文化作为一种现代法律文化的参照体系再一次全面而深刻地影响和作用于中国社会，渗透到法律观念、政治法律体制、法律体系框架、具体的法律制度，以及法律学术、法律教育等各个领域，与中国法律文化不断地冲突与整合，西方法律文化的许多要素已逐步内化为中国法律文化的一部分。

传统法律文化、社会主义法律文化与西方法律文化的异质性决定了这三种法律文化的冲突与整合是一个复杂而艰难的过程。因为三种法律文化赖以存在的社会物质生产方式并不同。传统法律文化以农业经济和封建专制政治为基石，凸显重德轻法、重刑轻民、重实体轻程序等基本特征。社会主义法律文化以计划经济和高度集权为基石，凸显重公法轻私法、重义务轻权利等基本特征。西方现代法律文化以市场经济和民主政治为基石，重视法的价值即平等、正义、权利和程序等。这是三种不同历史发展阶段的法律文化，分别代表不同的生产力水平和物质生产方式，反映着不同的政治经济基础和文化价值观念。它们互为异质，在中国当今社会都有一定的存在土壤，但社会变革及法律文化发展的内在要求又促使它们不得不彼此调适整合。总之，冲突难以避免，整合是历史必然，中国法律文化发展的内在矛盾与西方法律文化的影响冲击是中国法律文化走向现代化的内部动力与外部动力，互动结果必然促使法律文化走向现代化。

🔍 思考题

1. 如何理解法与生产力之间的关系？
2. 什么是市场经济？为什么说市场经济是法治经济？
3. 如何理解法与政党政策之间的关系？
4. 阐述法与道德区别和联系。
5. 如何解决法与道德的冲突？

🔍 实训项目

实训项目一：

孙某早年与妻子吕某离婚，儿子小强随吕某生活。小强 15 岁时，其祖父去世，孙某让小强参加葬礼。小强与祖父没有感情，加上吕某阻挠，未参加葬礼。从此，孙某就不再支付小强的抚养费用。吕某和小强向当地法院提起诉讼，请求责令孙某承担抚养费。在法庭上，孙某提出不承担抚养费的理由是，小强不参加祖父葬礼属不孝之举，天理难容。法院没有采纳孙某的理由，而是根据我国相关法律判决吕某和小强胜诉。法院判决的结果表明：一个国家的立法可以不考虑某些道德观念。

根据这个案例，分析法与道德之间存在着不完全重合的差别，法的适用过程是否应完全排除道德判断。

实训方法：课堂讨论。教师掌控讨论场面。

实训步骤：①教师提供详细背景材料及案情。②学生思考。③课堂讨论。④教师归纳主要观点，点评。

实训项目二：

现代法治观念的形成一是靠宣传教育，二是政府带头守法，三是促使民众

法治观念形成。管用而有效的法律，既不是铭刻在大理石上，也不是铭刻在铜表上，而是铭刻在人民的内心里。如何让法治成为全民信仰？这就一定要强调"奉法者强"。作为领导干部和立法、司法、执法者，一定要首先在实践中贯彻法治思维，做到知行合一、铁面无私。习近平同志强调，要"努力让人民群众在每一个司法案件中都能感受到公平正义"，人民群众的法治信仰，就是建立在这种"守法者得利，违法者受罚"的司法、执法过程中，建立在这种管用有效、已定必行的法制体系上。

学生自行收集材料，自拟题目就"奉法者强则国强"典故写一篇论文。

第五章　法的运行

学习目标

通过本章学习，认识法运转的过程。掌握立法的概念和特征，了解我国立法体制；掌握司法概念、特征和原则；掌握执法概念、特征、原则；了解法律监督的含义、构成和意义。通过本章学习，为法律实践奠定一个良好的基础，以期能够在实践中很好地把握司法、执法的原则和要求，指导具体的实际工作。

 第一节　立　法

一、立法的概念与特征

（一）立法的概念

在法学上，"立法"一词通常有广义和狭义两种解释。广义的立法是指法定的国家机关依照法定的程序和权限创制、修改、废止法律及其他规范性法律文件，以及认可、解释法律的活动。狭义的立法是指国家立法机关依照法定程序制定法律的活动。在我国是指全国人大及其常委会制定法律的活动。

（二）立法的特征

1. 立法是国家的专门活动。立法是专属于国家的活动，其虽由具体的人来完成，但并不意味着任何主体都可以立法，立法是国家的专有活动。具体立法主体是以国家的名义、代表国家来进行立法的。从深层次来看，立法是行使国家专有的立法权的活动。国家权力包括许多内容，立法权是国家权力体系中重要的一种权力，是专属于国家的权力。国家权力体系由立法权、行政权与司法权三个基本部分组成。孙中山先生提出过"五权宪法"，将国家权力扩充为五权，增加了考试权与监察权，但这是社会发展的局部现象，不具有共同性。另外，立法权又是具有相对独立性的权力，它是相对于行政权、司法权而独立存在的一种权力。从另外的角度来看，立法是国家履行职能的主要方式。通过立法将实现国家职能的要求在法律上体现出来，然后经由法的实施来实现国家职能。

2. 立法主体必须是法定的主体。并非所有主体均能立法，立法主体必须享有立法权。立法主体由宪法和法律来规定，非法定的立法主体不能立法。立法主体可分为两类：一是非因授权而有立法权的国家机关，二是经授权的国家机关。随着社会的发展，立法变得越来越复杂，为了保证立法质量，立法机关将立法权授予那些熟悉立法所涉及领域的主体。

3. 立法活动形式的多样性。立法并不仅仅是制定出新的法律这么简单，它既包括法的创制活动，也包括法的修改、废止以及认可、解释活动。法的创制是指本来不存在某法律规范，而通过人们的行为形成新的法律规范。修改是指由于情势的变化等原因，某些原来的法律规范不再符合掌握国家政权的阶级的利益，从而对其做些改变，包括补充和删除某法律规范。废止是指终止某法律规范效力的活动。认可是指本来存在某社会规范，国家机关承认和认可其存在，因而使其具有法律效力。[1] 解释是法定主体依据法定的职权和程序对已有的法律进行解释而形成具有法律效力的法律规范的活动。

4. 立法是一种严格依照法定程序进行的活动。现代立法重视程序，程序是保障立法质量的重要方式。对什么样的法律是好的立法，不容易取得一致意见，而程序的设置容易统一。程序在立法中的意义表现为：①由于立法具有复杂性，同时立法是一项需要技术和专门经验的活动，必须有严格的程序才可能保障立法的顺利进行。②程序是保证法律准确反映民意的重要手段。现代法律是民主的法律，法律要体现民意。只有有一套科学民主的立法程序，才可能把民意真正反映在法律中。③防止法律冲突。法律体系应该是一个完备、统一、和谐的体系。程序可以通过自身科学的设计来保障法律统一，解决法律冲突。

二、立法体制

（一）立法体制的含义

立法体制是关于立法权、立法权运行和立法权载体诸方面的体系和制度所构成的有机整体。其核心是有关立法权限的体系和制度。[2]

立法权限的体系和制度，包括立法权的归属、立法权的性质、立法权的种类和构成、立法权的范围、立法权的限制、各种立法权之间的关系、立法权在国家权力体系中的地位和作用、立法权与其他国家权力的关系等方面的体系和制度。立法权的运行体系和制度，包括立法权的运行原则、运行过程、运行方式等方面的体系和制度。立法权的载体体系和制度，包括立法主体的建置、组织原则、活动形式、活动程序等方面的体系和制度。

---

〔1〕　参见沈宗灵主编：《法理学》，北京大学出版社 1999 年版，第 310 页。

〔2〕　周旺生：《立法论》，北京大学出版社 1994 年版，第 132 页。

立法体制是国家法律制度的重要组成部分。了解立法体制，有助于认识国家法律的类型及其效力等级，对确定法律有一定的意义。

（二）立法体制的影响因素

采用什么样的立法体制，主要原因不在于人们的主观爱好，而取决于客观因素。立法体制受国体、政体、国家结构形式、历史传统、民族构成乃至经济、文化等一系列因素的决定和影响。

直接决定立法体制的因素是国家形式，即政体和国家结构形式。国体、历史传统和民族构成等因素，则间接地通过政体和国家结构形式对立法体制产生影响。国体是指国家的性质或阶级属性。立法权作为一种最重要的国家权力，由谁来行使，归根结底是由国家的性质所决定的。政体决定横向立法权限的划分，即决定立法权限在立法、行政、司法三机关之间如何划分。政体不同，横向立法权限的划分也不同。国家结构形式是指国家整体与其组成部分的关系的形式，是影响中央与地方立法权限划分的最直接、最重要的因素。国家结构形式决定纵向立法权限的划分，即决定在中央政权和地方政权之间立法权限如何划分。国家结构形式不同，纵向立法权限的划分也不同。

（三）我国现行的立法体制

我国是统一的、单一制的多民族的国家，各地方的经济和社会发展很不平衡。与这一国情相适应，在最高国家权力机关集中行使立法权的前提下，为使法律既能通行全国，又能适应各地方不同情况与现实的需要，在实践中能够贯彻实施，相关法律确立了我国的统一而又分层次的立法体制。

我国现行的立法体制是一种"一元、两级、多层次"的立法体制。所谓"一元"，是指我国的立法统一于宪法，在全国范围内只存在一个统一的立法体系。具体含义是指：①所有立法都必须以宪法为依据，不得同宪法相抵触；下位法不得同上位法相抵触。②国家立法权由全国人大及其常委会统一行使，法律只能由全国人大及其常委会制定。"两级"是指我国立法分中央立法和地方立法两个层级。"多层次"是指中央立法和地方立法中还有若干个层次和类别。中央立法有全国人大及其常委会、国务院、国务院各部委的立法。地方立法有省级人大及其常委会和设区的市的人大及其常委会、自治地方人大的立法，以及省、自治区、直辖市和设区的市、自治州的人民政府的立法。

（四）我国的立法主体及其立法权限

我国的宪法、法律、行政法规和规章规定了我国的立法主体及其立法权限。《立法法》是规定我国的立法机关及其立法权限划分的基本法律依据。

1. 全国人民代表大会及其常务委员会的立法权。

（1）专属立法权。为了确保重大社会关系由全国人大及其常委会通过制定法律予以调整，便于其他各个立法主体开展立法工作，保证国家必要的集中统一，《立法法》规定下列几个方面的事项属于全国人大及其常委会的专属立法权，只能由法律规定：①国家主权的事项；②各级人民代表大会、人民政府、人民法院和人民检察院的产生、组织和职权；③民族区域自治制度、特别行政区制度、基层群众自治制度；④犯罪和刑罚；⑤对公民政治权利的剥夺、限制人身自由的强制措施和处罚；⑥税种的设立、税率的确定和税收征收管理等税收基本制度；⑦对非国有财产的征收、征用；⑧民事基本制度；⑨基本经济制度以及财政、海关、金融和外贸的基本制度；⑩诉讼和仲裁制度；⑪必须由全国人大及其常委会制定法律的其他事项。确立这些事项为全国人大及其常委会的专有立法权，主要考虑是：一是重要的事项应当由人民选举产生的权力机关行使；二是有利于公民权利的保护，严格控制涉及公民基本权利的处罚和强制措施；三是有利于维护国家的统一、国内市场的统一、社会主义法制的统一；四是有利于调动其他各个立法主体的积极性，发挥各个立法层次的作用。

（2）全国人民代表大会的立法权。全国人民代表大会有权修改宪法，制定和修改刑事、民事、国家机构和其他方面的基本法律。

（3）全国人民代表大会常务委员会的立法权。全国人民代表大会常务委员会有权制定和修改除应当由全国人大制定的法律以外的其他法律；在全国人大闭会期间，对全国人大制定的法律进行部分补充和修改，但不得与该法律的基本原则相抵触。

2. 国务院及其组成部分的立法权。

（1）国务院的立法权。国务院有权根据宪法和法律制定行政法规。根据《立法法》的规定，行政法规可以就两方面的事项作出规定：①为执行法律的规定需要制定行政法规的事项；②《宪法》第89条规定的属于国务院行政管理职权的事项。此外，国务院还可以根据实际需要，经全国人大及其常委会授权，对属于全国人大及其常委会专属立法权而尚未制定法律的事项，制定行政法规，但涉及犯罪和刑罚、对公民政治权利的剥夺和限制人身自由的强制措施和处罚、司法制度等事项的除外。这些事项只能由法律规定，不能由行政法规规定。

此外，国务院还有权规定行政措施，发布决定和命令。

（2）国务院各部、委员会、中国人民银行、审计署和具有行政管理职能的直属机构的立法权。《立法法》第80条规定："国务院各部、委员会、中国人民银行、审计署和具有行政管理职能的直属机构，可以根据法律和国务院的行政法规、决定、命令，在本部门的权限范围内，制定规章。部门规章规定的事项应当属于执行法律或者国务院的行政法规、决定、命令的事项。没有法律或者国务院的行政法规、决定、命令的依据，部门规章不得设定减损公民、法人和其他组织权利或者增加其义务的规范，不得增加本部门的权力或者减少本部门的法定职责。"同时，《立法法》第81条还规定："涉及两个以上国务院部门职权范围的事项，应当提请国务院制定行政法规或者由国务院有关部门联合制定规章。"

3. 省、自治区、直辖市、设区的市、自治州人民代表大会及其常务委员会的立法权。省、自治区、直辖市人大及其常委会在不同宪法、法律、行政法规相抵触的前提下，可以制定地方性法规。

根据《立法法》第72条的规定，设区的市的人民代表大会及其常务委员会根据本市的具体情况和实际需要，在不同宪法、法律、行政法规和本省、自治区的地方性法规相抵触的前提下，可以对城乡建设与管理、环境保护、历史文化保护等方面的事项制定地方性法规，法律对设区的市制定地方性法规的事项另有规定的，从其规定。省、自治区的人民政府所在地的市，经济特区所在地的市和国务院已经批准的较大的市已经制定的地方性法规，涉及本条规定事项范围以外的，继续有效。设区的市的地方性法规须报省、自治区的人民代表大会常务委员会批准后施行。省、自治区的人民代表大会常务委员会对报请批准的地方性法规，应当对其合法性进行审查，同宪法、法律、行政法规和本省、自治区的地方性法规不抵触的，应当在4个月内予以批准。省、自治区的人民代表大会常务委员会在对报请批准的设区的市的地方性法规进行审查时，发现其同本省、自治区的人民政府的规章相抵触的，应当作出处理决定。自治州的人民代表大会及其常务委员会可以行使设区的市制定地方性法规的职权。

根据《立法法》第73条的规定，地方性法规可以就以下两个方面的事项作出规定：①为执行法律、行政法规的规定，需要根据本行政区域的实际情况作具体规定的事项；②属于地方性事务需要制定地方性法规的事项。

同时，《立法法》还规定，除应当由全国人大及其常务委员会制定法律的事项外，其他事项国家尚未制定法律或者行政法规的，省、自治区、直辖市和设区的市、自治州根据本地方的具体情况和实际需要，可以先制定地方性法规。在国家制定的法律或者行政法规生效后，地方性法规同法律或者行政法规相抵触的规定无效，制定机关应当及时予以修改或者废止。制定地方性法规，对上位法已经明确规定的内容，一般不作重复性规定。

4. 省、自治区、直辖市和设区的市、自治州的人民政府的立法权。《立法法》第82条第1、2款规定："省、自治区、直辖市和设区的市、自治州的人民政府，可以根据法律、行政法规和本省、自治区、直辖市的地方性法规，制定规章。地方政府规章可以就下列事项作出规定：①为执行法律、行政法规、地方性法规的规定需要制定规章的事项；②属于本行政区域的具体行政管理事项。"

5. 民族自治地方的人民代表大会的立法权。民族自治地方（即自治区、自治州、自治县）的人民代表大会有权依照当地民族的政治、经济和文化的特点，制定自治条例和单行条例。自治区的自治条例和单行条例，报全国人大常委会批准后生效；自治州、自治县的自治条例和单行条例，报省、自治区、直辖市的人大常委会批准后生效。自治条例和单行条例可以依照当地民族的特点，对法律和行政法规的规定作出变通规定，但不得违背法律或者行政法规的基本原则，不得对宪法和民族区域自治法的规定以及其他有关法律、行政法规专门就民族自治地方所作的规定作出变通规定。

自治条例和单行条例对国家法律、行政法规作出变通，并不是毫无限制的，而是必须依法进行。具体来说，下列规定不能变通：

（1）宪法的规定。宪法是国家的根本法，它所规定的是国家的基本政治制度和经济制度，以及公民的基本权利和义务，在这些问题上已经形成了全国各民族人民的共同意志，是各民族人民共同达成的作为国家统一和各民族团结的基础，因此，对宪法的规定是不能变通的。而且，民族自治地方必须依照宪法、民族区域自治法和其他法律规定的权限行使自治权，这种自治权是宪法和有关法律授予的，被授权机关不能超越其行使权力的法律依据，否则就失去了自己行使权力的基础。

（2）民族区域自治法的规定。民族区域自治法是民族自治地方实行自治的基本法律依据，变通将使民族自治地方失去实行自治的基本法律依据。

（3）其他法律有关民族问题的专门规定。比如选举法以专章规定各少数民族的选举，已经充分照顾到各少数民族选举中的特殊情况，因此不能再作变通。

（4）属于中央专属立法权限范围的事项。因为中央专属立法权限是为维护国家统一和国内市场统一，保障公民基本权利所必需的最低限度的统一立法权限，不属于民族自治地方可以灵活变通的范围。

（5）国家法律和行政法规中适合当地民族政治、经济和文化特点的规定。

6. 特别行政区立法。根据"一国两制"方针，香港、澳门特别行政区基本法规定，香港和澳门两个特别行政区的立法会有权制定法律，报全国人大常委会备案。香港、澳门特区除对外交、国防以及其他属于中央政府管理范围的事务不能立法外，有权对特区高度自治范围内的一切事务立法。但是，两个特区的立法权是全国人大通过基本法授予的，特区行使此项权力，是否符合基本法的规定，是否超越国家的授权，应当由中央监督，因此必须报全国人大常委会备案。

7. 中央军事委员会根据宪法和法律，制定军事法规。中央军事委员会各总部、军兵种、军区、中国人民武装警察部队，可以根据法律和中央军事委员会的军事法规、决定、命令，在其权限范围内，制定军事规章。军事法规、军事规章在武装力量内部实施。军事法规、军事规章的创制应遵照《立法法》规定的法律法规创制原则来进行。

8. 授权立法。授权立法，又称委任立法或委托立法，是指一个立法主体依法将其一部分法定立法权限授予另一个国家机关或组织行使，另一个国家机关或组织根据所授予的立法权限进行的立法活动。最常见的授权立法是立法机关委托行政机关的立法。《立法法》第 9 条规定："本法第 8 条规定的事项尚未制定法律的，全国人民代表大会及其常务委员会有权作出决定，授权国务院可以根据实际需要，对其中的部分事项先制定行政法规，但是有关犯罪和刑罚、对公民政治权利的剥夺和限制人身自由的强制措施和处罚、司法制度等事项除外。"根据《立法法》第 10～13 条的规定，授权决定应当明确授权的目的、事项、范围、期限以及被授权机关实施授权决定应当遵循的原则等。授权的期限不得超过 5 年，但是授权决定另有规定的除外。被授权机关应当在授权期限届满的 6 个月以前，向授权机关报告授权决定实施的情况，并提出是否需要制定有关法律的意见；需要继续授权的，可以提出相关意见，由全国人民代表大会及其常务委员会决定。授权立法事项，经过实践检验，制定法律的条件成熟时，由全国人民代表大会及其常务委员会及时制定法律。法律制定后，相应立法事项的授权终止。被授权机关应当严格按照授权决定行使被授予的权力。被授权机关不得将被授予的权力转授给其他机关。全国人民代表大会及其常务委员会可以根据改革发展的需要，决定就行政管理等领域的特定事项授权在一定期限内在部分地方暂时调整或者暂时停止适用法律的部分规定。

经济特区所在地的省、市的人民代表大会及其常务委员会根据全国人民代表大会的授权决定，制定法规，在经济特区范围内实施。这类授权立法，是通过全国人大及其常委会作出决定的形式授予的，因此，在宪法和有关法律中没有此种立法权限的明确依据，其依据只在于授权决定。而授权决定内容比较简单，只有两点限制：一是根据授权制定的法规必须遵循宪法的规定和法律、行政法规的基本原则；二是根据授权制定的法规只能在经济特区范围内实施，因为经济特区不是一级行政区域，其法规效力只能限定在经济特区范围内。根据授权制定的法规应当是经济方面的法规，不涉及政治制度、司法制度等。这是经济特区与政治特区的根本区别。此外，国家对于相关经济领域已经制定法律、行政法规的，被授权的地方在遵循法律、行政法规原则的前提下，对不适应经济特区实行市场经济、面向国际市场要求的规定，可以作适当变通。

经济特区所在省、市的上述立法权，是全国人大及其常委会通过授权赋予的，具有明显的从属性，也即从属于中央，同时又具有代行中央在经济特区的立法权的性质，因此要报全国人大常委会和国务院备案。对不恰当的变通，全国人大常委会有权予以纠正，直至收回授权。

（五）立法程序

1. 含义。立法程序是指立法主体在制定、修改、补充或废止等立法活动过程中的法定步骤和方法。严格按立法程序立法是科学、民主立法的要求，是其自身的特点以及保证立法质量的要求。不同的立法主体有不同的立法程序。

2. 我国国家的立法程序。我国国家的立法程序是指全国人民代表大会及其常务委员会的立法程序。其基本程序包括以下四个阶段：

（1）法律议案的提出。法律议案，亦称立法议案，是指具有立法提案权的主体向立法机关提出的关于立法的提案和建议。它不同于一般的立法建议。立法建议对提出的主体没有要求，任何主体都可以提出。但法律案的提出必须是法定的有权的主体。根据我国《立法法》第 14 条、第 15 条的规定，全国人民代表大会常务委员会、主席团、全国人大各专门委员会、国务院、中央军事委员会、最高人民法院、最高人民检察院、全国人大的代表团或 30 名以上的代表联名均享有立法提案权。

（2）法律草案的审议。是指立法机关对已经列入立法日程的法律议案进行审查和讨论。根据《立法法》和有关的规定，全国人大和全国人大常委会审议法律议案要遵守一定的程序。审议是体现民主的一个基本环节。

（3）法律草案的通过。是指立法机关对于经过审议的法律草案进行表决，正式表示同意或不同意的活动。这是立法的关键阶段。

（4）法律的公布。是指立法机关或国家元首将已通过的法律以一定的形式予以公布的活动。法律的公布具有重要的意义，凡是未经公布的法律都没有法律效力。因为既然要求人们严格遵守法律，就应该让人们知道。根据《立法法》第 58 条的规定，我国公布法律的主体是国家主席。公布的媒介是全国人民代表大会常务委员会公报和中国人大网以及在全国范围内发行的报纸。在全国人民代表大会常务委员会公报上刊登的法律文本为标准文本。

第二节　司　法

一、司法的概念与特征

（一）司法的概念

司法是指国家司法机关依照法定职权和法定程序，具体应用法律处理案件的专门活动。法律适用是法律专门术语。狭义的法律适用就是指司法，广义的法律适用是指国家司法机关和国家授权的行政机关及其工作人员，依照法定职权和程序，将法律规范应用于具体的人或组织的活动。

（二）司法的特征

1. 司法是一种专门活动。司法不同于一般的活动。这种活动有专门的方式和特定的内容，同时对活动主体也有特殊的要求。司法不同于立法、行政，它是司法机关运用法律处理案件的活动。司法是国家行使司法权的活动。司法权不同于行政权，行政权具有可转授性，而司法权则具有专属性，司法权只能由国家来行使。

2. 司法必须严格依照法定职权和法定程序进行。司法是一项复杂而严肃的活动，司法的结果直接涉及自由、财产甚至生命，影响重大。这就要求司法必须严格依照法定职权和法定程序进行，以实现司法的目标。司法机关必须严格按照法定职权来处理案件，不能越权，司法机关之间不能互相代替。司法要实现实体公正，但更强调程序公正。程序公正是实体公正的保障。实体公正与否与评价主体有密切关系，往往难以取得一致的意见，而程序公正较为容易判定和实现。法定程序的遵守是实现程序正义的前提。依法治国，建设法治国家，不仅要遵守实体法，也要遵守程序法。缺乏公正程序的法治，是失去理性选择自由的法治。同时，程序正义对防止司法腐败，保障人权，解决司法实践中的困难具有重要意义。

3. 司法的主体是国家司法机关。所谓司法的主体，是指国家宪法所规定的享有司法权、依法处理案件的国家专门司法机关。在西方实行"三权分立"体制的国家，司法主体主要是指拥有司法权（审判权）的法院。我国社会生活中理解的司法机关的范围是很广的，它还包括公安机关、司法行政机关、监狱，但法学领域严格意义上的司法主体只有人民法院和人民检察院。作为司法主体，必须是由国家宪法和法律所确认的具有行使司法权能的专门国家司法机关，因此它具有主体的法定性。

4. 司法的被动性。司法的被动性是指司法权力的行使和司法程序的启动必须遵循"不告不理"原则。司法机关的角色定位必须消极被动，必须设法使自己置身于与一切提交其裁判的争议和与适用法律无关的事务之外，而不能积极主动地介入、干预或参与这些争议和事务。在我国，早有"民不举官不究"的法谚。在西方，洛克、孟德斯鸠则对立法、行政与司法的区别尤其是司法的被动性与行政的主动性早有论述。实践也反复证明，没有严格遵循司法被动性的司法和司法机关，就没有司法的中立；没有司法的被动和中立，追求司法的公正则无异于"缘木求鱼"。[1]

5. 司法的终极性。司法权效力具有终极性。行政权是否合法、合理，不能由行政权主体自己进行判断，需要由行使判断权的司法机关进行判断，行政权只有在少数场合才具有终极性。司法权的终极性意味着它是最终的判断。

二、司法的原则

司法公正是司法的根本目的。司法公正是法的自身要求，也是依法治国的要求，其基本内涵是要在司法活动的过程和结果中体现公平、平等、正当、正义的精神。从依法治国的意义上讲，如果一个社会中没有了司法公正，那么这个社会也就根本没有公正可言了。由此可见，司法公正既是司法活动自身的目标和要求，也是依法治国的目标和要求。[2]

在现代社会，司法公正的价值目标首先是保障公民的基本权利，其次是保障法的实质正义和程序正义在司法实践中实现，进而在全社会实现公平和正义，最终使宪法基本原则得以贯彻和实现。司法目标的实现，需要遵循一些基本原则。司法的基本原则有：

（一）以法律真实为根据，以法律为准绳的原则

司法活动中处理案件有两个基本问题需要解决：一是事实问题，二是法律问题。司法就是在确定案件事实的基础上，运用恰当的法律来处理案件的活动。因此，以法律真实为根据，以法律为准绳是司法最基本的原则。

1. 以法律真实为根据的含义。以法律真实为根据，是指以法律认可的证据确定的案件事实为根据。过去所说的事实往往被理解为客观事实。司法实践已证明客观事实和法律真实有一定的差距。我们不可能完全做到以客观事实为依据，我们所能依据的是法律认可的真实。

2. 以法律为准绳的含义。即司法必须依法办事，这是法治的基本要求。这里的法包括实体法和程序法。司法必须在法律的范围内进行，在任何情况下，法律是最高的标准，司法机关和司法人员只能依据法律、服从法律，确保法律的公正适用。

中国传统法律文化中存在着重实体、轻程序的观念，这种观念对司法工作人员有很深的影响。因此司法活动特别强调不仅要依照实体法，也要遵守程序法。司法公正不仅仅只限于结果的公正，它还包括程序的公正，因为程序是司法活动经验和规律的总结，合理的、固定的程序本身是保障司法公正的重要措

---

〔1〕 罗衡宁："论司法的被动性与能动性"，载 http：//old. chinacourt. org/html/article/200906/23/362141. shtml.

〔2〕 何家弘："司法公正论"，载《中国法学》1999 年第 2 期。

施。同时，程序的公正也是司法活动追求的目标。裁判者只有依循法律规定的程序才能向公众昭示其行为不是恣意的产物，而是具有一定的合法性和权威性。确保诉讼当事人享有法定的程序权利，并受到公正程序的保护，是法治的最基本的要求。

（二）司法平等原则

司法平等原则是指司法机关及其工作人员在进行司法活动的过程中，对一切公民，不论其民族、种族、性别、职业、职务等有何差别，也不论其出身、社会政治地位、宗教信仰、教育程度、财产状况、居住期限等有何不同，在适用法律上一律平等。这一原则不仅适用于公民个人，也适用于法人和其他组织。它具体包括以下两个方面的含义：①司法机关及其工作人员对于任何违法犯罪主体，都应当依法追究其法律责任，不允许有超越法律的特权。②司法机关及其工作人员对于所有诉讼参与人的诉讼权利和诉讼义务都应当平等对待。

平等是民主和法治的基本要求，司法平等原则是社会主义法律平等原则在司法活动中的具体体现。司法平等原则是司法的一项重要原则，对保障司法公正，维护和实现国家、人民利益，维护社会正常秩序，有重要意义。如果法律的平等原则不能遵循，法律将有可能形同虚设，其具有的公平和正义价值也不可能得到实现。

在司法实践中，坚持平等原则，首先，要坚决反对特权。特权是对平等的否定。奴隶制社会法律公开规定了不平等，"刑不上大夫，礼不下庶人"就是不平等的奴隶制法的适用原则。封建社会进一步将这种特权关系制度化，如中国封建制法中的"八议"制度。我国经历了两千多年的封建社会，特权思想和特权观念有着浓厚的根基和土壤，在当前的司法实践中也经常遇到某些特权的干扰和挑战。法律上的平等对待是克服特权的唯一手段。其次，要反对歧视。歧视同样是对平等的否定。在一个歧视盛行的社会，不可能有真正的社会公平和正义。法律上的平等对待不允许对任何在社会关系中处于弱势地位的主体实行歧视。最后，司法平等不能绝对化。在司法活动中，我们需要针对个案的具体情况作有针对性的处理，这并不违背平等原则，而恰恰是为了实现真正意义上的平等。真正的平等意味着同等情况同等对待，不同情况不同对待。因此，在法律范围内的区别对待其实是实现真正平等的要求。

（三）司法机关依法独立行使职权的原则

1. 基本含义。司法机关依法独立行使职权的原则，即司法机关在办案的过程中，依照法律规定独立行使司法权的原则。有学者把该原则称为司法独立原则。但其与西方的司法独立原则有着根本的区别。西方的司法独立原则强调的是法官的独立，并且是在西方政治制度基础上的一项原则。我国的司法机关依法独立行使职权的原则是指法院和检察院的独立，是和我国社会主义政治制度相适应的一项原则，是我国司法公正实现的重要保障。

司法独立原则是当代世界民主国家宪法原则中最重要的一项根本法原则，也是国家基本法律中规定的司法机关适用法律的一个基本原则。由于司法权是判断权，因此司法独立原则是近代民主法治社会所要求的基本原则之一。1701年，英国的《王位继承法》确立了人类法制史上最早的司法独立原则。司法独立的根本理由是司法权是判断权，司法的判断性要求它排除干扰与利诱，保持公正与纯洁，不偏不倚地依既定规则办事。

2. 基本要求。

（1）司法权只能由国家的司法机关统一行使，其他任何组织和个人都无权行使此项权力。

（2）司法机关行使司法权只服从法律，不受其他行政机关、社会团体和个人的干涉。司法机关进行司法活动必须严格依法办事，只服从法律。司法机关的司法排除非法干涉，当然并不排除合法的监督。

（3）司法机关行使司法权时，必须严格依照法律规定的职权和法律程序办事，准确适用法律。

3. 司法监督问题。司法机关依法独立行使职权并不是否定对司法的监督，对司法依法进行的监督是实现司法公正的必要环节。

（1）司法权要接受党的领导和监督。中国共产党是我国的执政党，在国家政权体系中居于领导地位，中国共产党执政的具体内容主要表现为对国家政权事务的政治领导，包括对国家司法事务的政治领导。因此，在国家的法律制定和法律实施过程中，执政党的政治领导均起到一种核心作用，执政党的政治领导和模范执行国家法律，形成了国家司法权公正行使的政治保障。

（2）司法权要接受国家权力机关的监督。根据我国的政治制度，司法机关由权力机关产生，司法机关要向权力机关负责，这必然要求司法机关接受权力机关的监督，这种监督必须采取合法和适当的方式。依据宪法和相关法律的规定，各级人大及其常委会对同级审判机关、检察机关的工作有监督权。人大对司法的监督应该是宏观层面的监督，应当是从制度上、机制上纠正和解决问题，促进司法机制的完善，实现社会的普遍公正。

（3）司法机关上下级以及同级之间的监督。我国法律规定了司法机关上下级以及同级之间的监督，这种内部的自我监督也是一种必要的监督，同样是为了保障司法目标的实现。

（4）行政机关、企事业单位、社会团体、民主党派、人民群众也有权依法对司法进行监督。

（5）新闻舆论监督也是实现司法公正必不可少的条件。新闻舆论监督有利于司法的公开，增强司法的透明度，能在一定程度上防止司法偏差、专横和腐败，当然不当的新闻舆论监督也会损害司法独立。

（四）司法责任原则

司法责任原则是指司法机关及其工作人员在行使司法权过程中因违法等原因而依法应承担相应责任的原则。它是根据权力与责任相统一的法治原则而提出的一种权力约束机制，对于实现司法公正、廉洁司法具有重要意义。

司法责任首先通过国家赔偿来实现。国家赔偿是指国家机关及其工作人员因行使职权给公民、法人及其他组织的人身权或财产权造成损害，依法应给予的赔偿。国家赔偿由侵权的国家机关履行赔偿义务。我国建立了较为完善的国家赔偿制度。1989 年 4 月 4 日通过的《行政诉讼法》使国家赔偿的实施有了可操作性。1994 年 5 月 12 日通过并于 1995 年 1 月 1 日实施的《国家赔偿法》真正确立了国家赔偿制度。2010 年 4 月 29 日通过并于 2010 年 12 月 1 日实施的《关于修改〈中华人民共和国国家赔偿法〉的决定》，使得我国的国家赔偿制度得到进一步的完善。为了解决修正后的《国家赔偿法》新旧法律适用上的衔接问题，最高人民法院和最高人民检察院又出台了《最高人民法院关于适用〈中华人民共和国国家赔偿法〉若干问题的解释（一）》（2011 年 3 月 18 日起施行）、《最高人民检察院关于适用修改后〈中华人民共和国国家赔偿法〉若干问题的意见》（2011 年 4 月 25 日施行）等司法解释。2012 年 10 月 26 日第十一届全国人民代表大会常务委员会第二十九次会议通过了《全国人民代表大会常务委员会关于修改〈中华人民共和国国家赔偿法〉的决定》，自 2013 年 1 月 1 日起施行，对部分条款作了第二次修正。另外，最高人民检察院 2010 年 11 月 11 日通过了《人民检察院国家赔偿工作规定》（本规定自 2010 年 11 月 22 日起施行），2014 年 4 月 1 日公安部部长办公会议通过《公安机关办理国家赔偿案件程序规定》（自 2014 年 6 月 1 日起施行），这些解释为解决国家赔偿问题提供了具体的操作规则。

根据法律规定，我国的国家赔偿一般包括行政赔偿、监察赔偿、刑事赔偿和司法赔偿。行政赔偿是指国家行政机关及其工作人员在行使职权时侵犯公民、法人和其他组织的合法权益造成损害，国家对受害人的赔偿。监察赔偿是指国家监察机关及其工作人员行使职权时侵犯公民、法人和其他组织的合法权益造成损害，国家对受害人的赔偿。刑事赔偿是指行使侦查、检察、审判职权的机关以及看守所、监狱管理机关及其工作人员在行使职权时侵犯公民、法人和其他组织的合法权益造成损害，国家对受害人的赔偿。司法赔偿是指人民法院在民事诉讼、行政诉讼过程中，违法采取妨害诉讼的强制措施、保全措施或者对判决、裁定及其他生效法律文书执行错误，造成损害，因而给予的一种有限制的赔偿。司法赔偿适用刑事赔偿的程序。

司法责任主要体现在刑事赔偿责任的承担。刑事赔偿责任的承担需要具备三个条件：①刑事赔偿的前提是该损失必须是由行使侦查、检察、审判职权的机关以及看守所、监狱管理机关及其工作人员在行使职权时的行为所引起的；②必须有客观存在的损害事实，且达到法定的程度或标准；③损害事实与行使侦查、检察、审判职权的机关以及看守所、监狱管理机关及其工作人员在行使职权时的行为有直接因果关系。

依照现行法律规定，并非对所有的损害都给予赔偿，刑事赔偿有一定的范围。《国家赔偿法》第17条、第18条规定，行使侦查、检察、审判职权的机关以及看守所、监狱管理机关及其工作人员在行使职权时有下列侵犯人身权和财产权情形之一的，受害人有取得赔偿的权利：①违反《刑事诉讼法》的规定对公民采取拘留措施的，或者依照《刑事诉讼法》规定的条件和程序对公民采取拘留措施，但是拘留时间超过《刑事诉讼法》规定的时限，其后决定撤销案件、不起诉或者判决宣告无罪终止追究刑事责任的；②对公民采取逮捕措施后，决定撤销案件、不起诉或者判决宣告无罪终止追究刑事责任的；③依照审判监督程序再审改判无罪，原判刑罚已经执行的；④刑讯逼供或者以殴打、虐待等行为或者唆使、放纵他人以殴打、虐待等行为造成公民身体伤害或者死亡的；⑤违法使用武器、警械造成公民身体伤害或者死亡的；⑥违法对财产采取查封、扣押、冻结、追缴等措施的；⑦依照审判监督程序再审改判无罪，原判罚金、没收财产已经执行的。

根据《国家赔偿法》第19条的规定，属于下列情形之一的，国家不承担赔偿责任：①因公民自己故意作虚伪供述，或者伪造其他有罪证据被羁押或者被判处刑罚的；②依照《刑法》第17条、第18条规定不负刑事责任的人被羁押的；③依照《刑事诉讼法》第15条、第173条第2款、第273条第2款、第279条规定不追究刑事责任的人被羁押的；④行使侦查、检察、审判职权的机关以及看守所、监狱管理机关的工作人员与行使职权无关的个人行为；⑤因公民自伤、自残等故意行为致使损害发生的；⑥法律规定的其他情形。

刑事赔偿有严格的程序，具体包括：

1. 赔偿义务机关先行处理程序。赔偿请求人要求赔偿的，应当先向赔偿义务机关提出。赔偿义务机关先行处理是刑事赔偿的必经程序。这一程序有助于减少赔偿环节，使赔偿问题尽快解决，给了赔偿义务机关一个自行解决赔偿问题的机会，同时也可缓解赔偿请求人和赔偿义务机关之间的矛盾。先行处理程序包括两种情况：①赔偿义务机关主动赔偿。《宪法》和《国家赔偿法》明确规定了国家机关在行使职权过程中，侵犯了公民、法人和其他组织的合法权益时，应当履行赔偿义务。对依法应予赔偿的情形，刑事赔偿义务机关应当本着实事求是、有错必纠的原则，主动给予赔偿。②赔偿请求人提出赔偿。赔偿请求人提出赔偿的，赔偿义务机关应当自收到申请之日起2个月内，作出是否赔偿的决定。赔偿义务机关决定不予赔偿的，应当自作出决定之日起10日内书面通知赔偿请求人，并说明不予赔偿的理由。

2. 刑事赔偿的复议程序。赔偿义务机关在规定期限内未作出是否赔偿的决定的，赔偿请求人可以自期限届满之日起30日内向赔偿义务机关的上一级机关申请复议。赔偿请求人对赔偿的方式、项目、数额有异议的，或者赔偿义务机关作出不予赔偿决定的，赔偿请求人可以自赔偿义务机关作出赔偿或者不予赔偿决定之日起30日内，向赔偿义务机关的上一级机关申请复议。复议机关应当自收到申请之日起2个月内作出决定。赔偿义务机关是人民法院的，不必经过复议程序，赔偿请求人即可向其上一级人民法院赔偿委员会申请作出赔偿决定。

3. 赔偿委员会的决定程序。赔偿请求人不服复议决定的，可以在收到复议决定之日起30日内向复议机关所在地的同级人民法院赔偿委员会申请作出赔偿决定；复议机关逾期不作决定的，赔偿请求人可以自期限届满之日起30日内向复议机关所在地的同级人民法院赔偿委员会申请作出赔偿决定。人民法院赔偿委员会处理赔偿请求，采取书面审查的办法。必要时，可以向有关单位和人员调查情况、收集证据。赔偿请求人与赔偿义务机关对损害事实及因果关系有争议的，赔偿委员会可以听取赔偿请求人和赔偿义务机关的陈述和申辩，并可以进行质证。人民法院赔偿委员会应当自收到赔偿申请之日起3个月内作出决定；属于疑难、复杂、重大案件的，经本院院长批准，可以延长3个月。中级以上的人民法院设立赔偿委员会，由人民法院3名以上审判员组成，组成人员的人数应当为单数。赔偿委员会作出赔偿决定，实行少数服从多数的原则。赔偿委员会作出的赔偿决定，是发生法律效力的决定，必须执行。

4. 对刑事赔偿委员会赔偿决定的监督程序。赔偿请求人或者赔偿义务机关对赔偿委员会作出的决定，认为确有错误的，可以向上一级人民法院赔偿委员会提出申诉。赔偿委员会作出的赔偿决定生效后，如发现赔偿决定违反有关法律规定的，经本院院长决定或者上级人民法院指令，赔偿委员会应当在2个月内重新审查并依法作出决定，上一级人民法院赔偿委员会也可以直接审查并作出决定。最高人民检察院对各级人民法院赔偿委员会作出的决定，上级人民检察院对下级人民法院赔偿委员会作出的决定，发现违反有关法律规定的，应当向同级人民法院赔偿委员会提出意见，同级人民法院赔偿委员会应当在2个月内重新审查并依法作出决定。

法律规定了赔偿义务机关赔偿后的追偿制度。根据《国家赔偿法》第 17 条、第 31 条的规定，赔偿义务机关赔偿后，应当向有下列情形之一的工作人员追偿部分或者全部赔偿费用：①刑讯逼供或者以殴打、虐待等行为或者唆使、放纵他人以殴打、虐待等行为造成公民身体伤害或者死亡的；②违法使用武器、警械造成公民身体伤害或者死亡的；③在处理案件中有贪污受贿，徇私舞弊，枉法裁判行为的。

司法责任还体现在对司法人员实行的办案责任制和监督管理责任上。党的十八届三中全会提出"完善主审法官、合议庭办案责任制，让审理者裁判，由裁判者负责"。四中全会提出"完善主审法官、合议庭、主任检察官、主办侦查员办案责任制，落实谁办案谁负责"。中央《关于司法体制改革试点若干问题的框架意见》要求"主审法官、合议庭法官在各自职权范围内对案件质量终身负责"。

为贯彻落实党的十八届三中、四中全会精神和中央司法体制改革的总体部署，2015 年 9 月 25 日最高人民检察院发布《关于完善人民检察院司法责任制的若干意见》。该意见明确检察人员应当对其履行检察职责的行为承担司法责任，在职责范围内对办案质量终身负责，该意见根据检察人员主观上是否存在故意或重大过失，客观上是否造成严重后果或恶劣影响，将司法责任分为故意违反法律法规责任、重大过失责任和监督管理责任。根据该意见的规定，检察人员在司法办案工作中故意实施违背职责的行为，或有重大过失，怠于履行或不正确履行职责造成严重后果的，应当承担故意违反法律法规责任或重大过失责任；负有监督管理职责的检察人员，因故意或重大过失怠于行使或不当行使监督管理权，导致司法办案工作出现严重错误的，应当承担监督管理责任。司法办案工作中虽有错案发生，但检察人员履行职责中尽到必要注意义务，没有故意或重大过失的，不承担司法责任。

对经调查属实应当承担司法责任的人员，根据《检察官法》《检察人员纪律处分条例（试行）》《检察人员执法过错责任追究条例》等有关规定，分别按照下列程序作出相应处理：

（1）应当给予停职、延期晋升、调离司法办案工作岗位以及免职、责令辞职、辞退等处理的，由组织人事部门按照干部管理权限和程序办理；

（2）应当给予纪律处分的，由人民检察院纪检监察机构依照有关规定和程序办理；

（3）涉嫌犯罪的，由人民检察院纪检监察机构将犯罪线索移送司法机关处理。

2015 年 9 月 21 日，最高人民法院发布《关于完善人民法院司法责任制的若干意见》。根据该意见的规定，审判责任主要是指违法审判责任。法官在审判工作中，故意违反法律法规的，或者因重大过失导致裁判错误并造成严重后果的，依法应当承担违法审判责任。负有监督管理职责的人员等因故意或者重大过失，怠于行使或者不当行使审判监督权和审判管理权导致裁判错误并造成严重后果的，依照有关规定应当承担监督管理责任。

对应当追究违法审判责任的相关责任人，依照《法官法》等有关规定进行处理：

（1）应当给予停职、延期晋升、退出法官员额或者免职、责令辞职、辞退等处理的，由组织人事部门按照干部管理权限和程序依法办理；

（2）应当给予纪律处分的，由纪检监察部门依照有关规定和程序依法办理；

（3）涉嫌犯罪的，由纪检监察部门将违法线索移送有关司法机关依法处理。

免除法官职务，必须按法定程序由人民代表大会罢免或者提请人大常委会作出决定。

第三节 执　法

一、执法的概念与特征

（一）执法的概念

执法有广义和狭义两种含义。广义的执法包括司法，我们经常讲的"有法可依、有法必依、执法必严、违法必究"里的"执法"就是广义的。狭义的执法专指国家行政机关及其工作人员及授权组织依照法定职权和程序，贯彻和实施法律的活动。

（二）执法的特征

1. 执法的主体是国家行政机关和所属的公职人员，以及法律授权和委托的组织及人员。行政执法主体可分为职权性执法主体、授权性执法主体和委托执法主体。职权性执法主体是指根据宪法和行政机关组织法的规定，在本机关依法成立时就拥有相应的行政职权并同时获得行政主体资格的行政组织，包括各级人民政府和各级政府中享有执法权的下属机构——行政部门。哪些行政部门可以成为执法主体，取决于有关组织法和具体行政法律的规定。授权性执法主体是指根据宪法和行政机关组织法以外的单行法律、法规及规章的授权规定而获得行政主体资格的组织。委托执法主体实际上不是法定执法主体，而是职权性执法主体的委托行为。委托执法实际上是行政执法主体自身作出的一种职务活动。委托的执法权必须是委托机关本身固有的权力，其他机关的执法权不能予以委托，委托机关要承担相应的责任，而不是由被委托组织承担。通过委托，被委托组织虽然获得了一定行政执法权，但却是代表委托机关来行使的。由于它不能以自己的名义作出具体行政行为，其本身又不承担相应的执法责任，因此，它不能行使行政执法主体的某些特定权力。被委托组织执法权的行使要受到委托机关的某些限制，委托机关因要承担被委托机关的执法责任，因而有权对被委托组织的执法活动进行监督。

2. 执法内容具有广泛性，涉及社会事务各个方面。执法是以国家名义对社会实行全方位的组织和管理，涉及国家社会、经济生活的各个方面，包括政治、经济、外资、国防、财政、文化、教育、卫生、科学、社会福利、公用事业等各个领域，内容十分广泛。

3. 执法活动具有单方面性。在执法中，执法主体与行政相对人形成行政法律关系，行政执法主体既是一方当事人，又是执法者。行政机关代表国家，在行政法律关系中居支配地位，其意思表示和处分行为对于该法律关系具有决定的意义。行政行为虽然是双方或多方的行为，但仅以行政机关单方面的决定而成立，不需要行政相对人的请求和同意，例如国家行政机关依法对市场进行监督检查等。

4. 执法活动具有主动性。执法是行使执法权的活动，是为了实现国家行政管理职能的一种活动。它必须依职权积极自觉地采取行动，否则，就可能构成失职或是玩忽职守。执法权不仅仅是权力，也是必须履行的职责，因此执法必须主动进行。当然，执法的主动性，必须是依法的主动；没有法律依据，则不得主动。

二、执法的原则

（一）合法原则

合法原则，即依法行政原则，是指国家执法主体在行政管理中要严格依法办事。执法之所以要求遵守依法行政原则，一是因为这是法治的必然要求，是实现法治的关键，即实现政府法治。二是有利于防止行政权力的滥用。法律是对行政权力行使的一种控制。

合法原则要求做到：

1. 执法的主体合法。执法主体应有相应的执法权。执法权的获得途径有：一是根据法定程序合法产生和获得；二是根据法定的授权而产生和获得。执法主体必须在享有的权限范围内行使职权，不能超越权限范围，不能滥用权力。

2. 执法的内容合法。执法活动本身要具有合法性。执法的内容合法，是指执法行为所涉及的权利、义务以及对这些权利、义务的影响或处理，均应符合法律、法规的规定和社会公共利益。

3. 执法的程序必须合法。执法必须严格按程序来进行。程序对于执法目标的实现具有重要的价值。一般来讲，人们都希望得到更多的利益，但由于社会主体自身的差别，也由于资源的有限性，不可能使所有社会成员都能够得到满意的分配结果。结果的公正往往存在着一个不确定的问题，而程序的确定性是显而易见的。因此程序公正是实现结果公正的重要途径。

（二）合理原则

合理原则是指执法主体在执法活动中，特别是在行使自由裁量权时，必须合理、公正，符合法律的精神和目的，与社会生活的常理一致，这要求各种行政措施的采取都要在合法的条件下，同时做到符合科学规律、社会公德、法律目的和公共利益。

法治要求依法办事，但依法办事只是法治的一个方面，法治强调的是主要靠法律来调控社会，实现法的目标，法的目的的实现是法治的主要追求。另外，无论是否明确规定执法权的权限幅度，总会有一定的弹性，执法要适当，而不是仅仅在法律的范围内就可以。因此执法不仅要合法，依法办事，同时也要合理。

合理原则的基本要求是要做到不偏不倚，适当地处理行政管理事务。合理具体体现为适宜、恰当、合情、公正、平等，即法治追求的法的目的的实现。对不适当、不合理等显失公平的，应通过法定程序及时予以纠正。

从另外的角度来看，合理意味着正确行使自由裁量权，意味着要严格禁止滥用自由裁量权。自由裁量权是由法律本身的特点和执法要面对的复杂现实情况决定的。法律无论怎样规定都会存在一定的弹性，同时法律规范并不能做到有针对性地解决问题。然而，社会中需要解决的问题是复杂的，因而赋予执法主体自由裁量权是应对实际问题，实现执法目标的要求。在现实法律实践中，自由裁量权可能会被滥用，自由裁量权的灵活性和对自由裁量权的约束机制不完备是其被滥用的主要原因。正确地行使自由裁量权须遵循以下原则：

1. 符合立法目的。任何法律法规在授予自由裁量权时，都有其内在目的。在行使自由裁量权时，必须正确理解授权机关的立法意图和精神实质。反之，即构成滥用自由裁量权。如为罚款而罚款，为完成罚款任务而执法，即属此种情形。

2. 考虑相关因素。在行使自由裁量权时，必须考虑到一切应当考虑的因素，进而作出综合判断。

3. 基于正当的考虑。如果具体的执法行为并不是经过慎重的理性思考与衡量的过程，而是凭着主观直觉或臆断作出自由裁量决定，则有违自由裁量权的正确行使。如当事人违法事实轻微，却被处以最高额的处罚，显属对自由裁量权的滥用。

4. 不得滥用程序，包括不正当的迟延和采取不正当的步骤、方式等。如在法律没有明确规定具体执法行为期限的情况下，无故拖延或置之不理。

5. 符合社会客观规律。

6. 符合情理，包括对当事人是否平等对待，运用自由裁量权的行为之间是否保持一定的连续性。

7. 比例适度原则。行政主体实施行政行为应兼顾行政目标的实现和保护相对人的权益，如果行政目标的实现可能对相对人的权益造成不利影响，则这种不利影响应被限制在尽可能小的范围和限度之内，二者有适当的比例。[1]

（三）效率原则

效率是法律的基本价值，法律制度和法律的实施都要体现效率。在执法中贯彻效率原则要做到迅速及时、准确和有效。

1. 迅速、及时。即要求执法要快，不能拖延。具体应注意：一要在法律的时效范围内。执法要快首先是要按法定的时限执法，在法定时限范围内尽量地快。二要不超越法律程序。快并不意味可以省略法定的程序。总之，迅速、及时要在法律的范围内，而不能超越法律，破坏法治原则。

2. 准确。效率要在准确执法的前提下，而不仅仅是执法的快速。准确表现为合法、合情、合理，不显失公平。

3. 有效。即要有实际效果，产生一定的利益。如果执法的结果没有产生任何利益，也就违背了执法的意义和法治的要求。因此，执法要求双方获益或至少有一方主体获益。同时执法应尽量降低成本，提高效率。

第四节 法律解释

一、法律解释的含义

法律解释的含义有多种理解。探讨有关问题需要限定其含义，才不至于发生混乱和误解。什么是法律解释？迄今为止，我国的各种法学教科书尚未就其定义形成通说。有学者采用广义概念，认为：法律解释指社会主体对法律的规定和涵义所作的理解与说明。有的从狭义上去定义，认为：法律解释是指有权的国家机关依照一定的标准和原则，根据法定权限和程序，对法律的字义和目

---

〔1〕 参见姜明安主编：《行政法与行政诉讼法》，北京大学出版社、高等教育出版社 1999 年版，第 41 页。

的所进行的阐释。[1] 广义概念更具有内涵和外延的准确性和逻辑上的严谨性，因而我们采用广义的概念，即法律解释是指对法律的内容和含义所做的说明。

二、法律解释的种类

从广义的角度来看，根据不同的标准，可将法律解释分为：正式解释和非正式解释；字面解释、扩张解释和限缩解释。

（一）正式解释和非正式解释

法律解释根据解释主体和解释的效力不同可以分为正式解释与非正式解释两种。

1. 正式解释。通常也叫法定解释，是指由特定的国家机关或其他有解释权的人对法律作出的具有法律上约束力的解释。正式解释有时也称有权解释。根据解释的国家机关的不同，正式解释又可以分为立法解释、行政解释和司法解释。

（1）立法解释。从狭义上说，立法解释专指国家立法机关对法律所作的解释。从广义上说，则泛指所有依法有权制定法律、法规的国家机关或其授权机关，对自己制定的法律、法规进行的解释。这里所说的立法解释是广义的，它包括：全国人大常委会对宪法的解释，以及对需要进一步明确界限或作补充规定的法律的解释；国务院及其主管部门对自己制定的需要进一步明确界限或作补充规定的行政法规的解释；省、自治区、直辖市和其他有权制定地方性法规的地方的人大常委会对自己制定的需要进一步明确界限或作补充规定的地方性法规的解释。

（2）行政解释。行政解释是指国家行政机关在依法行使职权时，对有关法律、法规如何具体应用所作的解释。

（3）司法解释。司法解释是指国家最高司法机关在适用法律、法规的过程中，对如何具体应用法律、法规的问题所作的解释。司法解释分为审判解释和检察解释两类。审判解释是由最高人民法院对人民法院在审判过程中具体应用法律问题所作的解释。检察解释是指由最高人民检察院对人民检察机关在检察工作中具体应用法律问题所进行的解释。如果审判解释与检察解释有原则性分歧，则应报请全国人民代表大会常务委员会解释或决定。

2. 非正式解释。一般是指由学者或其他个人及组织对法律规定所作出的学术性和常识性的解释。这种解释不具有法律效力，不能作为执法的依据，但它对于执法机关正确适用法律，加强和完善法制，增强人们的法律意识，推动法学研究具有重要的作用。非正式解释通常包括学理解释和任意解释两种。

---

〔1〕 参见张文显主编：《法理学》，法律出版社2007年版，第250页。

（1）学理解释。学理解释是由教学机构、学术团体、法学家和法学工作者在学术研究、法学教学和法制宣传教育中对法律进行的解释。

（2）任意解释。任意解释是指司法活动中的当事人及其代理人、律师对于法律的解释和公民在日常生活中对法律的解释。

（二）字面解释、扩张解释和限缩解释

根据解释尺度不同，法律解释可分为字面解释、扩张解释和限缩解释三种。

1. 字面解释。这是指严格按照法律条文字面的通常含义解释法律，既不缩小，也不扩大。

2. 扩张解释。扩张解释是指当法律条文所表现的文义过于狭窄，不足以体现立法的真实意思，可扩张法律条文的含义加以解释。但不能随意扩张，扩张解释的根据是法律条文的立法本意，必须以立法意图、目的和法律原则为基础。这种解释的含义比字面上要宽。例如：法律上使用的"领土"一词包括领陆、领水、领空；《宪法》第33条第2款规定"中华人民共和国公民在法律面前一律平等"，这里的"法律"一词应作广义解释；"法律面前人人平等"，此处的"法律"解释为一切法律渊源；"父母子女有相互继承财产的权利"，这里对"子女"要作扩大解释，被收养的子女也有权继承。又如最高人民法院有关文件把"抢劫正在使用中的运钞车"视为抢劫金融机构的解释。

3. 限缩解释。这一解释方法与扩张解释正好是相反的。当法律条文含义过宽，把本不应该适用的事实包括进去了，这时就要对法律条文的含义进行缩小解释。限缩解释的例子如：1980年《婚姻法》第15条第1款规定："父母对子女有抚养教育的义务；子女对父母有赡养扶助的义务。"前者所说的"子女"应限制在未成年且不能独立生活或丧失劳动能力的子女，后者所说的"子女"应限制在已成年和具有劳动能力的子女。又如："公民有依法服兵役的义务"，这里的"公民"也应作限缩解释。

三、法律解释的必要性

法律解释是法律运用不可缺少的环节，同时，对法律完善也有重要的意义。著名法学学者季卫东指出："无论立法者多么高明，规章条文也不能网罗一切行为准则，不能覆盖一切具体案件。因此，在某种意义上可以认为：法律本身的天然局限性就是法律解释学的根源。反过来说，法律只有通过解释来发现、补充和修正，才会获得运用裕如、融通无碍的弹性。"[1] 法律解释的必要性表现为：

1. 将一般的法律运用于具体的情况需要法律解释。法律是概括的、抽象的，

---

〔1〕 季卫东："法律解释的真谛（上）——探索实用法学的第三道路"，载《中外法学》1998年第6期。

只有经过解释，才能成为具体行为的规范标准。法律不可能与具体社会现实一一对应，它提供的是一般的法律规范，将其运用到具体的生活中离不开解释，非经解释是不能运用的。

2. 法律具有相对的稳定性，只有经过解释，才能适应不断变化的社会需求。法律为了维护其权威性和可预期性必须有稳定性，不能随时变动以应对生活的变化。但是法律是为社会生活服务的，法律为了实现其目标，可以通过解释来适应社会的发展变化的需要。

3. 人的能力是有限的，只有经过不断的解释，法律才能趋于完善。法律制定需要人来完成，但人的认识和表达能力是有限的，对社会生活可能把握不了或不能正确认识，或不能正确表达法律，这样的立法必然会有缺陷，法律解释可以弥补这些缺陷。

四、法律解释与法律职业能力培养

法律职业能力是法律职业者应该具备的能力，其范围相当广泛，可以将其分为非法律能力和法律能力两个方面。

非法律能力包括交际能力、写作能力、口才、计算机操作能力、自我提高及创新的能力、组织管理能力和信息处理能力等。

法律能力有两个方面，即研究法律问题的能力和运用法律处理实际问题的能力。运用法律处理实际问题的能力主要包括：对法律规则和法律事实的识别；法律解释、法律推理、证据调查及运用、法律文书制作、驾驭运用法律文献资源等。以上运用法律的能力其实是两个方面：一是确定事实的能力，包括收集证据的能力、审查判断证据的能力、综合运用证据确定案件事实的能力；二是运用法律的能力，包括找法的能力、理解法的能力、把法运用到实际的能力。

王泽鉴先生曾指出法律人的主要工作在于解释，法律解释是法律人应学习掌握的能力、技巧。[1] 法律解释是与法律职业能力直接联系的领域。法律解释对于法律职业能力培养提高而言，首先，它是法律学习和实践的关键领域。传统法学其实是法律解释学。我们现在学习法律其实主要是在解释法律。其次，法律解释能力是法律适用者能力的核心。找法的过程实际上是理解法律的过程。理解法律的过程实际上是法律解释的过程。因此，法律解释能力是法律适用者能力的核心和关键。最后，法律研究者也离不开法律解释。研究法律要认识现有法律，然后才能知道其问题，提出改进意见；这种认识其实是对法律的解释。有的研究其实就是对法律进行解释。

---

〔1〕 王泽鉴：《民法总则》，中国政法大学出版社 2001 年版，第 403 页。

五、法律解释原则

正确运用法律，需要对法律有正确理解，也就是要作出恰当的法律解释。正确的法律解释的获得并不是容易的事情。要作出恰当的解释，首先必须遵循一定的原则。法律解释的原则主要有：

1. 合法性原则。合法性原则，是指法律解释应该合乎法律的规定和基本精神。它包括三个方面的基本要求：①法律解释应该按照法定权限和程序进行，不得越权解释。对于正式解释来讲，我国相关法律对其解释主体、解释权限和程序作了相应的规定，必须依法进行解释。②对低位阶法律的解释不得抵触高位阶的法律。上位法优于下位法是一个基本规则，它是法律体系内部和谐一致的保证。③对法律概念和规则的解释与法律原则必须保持一致。法律规则是法律原则的具体化，法律原则同样属于法的一部分，因此法律解释要与法律原则一致。

2. 合理性原则。合理在此是指合乎情理、公理、道理。其要求是：①要符合社会现实和社会公理。②坚持尊重公序良俗。③顺应客观规律和社会发展趋势，尊重科学。④要以党的政策和国家政策为指导。

3. 历史与现实相统一的原则。法律解释需要结合法律制定时的历史背景，深入了解立法意图，把握立法原意，同时也要结合社会现实的需要，因为法律是为社会服务的，社会发生变化，法律也要关注因社会变化而产生的新的需要。

六、法律解释方法

法律解释方法是指确定某一法律规范及其含义的手段和方法。对法律职业者而言，法律解释方法对于解释能力的提高有直接的意义。法律解释方法有助于快速找到并准确地理解法律，从而能正确有效地运用法律处理实际法律问题。

对于法律解释方法的种类，学者们有不同的划分。法学家梁慧星把法律解释方法分为狭义法律解释的方法和法律漏洞补充（包括价值补充）的方法两大类。狭义法律解释包括文义解释、论理解释、比较法解释和社会学解释。其中论理解释又可分为体系解释、法意解释、扩张解释、限缩解释、当然解释、目的解释和合宪解释。[1]

多数学者认为，法律解释方法一般包括文义解释、逻辑解释、历史解释和目的解释四种。根据解释尺度或结果的不同，又可分为字面解释、限缩解释和扩张解释三种。

（一）常用的狭义的解释方法

1. 文义解释。文义解释是法律解释首先要采用的方法，也是法律解释中最

---

〔1〕 参见梁慧星：《民法解释学》，中国政法大学出版社1995年版，第213～297页。

为古老的方法。文义解释，又称语法解释、文法解释、文理解释，是指从法律条文的文字、语法来理解其含义的解释方法。该解释方法可以用以下具体方法来确定法律条文的字面含义：

（1）根据日常语言文字的含义来确定法律的含义。法律要用语言来表达，立法者表达法律不可能全用法言法语，法律语言中有许多来自日常生活。因此，在解释法律文本的时候，应当根据语法规则，用日常语言文字中的最常用、最自然、最明显的含义来解释法律。

（2）掌握法律专业术语的特定含义。法律发展趋势越来越专门化、职业化，因此，法律不可避免地要出现法言法语。法律专业术语的含义不同于日常语言的字面含义。如"罚金"与"罚款"：罚金是一种刑罚，而罚款则是一种行政处罚，但在日常语言中有时却是通用的。又如"善意"在法律上不是指慈善心肠，而应解释为"不知情"。"不动产"，在法律上不仅指土地，还包括土地上的定着物。对于这类法律专业术语的解释通常属于正式解释，一般应先由立法者进行定义。在实施法律的过程中，对有关的法律专业术语进行解释的时候，应当遵循立法者的界定。有时会出现一些应当界定的法律专业术语而没有界定的情况，司法者就需要对此作出界定。

（3）根据语境确定字面含义。一词多义是语言的常见现象。维特根斯坦指出"语义即用法"，有时为了确定一个字或词的含义，需要结合它的语境或上下文甚至整部法律来解释。

（4）根据个别事物与一般性用语的连用，确定包括所有同一种类的项目。比如，如果法条写作"猫、狗和其他动物"，这里的"其他动物"应当解释为包括所有其他宠物。

（5）以类别中明文提及者为限。如果法律中明文提及某类东西中的一些具体项目，但没有以一个一般性的类概念结尾，可以解释为它无意包括同一类别中未被提及者。例如："周末与节日"，其中没有提及工作日，因此应当解释为不包括工作日。

（6）注意法律条文中的语言含义的变化。例如"投机倒把"，在计划经济体制下，是一个贬义词，泛指带有营利性的经商活动。近年来已发展到仅指现行法律规定的扰乱社会经济秩序的行为。

对于绝大部分法律规范来说，运用字面含义进行解释就已经能够满足法律适用的要求。但文义解释不管结果是否公正，而法律是追求公正的，因此文义解释有其局限性。

2. 历史解释。历史解释是指通过研究有关立法的历史资料或从新旧法律的对比中了解法律的含义。有关立法的历史资料包括：关于制定法律的提案说明，关于审议法律草案的说明，关于讨论、通过法律草案的记录和其他有关文献等。

采用历史解释方法，主要是探求法律是怎么进入法律体系的，立法者是基于哪些价值作出立法决定的，从而理解法律。

在主观说盛行的时期，这种方法曾经扮演过重要角色。现在，历史解释已经不像以前那么重要。文义解释有划定解释范围的功能，即解释不应超出字面含义可能覆盖的范围。历史解释是在文义解释划定的范围内进一步限定，在给定的历史条件上确定法律的含义。

3. 体系解释。体系解释，又称逻辑解释、系统解释，即把某个法律条文放在整个法律体系中，根据它在这个体系中的地位确定该条文的含义。

体系解释的根据在于法律具有逻辑性，是一个体系化的整体。"一种法律文本，一项法律，应该是毫无矛盾的，这样它才能够被均衡和不随心所欲地加以应用。一种矛盾的法的制度违反正义的要求，正义要求对所有的人都应有统一的标准。"[1] 这种解释的哲学基础来自于解释学的"从个别理解整体，从整体理解个别"。

体系解释的操作，应注意：

（1）应当综合考虑条文之间的相互关系。法律条文的表达要求简洁、清晰。这样立法的人才可以适用不同的法律规则，诸如确定性规范、委任性规范和准用性规范。在解释法律条文的时候，也应考虑到它们的照应关系。

（2）应当考虑法律条文在情事上的同类性或一致性。

（3）应当运用法条竞合的规则解决可能出现的法条之间的矛盾，即运用高位阶法优于低位阶法，特别法优于普通法，后法优于前法的规则。

有的学者将体系解释做了细分，分成逻辑解释和系统解释两种。逻辑解释是指运用形式逻辑的方法分析法律规范的结构、内容、适用范围和所用概念之间的联系，以保持法律内部统一的解释方法。系统解释，是用系统的方法进行的解释。

体系解释的几个例子如：

例一：生产假化肥案件中的"假化肥"不属于《刑法》第140条规定的"生产者、销售者在产品中掺杂、掺假，以假充真，以次充好或者以不合格产品冒充合格产品"中的"产品"范畴。因为《刑法》第147条对"生产假农药、假兽药、假化肥"有专门规定。

例二：我国《刑法》第6条第1款规定："凡在中华人民共和国领域内犯罪的，除法律有特别规定的以外，都适用本法"；第2款规定："凡在中华人民共

---

〔1〕 〔德〕H. 科殷著，林容远译：《法哲学》，华夏出版社2002年版，第208页。

和国船舶或者航空器内犯罪的，也适用本法"。从系统解释的角度，可以得出在中华人民共和国注册的船舶或者航空器并不包括在中华人民共和国的"领域内"，而只是可以适用中华人民共和国刑法的结论。

例三：《全国人民代表大会和地方各级人民代表大会选举法》规定：年满18周岁的公民具有选举权，根据逻辑解释即可理解为"不满18周岁的公民不具有选举权"。

4. 法意解释。法意解释就是以探求立法者的原意是什么来进行解释。可以从以下材料中探寻：立法机关的说明；立法文件；法律起草和制定中的有关资料（如立法理由书、草案和审议记录等）。

5. 目的解释。目的解释是指以立法目的作为根据来解释法律规定的方法。人是有目的的动物，法律也是有目的的。德国法学家耶林指出，"目的是法的创造者，而目的就是利益，利益又有个人的和社会的，两者不可偏废"；"全部法的缔造者是目的"，"不是法的逻辑优先，而是生活的价值优先"。

目的解释是很自由的，解释者不必拘泥于字面含义。在出现法条矛盾而用体系解释的方法不能奏效时，目的解释的方法可以帮助人们获得对法律的正确理解。

目的解释首先要确定法律的目的。法律目的如何找寻？这涉及法律目的的表现形式。法律目的的表现形式有明示的法律目的和体系化的目的。有些法律目的以宪法原则或基本法律的原则的形式表现出来，像人权、平等、诚实信用等。为了确定法律的目的或者为了发展法律的目的，往往需要考虑法律之外的因素，包括政治、经济、文化、社会情势、公共政策、各种利益等。

有的学者就将目的解释分为目的解释和当然解释两种。当然解释是指在法律没有明文规定的情况下，根据已有的法律规定，某一行为当然应该纳入该规定的适用范围时，对适用该规定的说明。当然解释的基本法理依据是"举重以明轻，举轻以明重"。如禁止小汽车通行的街道，正常情况下当然禁止拖拉机通过。再如：《刑法》第201条规定"5年内因逃避缴纳税款受过刑事处罚或者被税务机关给予二次以上行政处罚"又逃避缴纳税款的，构成逃税罪，那么，认为因逃避缴纳税款给予三次、四次行政处罚又逃避的构成逃税罪，则是当然解释。

目的解释的几个例子如：

例一：2005年8月全国人大常委会对《妇女权益保障法》进行了修正，增加了"禁止对妇女实施性骚扰"的规定，但没有对"性骚扰"予以具体界定。2007年4月，某省人大常委会通过《实施〈中华人民共和国妇女权益保障法〉办法》，规定"禁止以语言、文字、电子信息、肢体等形式对妇女实行骚扰"。

关于该《办法》对"性骚扰"进行的解释，我们可以看出这也是从制定该法律的目的来解释法律的，属于目的解释。

例二：法官甲认为，持仿真手枪抢劫系《刑法》第263条规定的持枪抢劫，而且立法者的立法意图也应是这样。因为如果立法者在制定法律时不将仿真手枪包括在枪之内，就会在该条款作出例外规定。根据该条款，持枪抢劫是抢劫罪的加重理由，应处10年以上有期徒刑、无期徒刑或者死刑。法官乙认为，持仿真手枪抢劫不是《刑法》第263条规定的持枪抢劫，而且立法者的意图并不是法律本身的目的。刑法之所以将持枪抢劫规定为抢劫罪的加重事由，是因为这种抢劫可能造成他人伤亡，因而其危害性大，而持仿真手枪抢劫不可能造成他人伤亡，因而其危害性并不大，故对此行为量刑上可以从轻考虑。甲、乙两种解释实际上都是目的解释，只不过乙的解释结合立法者的立法目的而转移到法律本身应达到的目的。

例三：根据《道路交通安全法实施条例》第62条第3项的规定，驾驶机动车不得有拨打接听手持电话、观看电视等妨碍安全驾驶的行为。有一期电视节目的抢答题问：《道路交通法实施条例》禁止在驾车时打手机，是否也包括不能用蓝牙耳机接听打来的电话？根据目的解释，显然是不能的。

目的解释也不是万能的。因为，确定目的不易，对目的的理解，也是仁者见仁，智者见智，公说公有理，婆说婆有理。

6. 合宪解释。合宪解释是指以宪法及位阶较高的法律规范解释位阶较低的法律规范的一种解释方法。其依据是合宪性原则和上位法优于下位法的原则。

7. 比较法解释。比较法解释，是指用国外的规定和判例来解释本国的法律条文。比较是认识的基本途径和方法，法律解释之所以可以用比较法解释，更主要的原因是各国法律的相互借鉴而使法律趋同化。

8. 社会学解释。社会学解释指运用社会学上的目的衡量、利益平衡、效果分析等方法进行法律解释的方法。

9. 反对解释（又称反面解释）。反对解释就是根据法律条文的正面表述，推导其反面含义的解释。其实际上是从逻辑角度来分析的。如《刑法》第50条前段规定，判处死缓在缓期执行期间没有故意犯罪的，"2年期满以后，减为无期徒刑"。据此，缓期执行期间没有满2年的不得减为无期徒刑，此即反对解释。

（二）广义的法律解释方法

广义的法律解释方法还包括法律漏洞补充方法和价值补充（或价值衡量）方法。

1. 法律漏洞补充方法。法律漏洞，是指现行法体系上存在影响法律功能且

违反立法意图的缺陷。通俗地说即该有的法律没有，不该有的法律有了。但法律漏洞不是法外空间，法律不可能调整一切社会关系，法律不调整的领域即法外空间。

法律漏洞补充方法具体包括：

（1）依习惯补充。这是首要的方法，依习惯包括依交易习惯、行业习惯和地方习惯。

（2）类推适用。是指采用类似案件的法律规则裁判案件。类推符合相似情况相似对待，符合法律平等的原则。类推不是所有案件都适用。在我国刑事司法领域内，一般是不适用类推的。我国1979年《刑法》规定的类推适用，存在多年后被1997年《刑法》所取消，原因就在于在刑事领域如果适用类推解释，违背罪刑法定原则。而在民事领域，一般允许类推。但从总体来看，这种解释方法在许多国家都是不受鼓励的。

（3）目的性扩张。即条文按其适用范围和立法本意均不包括本案，但适用该条文裁判本案符合该条文的立法目的的，扩张适用有关法律条文。

（4）目的性限缩。是指一个法律条文的文义太宽，将不应该适用的案件包含在内，而按照该条文的立法目的，是不应该包括这类案件的，故排除该类案件的适用。

（5）直接适用诚实信用原则。即以诚实信用原则作为评价标准，以衡量本案事实。

2. 价值补充或价值衡量方法。在案件事实查清后，不急于寻找本案应适用的法律规则，而是综合把握案件的实质，结合社会环境、经济状况、价值观念等，对双方当事人的利害关系作比较判断衡量，作出案件当事人哪一方应当受保护的判断，此项判断称为实质判断。在实质判断基础上，再寻找法律上的依据。这种方法即价值补充或价值衡量方法。

七、法律解释方法的适用规则

各种法律解释方法有没有某种位阶关系（这种位阶关系可以决定它们的适用顺序）？这就是法律解释规则所要回答和解决的问题。学界普遍认为有一定的规则。没有规则，法律解释必然是任意、随意的，法律的统一性、客观性也将无法保障，影响到法律公正的实现。

梁慧星教授在其著作《民法解释学》中对法律解释方法的运用应遵循的大致规律进行了总结：

1. 任何法律条文之解释，均必须从文义解释入手，亦即在顺序上应首先应用文义解释方法。

2. 经采用文义解释方法，若无复数解释结果存在之可能性时，不得再运用其他解释方法；只在有复数解释结果存在之可能性时，方能继之以论理解释。

3. 在作论理解释时应先运用体系解释和法意解释方法，以探求法律规范意旨。在确定法律意旨的前提下，可继之以扩张解释或限缩解释或当然解释，以判明法律之意义内容。若仍不能完全澄清法律文义之疑义时，应进一步作目的解释，以探求立法目的，或在用上述方法初步确定法律意义内容后，再作目的解释，以立法目的检查、确定之。法律规范意义内容确定后，可再以合宪性解释，审核其是否符合宪法之基本价值判断。

4. 倘若经采用论理解释各种方法，仍不能确定解释结论，可进一步作比较法解释或社会学解释。

5. 所作解释，不得完全无视法条之文义。

6. 经解释存在相互抵触之解释结果，且各种解释结果均言之成理，持之有据时，则应进行利益衡量或价值判断，从中选出具有社会妥当性的解释结果，作为解释结论。

应当说，梁慧星教授的分析较为综合、客观，也具有较强的实用性。尽管在法律规则上有不同观点，但在以下几点上基本是一致的：法律解释以文义解释为起点；目的解释统领各种解释方法，是最后的方法；体系解释、合宪性解释对法律解释的结果的衡量起着重要作用；比较解释和社会学解释自由度大，是辅助的方法；各种解释方法有大致顺序，但不存在一个固定的顺序。

八、法律解释能力的培养

法律解释能力是法律职业者必须具备的基本能力，是法律职业能力的核心，它不仅关系到能否准确理解和运用法律，关系到法律的目标能否实现，也关系到法律职业者核心的职业竞争能力，因此是法律职业者必须重视培养的一种基本能力。没有这一能力，法律职业能力也就成了空谈。特别是把法律职业能力作为教育中心的高等法律职业教育，更应重视法律解释能力的培养。如何有效地培养、提高这一能力，是一个复杂且不容易解决的问题，同时也是一个法律界和教育界关注不多的问题。法律解释能力的培养需要多方面的努力。法律解释能力培养一般应注意以下几点：

1. 深入学习法律解释，把握解释原则、规则和方法。法律解释能力直接表现为对法律解释原则、规则、方法的正确把握，因此，法律解释的原则、规则、方法对法律解释能力的提高有直接的影响。可以说，掌握了法律解释的原则、规则、方法，也就具备了法律解释能力。缺乏对其认识和训练是不可能掌握法律解释技能的。只有真正掌握了法律解释的原则、规则、方法，才能具备法律解释能力。因此法律解释原则、规则、方法的学习掌握是培养法律解释能力的最为关键的部分。

2. 学好法律理论，打好法律功底。法律解释是在法律的基本精神和目的的统领下进行的。正确的解释体现法律的基本精神和目的，而法律的基本精神和目的是法律理论的基本内容。

3. 熟悉法律规定，积累已有的正确解释。虽然法律适用中的法律解释是针对个案的，但对法律规定的理解有助于针对个案的解释。法律解释方法的把握也需要平时积累。作为法律解释者，在平时对法律规定进行学习的时候，应有意识地注意运用法律解释方法把握法律规定的准确含义。这有助于碰到实际法律问题时快速准确地理解法律规定。针对实际问题的解释有一定的时间要求，平时的积累能够帮助我们快速、准确地作出法律解释，从而解决问题。

4. 学好语言。法律是用语言来表达的，因此法律解释可以理解为是一种对语言的理解，当然会存在很多不同的地方，文义解释是一种常用的基本的解释方法，语言掌握得好非常有助于对法律的理解。

5. 懂一点解释学。法律解释学是解释学的分支，所以，其也要大量运用解释学的方法。例如，解释学理论中的前见理论、解释学循环等，在法律解释中也经常被采用。

6. 学习法律相关知识。理解法律不仅要认识法律本身，同时也要关注法律背后的东西。法律是在多种因素影响下形成的，因此，不了解法律的相关知识，是不可能真正理解法律的。

7. 关注现实的发展变化。法律为社会服务，社会的发展变化使得社会的需求必然会发生变化，对法律的理解也会或多或少发生一些变化。

8. 练习和实践，积累解释经验。能力的培养离不开实践锻炼，法律职业能力的培养也是如此，而且，可以说法律职业能力的提高主要还是靠实践。法律从业者可能都深刻体会到法律能力主要靠实践来获得，当然这里并不是要否定学习的必要性。法律解释能力作为法律职业能力的核心和关键，其培养同样离不开实践锻炼，而且要非常重视实践。

 **第五节　法律监督**

一、法律监督的含义

法律监督有广义和狭义两种含义。狭义的法律监督是指有关国家机关依照法定职权和程序，对立法、执法、监察和司法活动的合法性进行的监察和督促。广义的法律监督是指由所有的国家机关、社会组织和公民对各种法律活动的合法性所进行的监察和督促。

二、法律监督的意义

法律监督是法治建设的重要组成部分，我国有各种主体的监督和多样的监督方式，已建立起相对完备的法律监督体系。法律监督对于法治建设有着重要的意义，特别是在当前法律监督薄弱的现实条件下，法律监督的重要性突显了出来。法律监督的实质是人民的意志能够得到正确的反映和真正的实现。法律监督的意义具体表现为以下三个方面：

1. 保证立法的完善。首先，保证国家法律体系的完整统一，内外和谐一致。我国立法主体是多元的，不同的立法主体的立法会有冲突。具体的立法者受主客观因素的影响会使立法偏离正确的轨道，当前立法中的部门保护主义和地方保护主义是造成法律冲突和背离法律目的的一个重要原因，因此立法不能没有监督。其次，即使立法者没有私心，也会由于自身的立法水平导致立法质量出现问题，通过监督，可以促使立法者积极提高自身立法素质，制定出高质量的法律。

2. 保障法的正确实施。法的实施是法律作用发挥和价值实现的基本途径。通过法的实施，法律得以实现，从而完成自己的使命。法律监督是法律实施重要的一环。通过法律监督，可以树立法律的权威和尊严；通过法律监督，可以预防、制止和纠正错误，制约执法、监察、司法活动，保证其在法律的范围内合乎目的地进行，从而使法律得到统一正确的实施。

3. 法律监督是对公权力进行有效制约的重要手段，是确保国家机关及其公职人员依法办事的重要手段。对公权力的制约是法治建设的关键。

三、法律监督的构成

法律监督的构成是指构成法律监督的基本要素。法律监督构成包括三个基本要素，即监督的主体、监督的客体和监督的内容。

（一）法律监督的主体

法律监督的主体可以概括为三类：

1. 国家机关。国家机关包括权力机关、行政机关、监察机关、司法机关。国家权力机关指各级人民代表大会及其常务委员会。在我国，国家的一切权力属于人民。国家权力机关的监督是国家权力机关依法履行其职能的重要组成部分，是人民行使国家权力的重要方面。2006 年 8 月 27 日，第十届全国人大第二十三次会议通过《中华人民共和国各级人民代表大会常务委员会监督法》（简称《监督法》）。该法自 2007 年 1 月 1 日起正式实施，共 9 章 48 条。《监督法》强化了人大常委会对国家机关的监督，使之更具有针对性和实效性，标志着我国法律监督制度的发展又向前迈出了重要的一步。国家监察机关即各级监察委员会。监察机关的监察是法律监督的重要组成部分。

国家机关监督具有以下特点：①监督权限和范围由宪法和法律来规定；②以国家的名义实施；③有法律效力及法律强制力；④是一种刚性监督。

2. 社会组织。包括各政党、政治团体、社会团体、群众组织、企业和事业组织。社会组织的监督具有不以国家名义实施、没有法律效力、广泛性的特点。

3. 人民群众。人民群众的法律监督是当代中国法律监督体系的基础和力量源泉。公民有权通过各种方式和途径监督国家机关运用公权力的行为。我国宪法规定：中华人民共和国的一切权力属于人民。人民依照法律规定，通过各种途径和形式，管理国家事务，管理经济和文化事业，管理社会事务。公民对于任何国家机关和工作人员，有提出批评和建议的权利；对于任何国家机关和工作人员的违法失职行为，有向有关国家机关提出申诉、控告或者检举的权利，但是不得捏造或者歪曲事实进行诬告陷害。对于公民的申诉、控告或者检举，有关国家机关必须查清事实，负责处理。任何人不得压制和打击报复。根据我国宪法，人民群众法律监督的权利是我国人民所拥有的国家权力的必不可少的表现形式和组成部分。人民群众的监督不具有法律效力，但有广泛性、群众性的特点。

（二）法律监督的客体

法律监督的客体，是指法律监督权所指向的对象。法律监督的主要客体是国家机关及其公职人员的各种公务活动。国家机关及其公职人员的公务活动是法律监督的重点。对民主和法治最大的威胁、破坏因素主要不是来自社会团体和公民个人，而是来自公权力的拥有者即国家机关及其公职人员。因此，法律监督的主要客体是国家机关及其公职人员的各种公务活动。

公民及其他一般主体的法律活动也是法律监督的客体。公民是守法主体。守法通常是指一般的主体依法行使权利和履行义务的状态。法律监督的直接目的是法律的实现，而公民和其他一般主体的守法是法律实现最基础的前提。

（三）法律监督的内容

法律监督的内容，是指法律监督对象的法律活动的合法性。其包括行为内容是否合法与行为程序是否合法。

法律监督内容的范围包括：①国家机关及其公职人员的公务活动及其行为的合法性。包括：对国家机关制定的规范性法律文件和非规范性法律文件的合法性的监督；对行政执法、监察和司法活动的合法性的监督。②公民的法律活动的合法性。

四、国家监察

（一）国家监察的含义

国家监察是指由行使国家监察职能的专门机关，依据宪法和法律规定的职权范围内容，针对法定监察对象实施的具有法律意义的行为。国家监察权是我国宪法和法律规定的一项重要制度[1]。对公权力的监督，根本上是要对实际行使公权力的人进行监督。国家监察就是主要针对实际行使公权力的人进行的监督。

我国通过监察体改革，建立了崭新的国家监察制度。原有的监察体系存在着同体监督乏力、异体监督缺失、党纪国法断层、监察资源分散、对象难以周延等问题[2]。国家监察体制改革是党中央作出的反腐防腐的重大决策部署，是事关全局的重大政治体制改革，是推进国家治理体系和治理能力现代化的重大举措。2016 年 11 月 7 日，中共中央办公厅印发《关于在北京市、山西省、浙江省开展国家监察体制改革试点方案》。2016 年 12 月 25 日，十二届全国人大常委会第二十五次会议表决通过《关于在北京市、山西省、浙江省开展国家监察体制改革试点工作的决定》，授权北京、山西、浙江及所辖县、市、市辖区设立监察委员会，行使监察职权，拉开了国家监察体制改革的序幕。2017 年 11 月 4 日，全国人大常委会作出《全国人民代表大会常务委员会关于在全国各地推开国家监察体制改革试点工作的决定》，试点工作在全国各地推开。2018 年 3 月 11 日第十三届全国人民代表大会第一次会议通过了《中华人民共和国宪法修正案》。2018 年《宪法修正案》增加了与监察委员会有关的规定。2018 年 3 月 20 日第十三届全国人民代表大会第一次会议表决通过了《中华人民共和国监察法》。十三届全国人大一次会议产生了国家监察委员会及其领导人员，标志着中国特色国家监察体制已经形成。

（二）国家监察的特点

1. 国家监察的主体是国家监察机关。即由专门的各级监察委员会依法进行监察。国家监察机关包括国家监察委员会和地方各级监察委员会。

2. 国家监察的对象主要是所有行使公权力的公职人员。现代国家，普遍地将相关的国家机关纳入监察的范围，但监察主要针对公职人员。《监察法》第 3 条规定了"对所有行使公权力的公职人员进行监察"。

《监察法》第 15 条规定了监察的具体对象。根据该条的规定，国家监察机关对下列公职人员和有关人员进行监察：①中国共产党机关、人民代表大会及其常务委员会机关、人民政府、监察委员会、人民法院、人民检察院、中国人民政治协商会议各级委员会机关、民主党派机关和工商业联合会机关的公务员，

---

[1] 李忠："国家监察体制改革与宪法再造"，载《环球法律评论》2017 年第 2 期。
[2] 秦前红："困境、改革与出路：从'三驾马车'到国家监察——我国监察体系的宪制思考"，载《中国法律评论》2017 年第 1 期。

以及参照《公务员法》管理的人员；②法律、法规授权或者受国家机关依法委托管理公共事务的组织中从事公务的人员；③国有企业管理人员；④公办的教育、科研、文化、医疗卫生、体育等单位中从事管理的人员；⑤基层群众性自治组织中从事管理的人员；⑥其他依法履行公职的人员。监察委员会对本地区所有行使公权力的公职人员依法实施监察，监督对象不仅包括国家工作人员，而且包括国家机关以外的人民团体和民主党派、工商联机关等的工作人员。这是我国法制史上的一个重大突破，切合我国实际，发展了人民代表大会制度，有利于更好地保证公权力不被滥用。[1]

3. 国家监察的内容的综合性。根据《监察法》第 11 条的规定，监察委员会依照法律规定履行监督、调查、处置职责：①对公职人员依法履职、秉公用权、廉洁从政从业以及道德操守情况进行监督检查；②对涉嫌贪污贿赂、滥用职权、玩忽职守、权力寻租、利益输送、徇私舞弊以及浪费国家资财等职务违法和职务犯罪进行调查；③对违法的公职人员依法作出政务处分决定；对履行职责不力、失职失责的领导人员进行问责；对涉嫌职务犯罪的，将调查结果移送人民检察院依法审查、提起公诉；向监察对象所在单位提出监察建议。

4. 依照法定的职权和法定的程序进行监察。为保证监察机关有效履行监察职能，《监察法》规定了监察机关的职权：①规定监察机关在调查职务违法和职务犯罪时，可以采取谈话、讯问、询问、查询、冻结、搜查、调取、查封、扣押、勘验检查、鉴定等措施。②被调查人涉嫌贪污贿赂、失职渎职等严重职务违法或者职务犯罪，监察机关已经掌握其部分违法犯罪事实及证据，仍有重要问题需要进一步调查，并有涉及案情重大、复杂，可能逃跑、自杀，可能串供或者伪造、隐匿、毁灭证据等情形之一的，经监察机关依法审批，可以将其留置在特定场所。③监察机关需要采取技术调查、通缉、限制出境措施的，经过严格的批准手续，按照规定交有关机关执行。《监察法》专设监察程序一章，对监督、调查、处置工作程序作了规定，特别是对留置措施规定了严格的程序和界限条件，监察机关必须严格按照法定程序进行监察。

（三）国家监察的原则

1. 监察机关依法独立行使职权原则。《监察法》第 4 条第 1 款规定：监察委员会依照法律规定独立行使监察权，不受行政机关、社会团体和个人的干涉。监察机关严格依照法定职权进行监察是法治的要求。国家监察权依法独立行使，是国家监察权得以高效权威运行的基础和前提。[2] 监察机关有权依法独立行使

---

〔1〕 李忠：“国家监察体制改革与宪法再造”，载《环球法律评论》2017 年第 2 期。

〔2〕 谭世贵：“论对国家监察权的制约与监督”，载《政法论丛》2017 年第 5 期。

监察权，不受行政机关、社会团体和个人的非法干涉。行政机关、社会团体和个人不得利用职权、地位或者采取其他不正当手段干扰、影响监察人员依法行使职权。

2. 相互配合、互相制约的原则。根据《监察法》第 4 条的规定，监察机关办理职务违法和职务犯罪案件，应当与审判机关、检察机关、执法部门互相配合，互相制约；监察机关在工作中需要协助的，有关机关和单位应当根据监察机关的要求依法予以协助。监察机关进行监察必须与有关单位互相配合，才能有效实现监察的目标和任务，保证监察的效率。相互制约的机制，有助于防止滥用监督权，最大限度保障被监督对象的合法权益。

3. 以事实为根据，以法律为准绳的原则。"以事实为根据"，主要是指公职人员是否违法犯罪，罪轻还是罪重，都要以事实为根据。"以法律为准绳"，是指监察机关开展监察工作，要以监察法律法规为标准。

4. 在适用法律上一律平等，保障当事人的合法权益的原则。"在适用法律上一律平等"，是指对所有监察对象进行监察时，不论民族、职业、出身、性别、教育程度都应一律平等地适用法律，不允许有任何特权。"保障当事人的合法权益"，是指监察机关进行监察不得违法侵犯公民、法人和其他组织的合法权益。

5. 权责对等，严格监督的原则。即有权必有责，严格监督，不严格履行监督职责要承担责任。监察不能乱作为，也不能消极的不作为、慢作为。

6. 惩戒与教育相结合，宽严相济的原则。该原则体现了惩前毖后、治病救人方针，体现了党的十八大以来监督执纪"四种形态"的思想和理念，同时也是从当前反腐败斗争形势依然严峻复杂的实际出发作出的规定。

思考题

1. 什么是立法？立法有哪些特征？
2. 司法的基本原则有哪些？
3. 执法的特征有哪些？
4. 执法的原则有哪些？
5. 监察的原则有哪些？

实训项目

王某在某市机关工作。王某 1988 年上大学时已将其户口迁出了其出生地某县某村，其父母仍在老家务农。王某因办理有关事务需要到派出所开一个证明父子关系的证明。某日上午到派出所办理。派出所工作人员查找了计算机上的数据，没有找到反映王某与其父亲关系的信息，于是对王某讲，计算机数据是后来建立的，里面没有能够说明他们父子关系的信息，不能出具证明。王某提出，派出所应该有档案，因为自己就是在该派出所办的迁移手续，请求工作人员查询原始档案。工作人员对王某讲，这些原始资料是保存着的，但很难查到，并对王某讲，如果要开这个证明，只能做亲子鉴定。

结合上述材料，自拟题目，写一篇不少于1000字的小论文。

第二编 宪 法 编

第六章 宪法的基本理论

学习目标

　　通过对本章的学习，使学生掌握宪法的概念和特征；掌握宪法形式上的分类与实质上的分类；了解宪法产生的条件；英、美、法三国宪法的产生和发展；了解《中华民国临时约法》、《中华苏维埃共和国宪法大纲》、1954 年《中华人民共和国宪法》的产生；领会宪法原则的基本含义，了解十八届四中全会《中共中央关于全面推进依法治国若干重大问题的决定》的精神，掌握 2018 年 3 月 11 日第十三届全国人民代表大会第一次会议通过的《中华人民共和国宪法修正案》，为学习后续宪法基本知识和内容打下良好的基础。

第一节 宪法的概念与特征

一、宪法词义的演变

（一）宪法词汇的不同含义

　　我国古代的春秋战国时期，就产生了带"宪"字的词汇，当时的典籍中甚至出现了"宪令""宪""宪法"等词汇。但是，这些词汇的含义与当代所讨论的"根本大法"相去甚远。

　　在英文中，"宪法"一词为"constitution"。根据麦克米伦高阶英语词典，其涵义为"a set of basic laws or principles for a country that describe the rights and duties of its citizens and the way in which it is governed"，通俗地说，就是"根本大法"。

　　1215 年英王约翰颁布的《自由大宪章》中出现了近代意义上的宪法的萌

芽，因其对王权进行了限制。

近代意义上的宪法正式形成于 17～18 世纪资产阶级革命时期。1789 年，法国的《人权宣言》第一次以法律文件的形式确立了宪法概念的基本内容。

（二）宪法与宪政的关系

宪政，又称"民主政治""立宪主义"。在英文中，"宪政"一词为"constitutionalism"。

西方学者关于宪政的概念基本反映了以下内容：①将宪政同法治紧紧联系在一起；②宪政以保障人权为终极目的；③宪政是控制政府权力的基本手段。

根据我国学者的通说，宪政的概念可以表述为：宪政是实施宪法的民主政治。

宪政的要素，即宪政的基本内涵，指的是一个国家具备哪些条件才能成为宪政国家。宪政的要素应当包括以下方面：①人民主权；②保障公民权利；③权力制约；④法律至上。

宪法与宪政的关系密不可分，宪法是宪政内容的确认和保障，宪政是宪法的动力和源泉，是宪法的发展。

宪法是宪政的确认和保障，宪法作为实践状态的宪政，是对民主宪政事实的确认和制度安排，是宪政内容的具体化、法律化。

我国《宪法》第 5 条第 1 款规定："中华人民共和国实行依法治国，建设社会主义法治国家。"这表明我国要建设有中国特色的社会主义宪政。2014 年 10 月 23 日中国共产党第十八届中央委员会第四次全体会议通过了《中共中央关于全面推进依法治国若干重大问题的决定》。该《决定》的第二部分标题为"完善以宪法为核心的中国特色社会主义法律体系，加强宪法实施"。其中第 1 项为"健全宪法实施和监督制度"。规定："……将每年 12 月 4 日定为国家宪法日。在全社会普遍开展宪法教育，弘扬宪法精神。建立宪法宣誓制度，凡经人大及其常委会选举或者决定任命的国家工作人员正式就职时公开向宪法宣誓。"这是建设有中国特色社会主义宪政的重要举措。

二、宪法的定义及特征

（一）宪法的定义

欧美学者们着重从法律特征上揭示宪法的构成要素，既强调宪法作为法律秩序基础的要素，又强调其对政治权力运作过程进行限制的属性，普遍采用广义的宪法概念，把历史上形成的宪法惯例、一般规则等也列入宪法概念之中。《美国百科全书》对宪法的定义是：宪法是治理国家的根本法和基本原则的总称。宪法规定政府体制、政府及其各部门和官员的一般职能和权限，以及如何行使这些职权。宪法是整个国家的法律安排，并且既有公认的惯例，也有未经法律规定的习惯。[1]

日本学者们普遍认同的宪法定义是：有关国家组织及其活动的各种根本规范的总称。日本学者们通常把宪法概念分为实质意义与形式意义。实质意义的宪法是指规定基本的统治制度结构与作用的法规范。形式意义的宪法是指具有一定形式标志的法规范，通常包括三个要素：有以宪法命名的成文的法规范；有统一的法典形式；具有比普通法律更严格的修改程序。[2]

我国学者认为，对宪法的定义既要探求宪法产生发展的一般规律，又要反映宪法区别于其他法律的本质特征和形式特征。普遍认同的宪法定义是：宪法是反映一国政治力量对比关系、保障公民权利、限制国家权力的根本大法。

（二）宪法的特征

1. 宪法的内容带有根本性。宪法的内容具有普遍性、全局性，涉及根本原则、重大问题。主要有以下内容：国家权力的归属；政权按什么原则来组织；如何设置国家机关；如何调整国家与公民的法律关系；如何确认和保护公民的基本权利等。

例如，《美国宪法》第1条规定国会（立法权）；第2条规定总统（行政权）；第3条规定最高法院（司法权）；第4条规定联邦与州、州与州间的关系；第5条规定对宪法的修正案。

又如，《法国宪法》第一章规定主权（国体，国旗，国歌，主权属于人民，选举制度）；第二章规定共和国总统；第三章规定政府；第四章规定国会；第五章规定国会与政府之关系；第六章规定国际条约与协议；第七章规定宪法委员会；第八章规定司法机关；第九章规定弹劾司法院；第十章规定经济暨社会谘议院；第十一章规定地方组织；第十二章规定国协（法兰西共同体）；第十三章规定结合协议；第十四章规定宪法之修改；第十五章规定过渡条款。

再比如，《新加坡宪法》第一篇为政府，其第一章规定总统，第二章规定穆斯林宗教，第三章规定行政机关，第四章规定关于财产、契约和诉讼的能力；第二篇为立法机关；第三篇为公民资格；第四篇为公共事务；第五篇为财政条款；第六篇为一般条款；第七篇为临时性和过渡性条款。

2. 宪法的法律效力最高。法律效力，是指法律所具有的拘束力和强制力。其最高法律效力具体体现在：①宪法是制定一般法律的基础和依据。②一般法律不得与宪法的内容相违背。③宪法是一切国家机关、社会团体、企事业单位和全体公民必须遵守的最高行为准则。例如，《新加坡宪法》第52条规定："立

---

〔1〕 韩大元主编：《比较宪法学》，高等教育出版社2008年版，第38~39页。

〔2〕 韩大元主编：《比较宪法学》，高等教育出版社2008年版，第40页。

法机关在本宪法生效后所制定的法律有与本宪法不符者，其不符部分应属无效。"又如，1992年2月12日实施的《蒙古国宪法》第70条规定："各项法律、命令、国家机关的其他决议，一切机关，通晓之，严守之！"

3. 宪法的制定和修改程序比普通法律严格。具体表现在：①宪法由特定机关予以制定。②宪法的修改程序比一般法律严格。③对宪法修改进行限制。

例如，《美国宪法》第5条规定："举凡两院议员各以2/3的多数认为必要时，国会应提出对本宪法的修正案；或者，当现有诸州2/3的州议会提出请求时，国会应召集修宪大会。以上两种修正案，如经诸州3/4的州议会或3/4的州修宪大会批准时，即成为本宪法之一部分而发生全部效力……"

又如，《法国宪法》第十四章第89条规定："宪法修改案由共和国总统依据总理建议提出，或由国会议员提出。宪法修改草案或提案须以内容一致之文字由国会两院表决通过。修改案尚须经公民投票复决认可，始告确定。共和国总统如将修改案提交国会两院联席会议审议，则该案无须交付公民复决；在此情况下，修改案须获联席会议3/5之多数有效票，始得通过。国会两院联席会议之秘书处由国民议会之秘书处担任之。国家领土完整遭受危险时，不得从事修宪或继续进行。政府之共和政体不得作为修宪议题。"

再如，1992年2月12日实施的《蒙古国宪法》第六章（蒙古国宪法的增补、修改）第68条规定："①宪法的增补、修改提案，由享有法律提案权的机关和公职人员提出，由宪法法庭将提案向国家大呼拉尔呈递。②对宪法的增补、修改，根据国家大呼拉尔不少于2/3委员的意见可进行全民征询。"第69条规定："①对宪法和宪法的增补、修改，须经国家大呼拉尔不少于3/4委员的意见予以通过。②对宪法的增补、修改，如在国家大呼拉尔两次讨论中未获上述不少于3/4的赞同意见，则以例行选举新当选的国家大呼拉尔委员就职前不再进行讨论。③在举行国家大呼拉尔例行选举前6个月内，不得对宪法进行增补和修改。④对宪法的增补、修改，具有与宪法同等的效力。"

4. 宪法的实施和保障制度与普通法律不同。对此，各国都给予了高度重视。例如，1958年《法国宪法》第七章规定了宪法的监督机构——宪法委员会，包括第56~63条。第62条规定："经宣告为违宪之法规，不得公布，或付诸实施。宪法委员会之裁决，不得上诉，并对公权机关及一切行政、司法机关具有拘束力。"

又如，1992年2月12日实施的《蒙古国宪法》第五章（蒙古国宪法法庭）第64条规定："①蒙古国宪法法庭是对宪法的实施进行最高监督，对其条款的违背作出结论，对违宪纠纷予以裁决的权力机关，是宪法得以严格遵守的保障。②宪法法庭及其委员执行任务时只服从宪法，不从属于任何机关、公职人员和其他人士。③宪法法庭委员的独立地位，受宪法和其他法律规定的保护。"第66条规定："宪法法庭自定或根据国家大呼拉尔、总统、总理、国家最高法院、国家总检察院的提议对公民申诉、举报的违宪纠纷进行审理。宪法法庭依据本条第1款的规定，对下列有争议的事项作出结论，提交国家大呼拉尔：①法律、命令、国家大呼拉尔和总统的其他决议、蒙古国的国际条约是否与宪法相符。②中央选举机关作出的关于全民征询、国家大呼拉尔及委员和总统选举的决议，是否与宪法相符。③总统、国家大呼拉尔主席和委员、总理、政府成员、国家最高法院总法官、国家总检察长是否违宪。④总统、国家大呼拉尔主席、总理的罢免，国家大呼拉尔委员的撤销是否有依据。对依据本条第2款第1、2项的规定所提交，但国家大呼拉尔未予批准的结论，宪法法庭予以再次审议，作出最终裁决。凡法律、命令，国家大呼拉尔、总统的其他决议以及政府决议、蒙古国的国际条约，只要宪法法庭裁决为与宪法不符，则相应的法律、命令、批复、决议均告无效。"

三、宪法典的结构

宪法的形式结构一般分为篇或编、章、节、条、款、项、目等。据姜士林等学者统计，在102个成文宪法国家中，使用"编、章、节、条"这样形式的宪法，占22.5%；使用"章、节、条"这样形式的宪法，占65%；使用"条"这样形式的宪法，占1.6%。[1] 社会主义国家宪法典的体例相对比较简单。

宪法的结构内容是将同一性质的内容安排在同一部分，可分为序言、正文、附则等。总的来看，在宪法典内容结构方面，英美法系国家的宪法典不如大陆法系国家那样具有完整性。[2] 社会主义国家宪法典的内容结构一致性的程度比较高。在序言方面，当今的社会主义国家，除朝鲜外，都有序言的设置，并且在序言中都对本国革命的过程进行了总结，都规定了以马列主义及其与本国革命的实践相结合而产生的理论为指导思想。社会主义国家宪法总纲的规定都比较详细，而且特别强调公有制的优越地位。社会主义国家宪法都将公民基本权利义务部分规定在第二章，其内容也比较一致。社会主义国家宪法都规定国家机关之间的关系遵循民主集中制的原则。社会主义国家宪法对宪法的保障规定得都比较原则化。社会主义国家宪法对国家的标志规定的都是国旗、国歌、国徽、首都。资本主义国家的宪法典在内容结构上存在的差别比较大。[3]

（一）宪法典的序言

又称宪法前言，是指位于宪法正文之前，具有相对独立性的一部分叙述性

---

〔1〕 韩大元主编：《比较宪法学》，高等教育出版社2008年版，第92页。

〔2〕 韩大元主编：《比较宪法学》，高等教育出版社2008年版，第103页。

〔3〕 韩大元主编：《比较宪法学》，高等教育出版社2008年版，第105~106页。

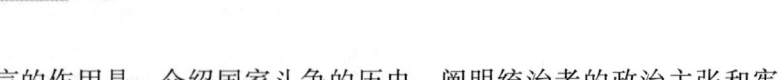

文字。宪法序言的作用是：介绍国家斗争的历史，阐明统治者的政治主张和宪政理念，规定国家的根本政治制度和根本任务等。

例如，《美国宪法》的序言是："我们美利坚合众国的人民，为了组织一个更完善的联邦，树立正义，保障国内的安宁，建立共同的国防，增进全民福利和确保我们自己及我们后代能安享自由带来的幸福，乃为美利坚合众国制定和确立这一部宪法。"又如，《法国宪法》的序言是："法兰西人民郑重宣告恪遵1789年宣言中所明定及1946年宪法序言中所确认与补充之人权暨国家主权原则。依据上项原则及人民自由抉择之原则，本共和国对于愿意与共和国结合之海外领地，提供基于自由、平等、博爱之共同理想及适合彼等民主发展之新政治体制。"再如，1991年8月15日通过的《老挝人民民主共和国宪法》，有长达6个自然段的序言，500余字。此外，《古巴共和国宪法》含700余字的序言。

（二）宪法典的正文

宪法典正文是宪法的主体，是一部宪法要表达的核心内容。宪法正文一般包括总纲、公民的基本权利和义务、国家结构的组织活动原则及其体系、国家标志等内容。例如，1787年起草的《美国宪法》有7条正文，1958年《法国宪法》有92条正文，《新加坡宪法》有105条正文。又如，1991年12月9日颁布实施的《泰国宪法》有223条正文。再如，1946年《日本宪法》有99条正文。

（三）附则

通常规定宪法自身的最高法律效力、生效时间和生效条件、宪法的修改和补充等内容，并放在分则之后。例如，1946年《日本宪法》第十一章为"补则"，包含第100～103条。又如，《德意志联邦共和国基本法》第十一章为"过渡及最后条款"，包括第116～146条。

从我国宪法的形式结构来看，我国宪法中有章、节、条、款、项、目。2018年3月11日第十三届全国人民代表大会第一次会议修正后的《中华人民共和国宪法》，共有4章143条，另附52条宪法修正案。

从宪法的内容结构来看，我国现行宪法典的内容包括序言、总纲、公民的基本权利和义务、国家结构、国家标志。我国现行宪法没有附则。

四、宪法的作用

宪法的作用，是指宪法作为国家的最高法律，对其所调整的社会关系所发生的实际效用。

（一）宪法对经济的作用

宪法对经济的作用，主要体现在：①通过确定生产资料所有制形式决定经济制度的性质。②通过确定经济管理体制影响经济的发展。③通过调整经济政策，促进经济发展。

（二）宪法对政治的作用

宪法对政治的作用，主要表现在：①它是一国政治制度得以建立的根本依据。②它是一国组织国家政权的根本依据。③它是一国实现政治民主和政治文明的保障。

（三）宪法对保护公民权利的作用

宪法对保护公民权利的作用，主要体现在：宪法是公民权利的保障书，宪法的产生，归根到底是基于对公民权利的保障。我国 2009 年的"成都拆迁自焚事件"[1] 从反面证明了宪法对保护公民权利的重要作用。社会主义国家通过不断地发展生产力，不断地完善社会主义民主制度，扩大对公民权利的保护范围。

（四）宪法对法制的作用

宪法对法制的作用，可以从四个方面来分析：①在立法方面，宪法是国家法制建设的总的依据，是制定其他法律的依据。②在行政执法方面，宪法规定了执法机关的组织与职权，并规定了执法机关的活动原则。③在司法方面，宪法规定了司法机关的组织与职权，并规定了司法机关依照法律规定独立行使司法权，规定了公开审判制度、辩护制度、回避制度等一系列司法制度。④在守法方面，各国宪法在强调国家机关要遵守宪法和法律的同时，还规定了其他社会组织、政党和公民要遵守宪法和法律。

 **第二节 宪法的发展历程**

一、宪法的历史发展

（一）宪法产生的条件

奴隶制社会和封建制社会没有国家根本法意义上的宪法，宪法能在资本主义社会中产生，这是社会发展的历史必然。

1. 宪法产生的经济条件。近代宪法产生的根本原因在于近代商品经济的发达和资本主义生产关系的确立。资产阶级革命取得胜利之后，在摧毁旧的生产关系的基础上所建立的新兴的生产关系，为近代宪法的产生奠定了经济基础。

2. 宪法产生的思想条件。宪政实践必须有宪政思想和理论指导。资产阶级民主、自由、平等、人权等宪政思想观念的提出，是宪法产生的思想条件。

3. 宪法产生的政治条件。资本主义商品经济的发达，还孕育了自己的利益代表——资产阶级。而资产阶级掌握国家政权，实现对社会的统治，确立资产

---

〔1〕 韩大元主编：《中国宪法事例研究》（第 5 卷），法律出版社 2010 年版，第 65~103 页。

阶级民主制度，是宪法产生的政治条件。

（二）外国宪法的发展历程

1. 英国宪法的产生。英国是世界宪法的母国。英国的宪法不但在其表现形式方面极其独特，更重要的是英国具有悠久的宪政传统。数百年来英国的宪政更是呈现出一种超稳定的发展态势，从未有过中断。应该看到英国良好的宪政秩序是以其保守主义思想作为支撑的。强调发展的渐进性和连续性的特点对英国宪法的发展道路产生了深刻的影响。

英国宪法在其发展过程中产生了许多宪法性文件：①1215 年的《自由大宪章》。②1628 年的《权利请愿书》。③1641 年的《三年法案》。④1653 年的《施政条例》。⑤1679 年的《人身保护法》。⑥1689 年的《权利法案》。⑦1701 年的《王位继承法》。

2. 美国宪法。美国宪法是世界上第一部成文宪法，是一部非常实用、低调和简洁的宪法。其结构严谨、措辞笼统、富有弹性。它规定的政权组织形式典型地体现了三权分立、相互制衡的组织原则，有关公民权利的宪法修正案即人权法案反映了权利至上、公权力依程序行使的法治原则。用宪法形式确立的美国式的三权分立制衡的政治架构和宪政运作模式，是对西方法治观念传统的继承和发展，具有其独特的法律文化意义。

美国宪法在其发展过程中产生的宪法性文件有：①1777 年《邦联条例》。②1789 年正式生效的《美利坚合众国宪法》。③1791 年，10 条修正案得到批准，通称"人权法案"。

3. 法国宪法。法国从 1789 年资产阶级革命开始到现在二百多年的时间，政治风云多变，国内外的阶级斗争尖锐复杂，阶级力量对比关系不断变化，政治形式多次变更，其间经历了两次封建王朝复辟、两次帝制和五次共和，先后颁布了 14 部宪法。

法国宪法在其发展过程中产生了许多宪法性文件，重要的有：①1793 年宪法，又称"雅各宾宪法"。②1848 年宪法，为巩固资产阶级政治而制定。③1958 年宪法，一般称"第五共和国宪法"或"戴高乐宪法"，包括序言和 92 条正文。

1958 年宪法即现行宪法，又称"第五共和国宪法"。此后于 1960 年、1962 年、1963 年、1974 年和 1976 年先后作了某些修改。这部宪法大大削弱了议会的权力，扩大了总统的权力，使法国现行制度兼具议会制和总统制的特色。宪法规定，总统是国家权力的核心，除拥有任命高级文武官员、签署法令、军事权和外交权等一般权力外，还拥有任免总理和组织政府、解散国民议会、举行公民投票、宣布紧急状态等非常权力。政府是中央最高行政机关，对议会负责，除拥有决定和指导国家政策、掌管行政机构和武装力量、推行内外政策等权力外，还拥有警察权和行政处置权、条例制定权和命令发布权。总理由总统任命，须听命于总统，起辅佐总统的作用。议会由国民议会和参议院组成，原拥有的立法权、预算表决权和监督权三大传统权力受到总统和政府的限制。议会无权干预总统的选举和总理的任命。

（三）中国宪法的发展历程

1. 清末的立宪活动。清朝末年，民族资产阶级开始成为中国历史舞台上一支重要的政治力量。《钦定宪法大纲》于 1908 年 8 月颁布，它以根本法的形式巩固了君主的绝对权力，但略具有资产阶级民主色彩。《宪法重大信条十九条》（简称《十九信条》）于 1911 年 11 月公布，它只不过是一部封建统治者"假宪法之名，行抵制革命之实"的宪法性文件。

2. 资产阶级共和国性质的宪法。1911 年武昌起义后，南京临时政府于 1912 年 1 月 1 日宣告成立。南京临时政府在其存在的三个多月里颁布了一系列有利于推行民主政治、发展资本主义和实行社会改革的法令，其中最重要的成果则是 1912 年 2 月 7 日由参议院制定并于 1912 年 3 月 11 日颁布的《中华民国临时约法》（简称《临时约法》）。《临时约法》分总纲、人民、参议院、临时大总统副总统、国务员、法院、附则等 7 章，共 56 条。《临时约法》的特点是：①体现了资产阶级民主共和国的国家制度。规定"中华民国由中华人民组织之"，"主权属于国民全体"，"领土为 22 行省、内外蒙古、西藏、青海"，"以参议院、临时大总统、国务员、法院行使其统治权"。②体现了民主主义精神。规定"中华民国人民一律平等，无种族、阶级、宗教之区别"。人民享有人身、居住、财产、言论、出版、集会、结社、通信和信教的自由；人民有请愿、诉讼、考试、选举及被选举等权利。同时规定，人民有纳税、服役等义务。③在政府的组织形式上实行"三权分立"的原则。规定全国的立法权属于临时参议院，参议院有权议决一切法律、预算、决算、税法、币制及度量衡准则，募集公债，选举产生临时大总统、副总统，弹劾大总统和国务员，对临时大总统行使的重要权力，具有同意权和最后决定权。临时大总统代表临时政府总揽政务，公布法律，统率全国海陆军，制定官制官规，任免文武官员等，但行使职权时，须有国务员副署。受参议院弹劾时，由最高法院组成特别法庭审判；法官有独立审判的权力。它否定了集大权于一身的封建君主专制制度。

3. 北洋军阀和国民党政府的立宪活动。袁世凯、控制北京政权的直系军阀、国民党政府为了欺骗人民，消除异己，给自己的统治披上"合法"的外衣，也玩起了制宪的骗局，先后制定了许多宪法性文件。

《中华民国约法》又名"袁记约法"，是指民国三年（1914 年）5 月 1 日由中华民国总统袁世凯公布的一个取代《中华民国临时约法》的临时宪法，此约

法在民国五年袁世凯创立中华帝国时被废弃，后一直未再恢复。第一章为国家；第二章为人民；第三章为大总统；第四章为立法；第五章为行政；第六章为司法；第七章为参政院；第八章为会计；第九章为制定宪法程序；第十章为附则。其内容极大地增加了总统权力。

1923 年的《中华民国宪法》，主持制定者为曹锟，也称"贿选宪法"，又名"双十宪法"，是 1923 年 10 月 10 日由中华民国宪法会议公布的第一部中华民国宪法。这部宪法公布后仅一年即被段祺瑞公布的《中华民国宪法草案》所推翻，其大部分条款未能施行。1931 年的《中华民国训政时期约法》，确认了国民党一党专制的政治体制，确认了蒋介石的最高独裁者的地位。1946 年的《中华民国宪法》是确认国民党专制独裁统治的宪法。

4. 革命根据地时期的宪法性文件。1931 年 11 月全国第一次工农兵苏维埃代表大会通过的《中华苏维埃共和国宪法大纲》，除前言外，共 17 条，它肯定了中国人民通过武装斗争所取得的民主成果。1941 年 11 月陕甘宁边区第二届参议会通过的《陕甘宁边区施政纲领》，共 21 条，对于团结边区各界人民，动员社会各方面力量一致抗日发挥了重要作用。1946 年 4 月陕甘宁边区第三届参议会通过的《陕甘宁边区宪法原则》共 25 条，有力地推动了边区民主建设工作的进展。

5. 新中国宪法的产生和发展。

（1）中国人民政治协商会议共同纲领。该纲领是于 1949 年 9 月 29 日由中国人民政治协商会议第一届全体会议通过的。其序言公开宣告："中国人民民主专政是中国工人阶级、农民阶级、小资产阶级、民族资产阶级及其他爱国民主分子的人民民主统一战线的政权，以工农联盟为基础，以工人阶级为领导。由中国共产党、各民主党派、各人民团体、各地区、人民解放军、各少数民族、国外华侨及其他爱国民主分子的代表们所组成的中国人民政治协商会议，就是人民民主统一战线的组织形式。中国人民政治协商会议代表全国人民的意志，宣告中华人民共和国的成立，组织人民自己的中央政府。中国人民政治协商会议一致同意以新民主主义即人民民主主义为中华人民共和国建国的政治基础，并制定以下的共同纲领，凡参加人民政治协商会议的各单位、各级人民政府和全国人民均应共同遵守。"第一章为总纲，第二章为政权机关，第三章为军事制度，第四章为经济政策，第五章为文化教育政策，第六章为民族政策，第七章为外交政策，共有 60 条。《共同纲领》制定于历史转折时期，发挥了临时宪法的作用。值得肯定的是，其第 5 条规定："中华人民共和国人民有思想、言论、出版、集会、结社、通讯、人身、居住、迁徙、宗教信仰及示威游行的自由权。"

（2）1954 年宪法。这是中华人民共和国第一部宪法，于 1954 年 9 月 20 日经第一届全国人民代表大会第一次会议全票通过，包括 4 章 106 条。这是我国第一部社会主义宪法。当时，我国比较彻底地完成了民主革命遗留下来的任务。该法受到普遍赞扬，对我国当时的社会主义建设起到了积极的推动和保障作用，为我国后来的宪法确立了基本模式。其结构包括：序言；总纲；国家机构（全国人民代表大会，中华人民共和国主席，国务院，地方各级人民代表大会和地方各级人民委员会，民族自治，人民法院和人民检察院）；公民的基本权利和义务；国旗、国徽、首都。该宪法主要体现了两项原则：社会主义原则；人民民主原则。

（3）1975 年宪法。1975 年 1 月 17 日第四届全国人民代表大会第一次会议通过了修改后的《中华人民共和国宪法》（因其在 1975 年颁布，故称其为"七五宪法"）。这是中华人民共和国的第二部宪法，除序言外，分总纲，国家机构，公民的基本权利和义务，国旗、国徽、首都，共 4 章 30 条。

（4）1978 年宪法。1978 年 3 月 5 日，第五届全国人民代表大会第一次会议通过了经重新修改制定的《中华人民共和国宪法》。这部宪法的内容除序言外，分总纲，国家机构，公民的基本权利和义务，国旗、国徽、国歌，共 4 章 60 条。序言部分回顾了中国革命的历史进程，规定了"在本世纪内把我国建设成为农业、工业、国防和科学技术现代化的伟大的社会主义强国"。第一章总纲部分，规定了国家制度和社会制度的基本原则，特别规定了发扬社会主义民主，保障人民参加国家管理和管理各项经济、文化事业的原则和具体措施。第二章国家机构，规定得比 1975 年宪法更为完备和具体，恢复了检察机关，取消了其职权交由公安机关行使的规定；恢复了审判公开和辩护制度。第三章公民的基本权利和义务，作了大量补充，由 1975 年宪法的 4 条增加到 16 条。

这部宪法颁布后，全国人大分别于 1979 年和 1980 年对该宪法进行了修改。

（5）1982 年宪法。1982 年宪法即现行宪法，是在十一届三中全会之后制定的。该宪法服务于国家的现代化建设及安定团结的政治局面。该宪法原来共有 4 章 138 条。主要内容包括：集中力量进行社会主义现代化建设；发展社会主义民主，健全社会主义法制；维护国家统一和民族团结；坚持改革开放，进行经济体制和政治体制改革。

二、我国现行宪法的修改

1982 年宪法公布施行后，根据我国改革开放和社会主义现代化建设的实践和发展，在党中央领导下，全国人大于 1988 年、1993 年、1999 年、2004 年先后四次对 1982 年宪法的个别条款和部分内容作出必要的也是十分重要的修正，共通过了 31 条宪法修正案。具体包括：1988 年 4 月 12 日，第七届全国人民代表大会第一次会议通过了 2 条修正案。1993 年 3 月 29 日，第八届全国人民代表大会第一次会议通过了 9 条修正案。1999 年 3 月 15 日，第九届全国人民代表大会第二次会议通过了 6 条修正案。2004 年 3 月 14 日，第十届全国人民代表大会第二次会议通过了 14 条修正案。也就是说，1982 年宪法公布施行后，2004 年 4 月前，全国人大先后共通过 31 条宪法修正案，31 条宪法修正案单独排序为——1988 年修正案第 1 条和第 2 条；1993 年修正案第 3 ~ 11 条；1999 年修正案第 12 ~ 17 条；2004 年修正案第 18 ~ 31 条。

总的看，四次宪法修改体现了中国共产党领导人民进行改革开放和社会主义现代化建设的成功经验，体现了中国特色社会主义道路、理论、制度、文化的发展成果。通过四次宪法修改，我国宪法在中国特色社会主义伟大实践中紧跟时代步伐，不断与时俱进，有力推动和保障了党和国家事业发展，有力推动和加强了我国社会主义法治建设。

自 2004 年宪法修改以来，党和国家事业又有了许多重要发展变化。特别是党的十八大以来，以习近平同志为核心的党中央团结带领全国各族人民毫不动摇坚持和发展中国特色社会主义，统筹推进"五位一体"总体布局、协调推进"四个全面"战略布局，推进党的建设新的伟大工程，形成一系列治国理政新理念新思想新战略，推动党和国家事业取得历史性成就、发生历史性变革，中国特色社会主义进入了新时代。党的十九大在新的历史起点上对新时代坚持和发展中国特色社会主义作出重大战略部署，提出了一系列重大政治论断，确立了习近平新时代中国特色社会主义思想在全党的指导地位，确定了新的奋斗目标，对党和国家事业发展具有重大指导和引领意义。

我国现行宪法是一部好宪法。对各方面普遍要求修改、实践证明成熟、具有广泛共识、需要在宪法上予以体现和规范、非改不可的，进行必要的、适当的修改；对不成熟、有争议、有待进一步研究的，不作修改；对可改可不改、可以通过有关法律或者宪法解释予以明确的，原则上不作修改，保持宪法的连续性、稳定性、权威性。

2018 年 3 月 11 日，我国现行宪法进行第五次修改。十三届全国人大一次会议审议通过的宪法修正案共 21 条，从第 32 条起排列条序，即第 32 ~ 52 条。

2018 年 3 月 11 日进行的第五次修宪是历届修改条数最多、涉及内容最广泛的一次。第五次修宪的主要内容为：①《宪法》序言第 7 自然段中"在马克思列宁主义、毛泽东思想、邓小平理论和'三个代表'重要思想指引下"修改为"在马克思列宁主义、毛泽东思想、邓小平理论和'三个代表'重要思想、科学发展观、习近平新时代中国特色社会主义思想指引下"；"健全社会主义法制"修改为"健全社会主义法治"；在"自力更生，艰苦奋斗"前增写"贯彻新发展理念";"推动物质文明、政治文明和精神文明协调发展，把我国建设成为富强、民主、文明的社会主义国家"修改为"推动物质文明、政治文明、精神文明、社会文明、生态文明协调发展，把我国建设成为富强民主文明和谐美丽的社会主义现代化强国，实现中华民族伟大复兴"。②《宪法》序言第10自然段中"在长期的革命和建设过程中"修改为"在长期的革命、建设、改革过程中";"包括全体社会主义劳动者、社会主义事业的建设者、拥护社会主义的爱国者和拥护祖国统一的爱国者的广泛的爱国统一战线"修改为"包括全体社会主义劳动者、社会主义事业的建设者、拥护社会主义的爱国者、拥护祖国统一和致力于中华民族伟大复兴的爱国者的广泛的爱国统一战线"。③《宪法》序言第11自然段中"平等、团结、互助的社会主义民族关系已经确立，并将继续加强。"修改为："平等团结互助和谐的社会主义民族关系已经确立，并将继续加强。"④《宪法》序言第12自然段中"中国革命和建设的成就是同世界人民的支持分不开的"修改为"中国革命、建设、改革的成就是同世界人民的支持分不开的";"中国坚持独立自主的对外政策，坚持互相尊重主权和领土完整、互不侵犯、互不干涉内政、平等互利、和平共处的五项原则"后增加"坚持和平发展道路，坚持互利共赢开放战略";"发展同各国的外交关系和经济、文化的交流"修改为"发展同各国的外交关系和经济、文化交流，推动构建人类命运共同体"。⑤《宪法》第1条第2款"社会主义制度是中华人民共和国的根本制度。"后增写一句，内容为："中国共产党领导是中国特色社会主义最本质的特征。"⑥《宪法》第3条第3款"国家行政机关、审判机关、检察机关都由人民代表大会产生，对它负责，受它监督。"修改为："国家行政机关、监察机关、审判机关、检察机关都由人民代表大会产生，对它负责，受它监督。"⑦《宪法》第4条第1款中"国家保障各少数民族的合法的权利和利益，维护和发展各民族的平等、团结、互助关系。"修改为："国家保障各少数民族的合法的权利和利益，维护和发展各民族的平等团结互助和谐关系。"⑧《宪法》第24条第2款中"国家提倡爱祖国、爱人民、爱劳动、爱科学、爱社会主义的公德"修改为"国家倡导社会主义核心价值观，提倡爱祖国、爱人民、爱劳动、爱科学、爱社会主义的公德"。⑨《宪法》第27条增加一款，作为第3款："国家工作人员就职时应当依照法律规定公开进行宪法宣誓。"⑩《宪法》第62条"全国人民代表大会行使下列职权"中增加一项，作为第7项"（七）选举国家监察委员会主任"，第7~15项相应改为第8~16项。⑪《宪法》第63条"全国人民代表大会有权罢免下列人员"中增加一项，作为第4项"（四）国家监察委员会主任"，第4项、第5项相应改为第5项、第6项。⑫《宪法》第65条第4款"全国人民代表大会常务委员会的组成人员不得担任国家行政机关、审判机关和检察机关的职务。"修改为:"全国人民代表大会常务委员会的组成人员不得担任国家行政机关、监察机关、审判机关和检察机关的职务。"⑬《宪法》第67条"全国人民代表大会常务委员会行使下列职权"中第6项"(六)监督国务院、中央军事委员会、最高人民法院和最高人民检察院的工作"修改为"(六)监督国务院、中央军事委员会、国家监察委员会、最高人民法院和最高人民检察院的工作";增加一项,作为第11项"(十一)根据国家监察委员会主任的提请,任免国家监察委员会副主任、委员",第11~21项相应改为第12~22项。《宪法》第70条第1款中"全国人民代表大会设立民族委员会、法律委员会、财政经济委员会、教育科学文化卫生委员会、外事委员会、华侨委员会和其他需要设立的专门委员会。"修改为:"全国人民代表大会设立民族委员会、宪法和法律委员会、财政经济委员会、教育科学文化卫生委员会、外事委员会、华侨委员会和其他需要设立的专门委员会。"⑭《宪法》第79条第3款"中华人民共和国主席、副主席每届任期同全国人民代表大会每届任期相同,连续任职不得超过两届。"修改为:"中华人民共和国主席、副主席每届任期同全国人民代表大会每届任期相同。"⑮《宪法》第89条"国务院行使下列职权"中第6项"(六)领导和管理经济工作和城乡建设"修改为"(六)领导和管理经济工作和城乡建设、生态文明建设";第8项"(八)领导和管理民政、公安、司法行政和监察等工作"修改为"(八)领导和管理民政、公安、司法行政等工作"。⑯《宪法》第100条增加一款,作为第2款:"设区的市的人民代表大会和它们的常务委员会,在不同宪法、法律、行政法规和本省、自治区的地方性法规相抵触的前提下,可以依照法律规定制定地方性法规,报本省、自治区人民代表大会常务委员会批准后施行。"⑰《宪法》第101条第2款中"县级以上的地方各级人民代表大会选举并且有权罢免本级人民法院院长和本级人民检察院检察长。"修改为:"县级以上的地方各级人民代表大会选举并且有权罢免本级监察委员会主任、本级人民法院院长和本级人民检察院检察长。"⑱《宪法》第103条第3款"县级以上的地方各级人民代表大会常务委员会的组成人员不得担任国家行政机关、审判机关和检察机关的职务。"修改为:"县级以上的地方各级人民代表大会常务委员会的组成人员不得担任国家行政机关、监察机关、审判机关和检察机关的职务。"⑲《宪法》第104条中"监督本级人民政府、人民法院和人民检察院的工作"修改为"监督本级人民政府、监察委员会、人民法院和人民检察院的工作"。这一条相应修改为:"县级以上的地方各级人民代表大会常务委员会讨论、决定本行政区域内各方面工作的重大事项;监督本级人民政府、监察委员会、人民法院和人民检察院的工作;撤销本级人民政府的不适当的决定和命令;撤销下一级人民代表大会的不适当的决议;依照法律规定的权限决定国家机关工作人员的任免；在本级人民代表大会闭会期间，罢免和补选上一级人民代表大会的个别代表。"⑳《宪法》第107条第1款"县级以上地方各级人民政府依照法律规定的权限，管理本行政区域内的经济、教育、科学、文化、卫生、体育事业、城乡建设事业和财政、民政、公安、民族事务、司法行政、监察、计划生育等行政工作，发布决定和命令，任免、培训、考核和奖惩行政工作人员。"修改为："县级以上地方各级人民政府依照法律规定的权限，管理本行政区域内的经济、教育、科学、文化、卫生、体育事业、城乡建设事业和财政、民政、公安、民族事务、司法行政、计划生育等行政工作，发布决定和命令，任免、培训、考核和奖惩行政工作人员。"㉑《宪法》第三章"国家机构"中增加一节，作为第七节"监察委员会"。

总之，通过对宪法进行五次局部的修改和补充，及时地把在经济建设和改革开放中所取得的成果固定了下来，有利于保障经济建设和改革开放的顺利进行，有利于建立并完善社会主义市场经济体制，并为各项立法提供宪法依据。

三、宪法的分类

（一）率先制定宪法的资本主义国家对宪法的分类

这是资产阶级学者的传统分类。这种分类方法突出宪法的外部特征，从形式上对宪法进行研究。

1. 成文宪法和不成文宪法。成文宪法指具有统一法典形式的宪法。一般而言，成文宪法是以一部法律文书表示的宪法，但也有少数国家的成文宪法以几个同时期或不同时期制定的书面文件表示。不成文宪法是指不具有统一法典形式而散见于多种宪法性法律、宪法判例、宪法惯例中的宪法。

2. 刚性宪法和柔性宪法。划分的标准是效力和修改程序的不同。刚性宪法是指效力高于一般法律，修改程序比一般法律严格的宪法。柔性宪法是指效力和修改程序与一般法律相同的宪法。

3. 钦定宪法、民定宪法和协定宪法。划分的标准是宪法制定者的身份差异。钦定宪法是指由君主或者以君主的名义自上而下制定和颁布的宪法，制宪主体是君主。民定宪法是指由公民直接或选出的代表制定的宪法，它奉行主权在民的原则，存在于民主共和制国家。协定宪法是指由君主与国民或国民代表机构协商制定的宪法。

（二）随后制定宪法的社会主义国家对宪法的分类

这是马克思主义学者从实质上对宪法进行的划分。凡建立在公有制的经济基础之上，反映无产阶级和广大劳动人民意志，由社会主义国家制定的宪法就是社会主义宪法。凡建立在私有制的经济基础之上，反映资产阶级意志，由资本主义国家制定的宪法就是资本主义宪法。这种分类的特点在于鲜明地揭示了

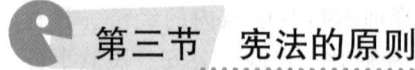

宪法的本质，反映了宪法的阶级属性。

第三节　宪法的原则

一、宪法原则的含义

宪法原则是宪法最基本的要素之一，是宪法规范据以存在的指导框架。宪法的基本内容是宪法原则的具体展开，宪法基本原则可以看作是宪法的灵魂。

二、世界上主要国家公认的宪法原则

宪法的基本原则应当包括主权在民原则、分权制衡原则、基本人权原则、法治原则和财产神圣原则。

（一）主权在民原则

主权在民原则的基本含义是指在宪法中确认国家对内的最高权力和对外的绝对权力来源于国民（或人民）、归属于国民（或人民）、受国民（或人民）支配，宪法以此为基调而确立人权内容与国家机构框架。人民主权（Popular Sovereignty）是指国家或政府的最高权力来源于和最终归属于人民，即国家或政府的最高权力的"民有"，并且这种来源是政府或国家权力的合法化依据或前提。这种含义的人民主权作为一种观念在西方较早就出现了。洛克是人民主权论的集大成者，其学说被现代宪法和宪政所践行。

例如，1946 年《日本宪法》序言规定："国政源于国民的严肃信托，其权威来自国民，其权力由国民的代表行使，其福利由国民享受。这是人类普遍的原理，本宪法即以此原理为根据。凡与此相反的一切宪法、法令和诏敕，我们均将排除之。"

又如，《法国宪法》第 3 条规定："国家主权属于人民，经由其代议士及人民复决方式行使之。人民之任何分割部分或个人均不得擅自行使国家主权。选举投票得依宪法规定，以间接或直接方式行之。选举必须采用普遍、平等、秘密方式。凡享有公民权与政治权之成年法国男女，符合法定条件者均得为选举人。"

（二）分权制衡原则

分权制衡原则，是指由宪法规定国家的立法权、行政权、司法权各自分立，三者之间相互制约和保持相对的平衡。

例如，《美国宪法》第 1 条第 1 款规定："本宪法所规定的立法权，全属合众国的国会，国会由一个参议院和一个众议院组成。"第 2 条第 1 款规定："行政权力赋予美利坚合众国总统。"第 3 条第 1 款规定："合众国的司法权属于一个

最高法院以及由国会随时下令设立的低级法院。"

又如,1949 年《德意志联邦共和国基本法》第二章第 20 条规定:"①德意志联邦共和国为民主、社会之联邦国家。②所有国家权力来自人民。国家权力,由人民以选举及公民投票,并由彼此分立之立法、行政及司法机关行使之。③立法权应受宪法之限制,行政权与司法权应受立法权与法律之限制。④凡从事排除上述秩序者,如别无其他救济方法,任何德国人皆有权反抗之。"

(三)基本人权原则

基本人权原则,是指在宪法中确定公民的基本人权,并通过宪法使人权得到保障,以实现保障人权的宪政目的。

例如,1787 年在费城起草的《美国宪法》,在各州审议批准的过程中,也有不少美国公民感到不安,因为宪法中并没有明确保障个人的权利。因此,宪法补充了 10 条修正案,统一称为《权利法案》,英文叫"The Bill of Rights"。由于补充了《权利法案》,宪法在 13 个州均获批准,并于 1791 年生效。第 5 条规定:"除非根据大陪审团的报告或起诉书,任何人不受死罪或其他重罪的审判,但发生在陆、海军中或发生在战时或出现公共危险时服役的民兵中的案件除外;任何人不得因同一犯罪行为而两次遭受生命或身体的危害;不得在任何刑事案件中被迫自证其罪;不经正当法律程序,不得被剥夺生命、自由或财产。"又如,《法国宪法》第 66 条规定:"任何人不得无故遭受拘禁。司法机关负责保障个人自由,并依法律规定,确保原则之遵守。"再如,1992 年 2 月 12 日实施的《蒙古国宪法》第二章(第 14 ~ 19 条)的标题为"人权、自由"。

(四)法治原则

法治原则是指以宪法为核心的法律体系在社会生活和政治生活中具有的最高的权威与效力,国家的一切权力都要根源于法律,法律面前人人平等,按照既定的法律程序来实现社会的基本正义。

例如,《大韩民国宪法》序言规定:"具有悠久的历史和民族传统的光辉照耀下的大韩民国,继承了三一运动创建了大韩国临时政府法律传统和横扫歪风的四一九民主精神,肩负祖国民主改革与和平统一使命,誓以正义、人道和同胞之爱,巩固民族团结,清除一切社会弊习和歪风,在自我约束与相互协调基础上,更加巩固自由民主的基本秩序……"

又如,1992 年 2 月实施的《蒙古国宪法》第 1 条规定:"①蒙古国为独立、主权的共和国家。②保障民主、正义、自由、平等和国家统一,崇尚法治,是国家事务的基本原则。"

再如,《老挝人民民主共和国宪法》第 10 条规定:"国家政权以宪法和法律治理国家。党和国家的各部门、各群众团体、各社会组织和各阶层人民都必须在宪法和法律的范围内进行活动。"

（五）财产神圣原则

财产神圣原则在我国理论界更多地被认为是资本主义国家的宪法原则，以"私有财产神圣不可侵犯"等原则的形式表现出来。而将社会主义宪法的财产神圣原则确定为公有财产神圣不可侵犯或社会主义公有制原则。

例如，《美国宪法》中的权利法案第 5 条规定："……不给予公平赔偿，私有财产不得充作公用。"又如，1979 年通过的《伊朗伊斯兰共和国宪法》第 22 条规定："除了法律许可的若干问题，不得侵犯个人的荣誉、生命、财产、权利、住宅和职业。"再如，《德意志联邦共和国基本法》第 14 条规定："①财产权及继承权应予保障，其内容与限制由法律规定之。②财产权负有义务。财产权之行使应同时有益于公共福利。③财产之征收，必须为公共福利始得为之。其执行，必须根据法律始得为之，此项法律应规定赔偿之性质与范围。赔偿之决定应公平衡量公共利益与关系人之利益。赔偿范围如有争执，得向普通法院提起诉讼。"

三、我国确认的宪法原则

这也是社会主义国家宪法的基本原则，包括：

（一）权力属于人民原则

尽管在各社会主义国家的宪法规范中，我们并没有看到如资本主义国家宪法那样明确规定的主权属于人民，而只看到"一切权力属于人民"的原则，但实际上"一切权力属于人民"是无产阶级在创建自己的政权过程中，在批判性地继承资产阶级民主思想的基础上，对人民主权原则的创造性运用和发展，"一切权力属于人民"实质上也就是主权在民。

社会主义国家都从人民主权的理论出发，推演出应以人民代表大会制度作为实现人民主权的基本形式。人民代表大会制度是我国的根本政治制度。社会主义民主的本质是人民当家做主。国家的一切权力属于人民，这是我国国家制度的核心内容和根本准则。人民代表大会制度是体现我国"一切权力属于人民"这一社会主义民主实质的根本制度，是人民行使国家权力的根本途径和形式，是人民把国家的、民族的和自己的命运最终掌握在自己手中，维护人民根本利益的可靠保证。

（二）保障公民权利原则

社会主义国家建立以后，同样也在宪法中确认了基本人权原则。我国《宪法》第 33 条规定了"国家尊重和保障人权"，宪法中有关"公民基本权利"的规定，实质也是对基本人权的确认。如我国宪法中规定的公民参与国家政治生活的权利和自由、公民的人身自由和信仰自由、公民社会经济文化方面的权利

等，就是基本人权的主要内容。同时，我们说社会主义国家政权的本质特征就是人民当家做主，而公民基本权利和自由则是人民当家做主最直接的表现，因此，如果宪法不对此加以规定，那么，人民当家做主就只能是抽象的原则。

对公民权利的保护必须依据宪法的基本原则和具体规定进行。公民权利是不能推向极端的，因此一些公众人物（比如公共官员）的言论自由受到了更多的限制。这与《宪法》第 35 条并不抵触。2009 年，郑州市规划局副局长逯军因雷人语言而去职事件，就是典型事例。[1]

（三）社会主义法治原则

社会主义国家政权的建立，使法治原则发展到了一个新的历史阶段。如果说资本主义国家的法治是体现资本特权的法治，那么社会主义法治则是以消灭特权为目的的法治。社会主义国家的宪法不仅宣布宪法是国家根本法，具有最高的法律效力，是一切国家机关和全体公民最高的行为准则，而且还规定国家的立法权属于最高的人民代表机关。这样，在社会主义国家中，不仅宪法和法律具有广泛深厚的民主基础，所有机关、组织和个人都必须严格依法办事，而且以生产资料的社会主义公有制作为坚强的后盾，从而使社会主义的法治原则有了真正实现的前提条件。

在我国，社会主义法治原则是邓小平、彭真提出来的，其基本内容以 16 字予以概括，即"有法可依、有法必依、执法必严、违法必究"。

1999 年 3 月 15 日，第九届全国人大第二次会议通过宪法修正案，其中明确规定："中华人民共和国实行依法治国，建设社会主义法治国家"。其他不少条款也体现了法治精神，例如，在序言中郑重宣告：中国要建设富强、民主、文明国家，要发展社会主义民主，健全社会主义法制。确认宪法具有最高的法律效力，一切政党、团体、组织和个人必须在宪法和法律范围内活动。又如，在总纲中明文规定：国家维护社会主义法制的统一和尊严，任何组织和个人不得有超越宪法和法律的特权。再如，在"公民的基本权利和义务"一章中确认中华人民共和国公民在法律面前一律平等，公民的人身自由不受侵犯，公民的人格尊严不受侵犯等。此外，在国家机构中规定：人民法院和人民检察院依法独立行使职权，不受社会团体、行政机关和个人的干涉。[2]

2014 年 10 月 23 日中共十八届四中全会通过的《中共中央关于全面推进依法治国若干重大问题的决定》的第二部分第 1 项规定："宪法是党和人民意志的集中体现，是通过科学民主程序形成的根本法。坚持依法治国首先要坚持依宪

〔1〕 韩大元主编：《中国宪法事例研究》（第 5 卷），法律出版社 2010 年版，第 34~42 页。
〔2〕 韩大元主编：《比较宪法学》，高等教育出版社 2008 年版，第 69 页。

治国，坚持依法执政首先要坚持依宪执政。全国各族人民、一切国家机关和武装力量、各政党和各社会团体、各企业事业组织，都必须以宪法为根本的活动准则，并且负有维护宪法尊严、保证宪法实施的职责。一切违反宪法的行为都必须予以追究和纠正。"这是社会主义法治原则的最新表述。

2014年11月1日第十二届全国人民代表大会常务委员会第十一次会议通过了《全国人民代表大会常务委员会关于设立国家宪法日的决定》，规定："将12月4日设立为国家宪法日。国家通过多种形式开展宪法宣传教育活动。"这一举措，有利于增强全社会的宪法意识，弘扬宪法精神，加强宪法实施，全面推进依法治国。

（四）民主集中制原则

民主集中制由列宁最早提出，概括地说，就是民主基础上的集中和集中指导下的民主相结合。它既是党的根本组织原则，也是群众路线在党的生活中的运用。

社会主义宪法是在一种新型国家理念下规划国家权力的归属和运作以及与公民的关系的。力图克服资本主义国家因实行三权分立而产生的诸多弊端，更强调国家权力行使中的互相配合，更强调国家权力的统一与行使效率。[1]

中共十八届四中全会通过的《中共中央关于全面推进依法治国若干重大问题的决定》的第二部分第1项规定："完善全国人大及其常委会宪法监督制度，健全宪法解释程序机制。加强备案审查制度和能力建设，把所有规范性文件纳入备案审查范围，依法撤销和纠正违宪违法的规范性文件，禁止地方制发带有立法性质的文件。"这是民主集中制在我国现阶段的进一步体现。

2018年3月11日第十三届全国人民代表大会第一次会议修改后的《中华人民共和国宪法》第3条规定："中华人民共和国的国家机构实行民主集中制的原则。全国人民代表大会和地方各级人民代表大会都由民主选举产生，对人民负责，受人民监督。国家行政机关、监察机关、审判机关、检察机关都由人民代表大会产生，对它负责，受它监督。中央和地方的国家机构职权的划分，遵循在中央的统一领导下，充分发挥地方的主动性、积极性的原则。"在我国，民主集中制是党和国家的根本制度、组织原则，是群众路线在党和国家生活中的应用。

根据2018年3月11日修改后的《中华人民共和国宪法》，实现了党政军"三位一体"，这样的领导体制和领导形式，对于我们这样一个大党、大国来说，不仅是必要的，而且是最为妥当的。这种领导体制和领导形式是中国共产党从

---

〔1〕 韩大元主编：《比较宪法学》，高等教育出版社2008年版，第75页。

长期执政实践中探索和总结出来的治国理政的成功经验。

思考题

1. 什么是宪法？为什么说宪法是国家的根本大法？
2. 1982 年宪法至今有过几次修改？
3. 社会主义国家宪法的原则有哪些？

实训项目

逯军，曾任郑州市城市规划局副局长，兼任郑州市规划勘测设计研究院党总支书记，负责行政、党务、财务、信访等方面的工作，分管办公室、机关党委、财务室、信访办，联系郑州市规划勘测设计研究院。河南郑州市须水镇西岗村原本被划拨为建设经济适用房的土地被开发商建了别墅和楼中楼，2009 年 6 月记者对郑州市规划局进行采访时遭到副局长逯军质问：是准备替党说话，还是准备替老百姓说话？2009 年 6 月 22 日下午，郑州市人民政府新闻办公室发布消息称，郑州市规划局副局长逯军已被停止工作，深刻反思、接受调查。

根据材料对上述事件进行讨论。

步骤：①学生在讨论之前上网查看逯案的详细背景材料及案情。②学生思考。③课堂讨论。④教师归纳主要观点，点评。

方法：个人发表看法。教师维持讨论场面秩序。

第七章　宪法基础知识

学习目标

　　通过本章的学习，掌握国家性质的概念；正确理解我国的国家性质；理解我国爱国统一战线的范围、性质、任务，明确我国的政党制度是中国共产党领导的多党合作和政治协商制度，知道我国宪法对于经济制度和文化制度的规定。掌握政权组织形式的概念及分类；认识我国人民代表大会制度的基本含义及其适宜性。明确我国采取单一制国家结构形式的原因及我国宪法规定的行政区划；了解我国民族区域自治制度和特别行政区制度。掌握选举制度的概念，明确我国选举制度的原则；了解我国选举的组织和程序。

 第一节　国家性质

一、国家性质概述

（一）国家性质的概念

　　国家性质，又称国体、国家本质，指社会各个阶级在国家中的地位。在马克思主义宪法学说中，国家性质指的是国家的阶级本质，即各个阶级在国家政治生活中的地位，即哪个阶级是统治阶级，哪个阶级是被统治阶级，哪些属于统治阶级的同盟者。

　　决定并反映国家性质的因素包括三方面：①社会各阶级在国家中的地位是决定和体现国家性质的直接因素；②社会经济制度的性质是国家性质的最终决定因素；③社会文化制度是影响和体现国家性质的重要因素。按照这一标准，人类历史上曾出现过四种性质不同的国家，即奴隶制国家、封建制国家、资本主义国家和社会主义国家。四种性质不同的国家的主要区别在于由哪个阶级占有生产资料、控制国家政权、主导国家文化方向。

（二）各国宪法对国家性质的规定

　　国家性质是宪法学的一个基本问题，也是宪法所规定的各项国家制度中的本质性问题，其与其他宪法制度之间的关系是内容与形式、决定与被决定的

关系。

1. 资本主义国家宪法对国家性质的规定。资本主义国家的宪法大都没有关于国家性质的明文规定。资本主义国家学者认为，宪法是调和各阶级和各阶层矛盾的最高法律规范，它不是代表某一个阶级利益的，而是代表超阶级的"全民"意志。例如，1787年《美国宪法》在序言中宣称，制宪的目的是"增进全民福利并谋吾人及子孙永享自由和幸福"。1958年《法国宪法》第2条规定："共和国之信条为自由、平等、博爱"；"共和国原则为民有、民治、民享之政府"。

2. 社会主义国家宪法对国家性质的规定。社会主义国家的宪法明确规定国家性质，公开宣称国家政权的实质是无产阶级专政，国家实行社会主义制度。例如，我国现行《宪法》第1条第1款规定："中华人民共和国是工人阶级领导的、以工农联盟为基础的人民民主专政的社会主义国家。"

3. 各民族民主主义国家宪法对国家性质的规定。主要有以下模式：①有的借鉴社会主义国家宪法对国家性质的规定；②有的模仿资本主义国家宪法对国家性质的规定；③有的国家宪法声称以君主、宗教领袖、宗教教义作为国家权力和社会制度的基础。例如，《柬埔寨宪法》规定"佛教是国教"；《伊朗宪法》规定"只有一个真主（'安拉是唯一的真主'），只承认他的统治并归顺他的意向"；已故伊朗宗教领袖霍梅尼称：伊斯兰政府是立宪主义的，但它不是通常所说的人依据法律和多数表决原理而承认事情的立宪主义，而伊斯兰政府的立宪主义是领导者参与执行和行政，服从古兰经，遵守伊斯兰法。

二、我国的国体

（一）我国宪法对国体的规定

我国现行《宪法》第1条第1款规定："中华人民共和国是工人阶级领导的、以工农联盟为基础的人民民主专政的社会主义国家。"第1条第2款规定："社会主义制度是中华人民共和国的根本制度。中国共产党领导是中国特色社会主义最本质的特征。……"它表明了我国的国家性质是人民民主专政的社会主义国家政权，即以工人阶级为领导，以工农联盟为基础，对人民实行民主和对敌人实行专政。同时，也表明了中国共产党是人民民主专政政权的领导核心，在中国特色社会主义建设发展过程中必须始终坚持中国共产党的领导。

1. 人民民主专政的历史发展。无产阶级专政学说是马克思主义的精髓，而人民民主专政理论是中国共产党人将这一学说创造性地应用于中国革命与建设实践的产物，是毛泽东思想的重要组成部分。毛泽东等中国无产阶级革命家创立了人民民主专政理论，1949年9月召开的中国人民政治协商会议第一届全体会议通过的《共同纲领》第1条规定："中华人民共和国为新民主主义即人民民

主义的国家，实行工人阶级领导的、以工农联盟为基础的、团结各民主阶级和国内各民族的人民民主专政。"由此，人民民主专政作为我国的国体被正式确定下来，它正确反映了当时我国在新民主主义革命胜利后，向社会主义过渡初期的阶级关系。而 1954 年宪法则基本沿用了这一规定："中华人民共和国是工人阶级领导的，以工农联盟为基础的人民民主国家。"同时还对各阶级阶层的社会主义改造作了原则性的规定。

（1）人民民主专政是具有中国特色的无产阶级专政。我国 1982 年宪法的序言明确规定，人民民主专政，实质上即无产阶级专政。这是因为，二者在领导力量、阶级基础、国家职能以及历史使命等方面完全一致。

第一，从领导力量看，二者都是由工人阶级领导的。无产阶级专政的根本标志是无产阶级单独掌握国家领导权。在我国，工人阶级是人民民主专政的领导阶级，它通过中国共产党实现领导，中国共产党是人民民主专政的领导核心。

第二，从阶级基础看，二者都是以工农联盟为基础的。无产阶级专政的最高原则是无产阶级必须同农民结成牢固的联盟。历史证明，无产阶级只有同农民结成联盟才能最终战胜资产阶级，建立无产阶级专政。在我国，工农联盟是人民民主专政的阶级基础，是建立、巩固和发展人民民主专政和社会主义制度的重要保证。

第三，从国家职能看，二者都是对人民实行民主，对敌人实行专政，保卫社会主义制度，组织社会主义的经济、政治、文化建设。

第四，从历史使命看，二者都是以消灭剥削阶级和剥削制度，建设社会主义，为实现共产主义而奋斗为自己的历史使命。

相较于无产阶级专政，人民民主专政更适合中国国情，是具有中国特色的无产阶级专政。人民民主专政与无产阶级专政的主要区别是：

第一，产生的历史条件不同。人民民主专政是中国革命和建设的历史选择。我国的人民民主专政经历了新民主主义革命和社会主义革命与建设两个阶段。新民主主义革命是一场"无产阶级领导的，人民大众的，反对帝国主义、封建主义和官僚资本主义的革命"[1]，革命的领导者是无产阶级，而革命的动力则是人民大众。我国的社会主义革命采取了没收官僚资本、和平赎买民族资本、引导个体劳动者走向合作化的方式。可见，在中国革命的"两步走"中，较之无产阶级专政，人民民主专政所担负的历史任务更复杂，实现方式更灵活，实践证明，它是符合中国历史发展的成功选择。

第二，政权构成形式不同。人民民主专政的提法更符合我国的阶级状况，

---

〔1〕《毛泽东选集》（第 4 卷），人民出版社 1990 年版，第 1316 页。

更能体现政权的广泛基础。新中国成立初期，我国实行的是工人阶级、农民阶级、城市小资产阶级、民族资产阶级及其他爱国主义者的联合专政。现阶段社会主义建设新时期，我国已形成社会主义劳动者、社会主义建设者、拥护社会主义的爱国者、拥护祖国统一和致力于中华民族伟大复兴的爱国者的联盟，我国人民民主专政的国家政权始终有着广泛的阶级基础并形成统一战线。同时，随着我国社会主义事业的发展和祖国统一大业的实现，人民民主专政政权的社会基础必将更为广泛。所以，人民民主专政的提法不仅符合中国国情的历史和现状，还为今后的发展预留了广阔的空间。

第三，表述的方式不同。人民民主专政的表述更全面、更准确地反映了我国国家政权的职能，即对人民实行民主与对敌人实行专政两方面职能，任何一方面也不能偏废。尽管马克思主义的无产阶级专政学说的本意涵盖了民主与专政的内容，但在提法上未能直接表达出这两层含义。所以，相对于1954年宪法中只突出"人民民主"，1975年、1978年的两部宪法中只突出"无产阶级专政"的片面提法，现行宪法规定的"人民民主专政"，无论在内涵上还是表述上都更全面、更准确。

（2）人民民主专政的含义。人民民主专政是民主和专政的有机结合，人民民主专政包括对人民实行民主和对敌人实行专政两个方面。在人民内部实行民主是实现对敌人专政的前提和基础，而对敌人实行专政又是实现人民民主的有力保障，两者是辩证统一的关系。

人民，一般是指以其存在和活动推动历史向前发展的那些社会阶级、阶层和社会集团，它是一个历史范畴，在不同国家或不同历史时期的内容不同。在我国现阶段，人民的范围与爱国统一战线的范围一致，即由全体社会主义劳动者、社会主义建设者、拥护社会主义的爱国者和拥护祖国统一的爱国者组成的政治联盟，它包括了我国社会的绝大多数人。在我国人民民主专政政权中，人民民主就是社会主义民主，它表明社会绝大多数人享有管理国家的一切权力和广泛的公民权利。

所谓敌人，现阶段是指那些极少数敌视和破坏我国社会主义制度的国内外敌对势力和敌对分子。专政是指统治阶级运用掌握的国家权力，对被统治阶级进行压迫，对社会实行控制和管理的统治形式和国家形态。在我国人民民主专政政权中，对敌人实行专政，要把握好以下几个问题：①正确认识现阶段我国的阶级关系和阶级斗争形式。目前，我国正处在社会主义初级阶段，一方面，剥削阶级已经消灭，国家的主要矛盾不再是阶级矛盾，而是人民日益增长的美好生活需要和不平衡不充分的发展之间的矛盾。相应地，国家的任务也从"以阶级斗争为纲"，转向以经济建设为中心；另一方面，阶级斗争还将在一定范围内长期存在，极少数敌视和破坏我国社会主义制度的国内外敌对势力和敌对分子短期内无法消灭。②正确处理对敌专政问题。上述认识决定了现阶段我国政权的专政职能的基本内容：一是在专政的对象上，敌人只是极少数人，要避免再犯专政对象扩大化的错误；二是在专政的方式上，要依法定方式和程序，同一切敌对势力和敌对分子的违法犯罪行为进行坚决而有效的斗争。

2. 人民民主专政的阶级结构。

（1）工人阶级是人民民主专政的领导阶级。工人阶级的领导是人民民主专政的根本标志。工人阶级的领导地位是由工人阶级的特点、优点和担负的伟大历史使命所决定的。历史证明，只有坚持工人阶级的领导，才能保证社会主义革命的胜利和经济建设的顺利进行。在我国改革开放和现代化建设的新时期，更要加强工人阶级的领导。工人阶级对国家的领导是通过自己的先锋队——中国共产党来实现的。

（2）工农联盟是人民民主专政的阶级基础。工人阶级和农民阶级都是劳动阶级，这两个阶级约占我国人口总数的90%以上，是我国革命和建设的基本力量。正是由于工人阶级和农民阶级结成了牢不可破的联盟，我国的新民主主义革命和社会主义革命才取得了胜利。因此，加强工农联盟是我国实现社会主义现代化的根本保障。

（3）知识分子是人民民主专政的基本依靠力量。知识分子同工人、农民一样，依靠自己的劳动取得生活来源，它作为社会主义现代化建设的一支重要力量，早已成为工人阶级的一部分。

3. 中国共产党领导是中国特色社会主义最本质的特征。习近平同志强调："我们治国理政的根本，就是中国共产党的领导和社会主义制度。"适应新时代党和国家发展新要求，把"中国共产党领导是中国特色社会主义最本质的特征"写入宪法，为坚持和加强党的全面领导提供了根本制度保障。这个重要规定，从社会主义本质属性的高度确定党在国家中的领导地位，使党总揽全局、协调各方的领导核心地位在国家运行机制和各项制度中具有更强的制度约束力和更高的法律效力，有利于把党的领导贯彻落实到国家政治生活和社会生活的各个领域，实现全党全国人民思想上、政治上、行动上一致，确保中国特色社会主义事业始终沿着正确轨道向前推进。

（二）爱国统一战线

统一战线的思想是无产阶级专政理论的重要组成部分。我国的统一战线，是指工人阶级及其政党在革命和建设中，为了获得最广泛的同盟军以实现自己的政治目标或任务，同其他阶级、阶层、社会力量结成的政治联盟。

历史上，我国曾经有四个统一战线：革命统一战线、抗日民族统一战线、人民民主统一战线和现阶段的爱国统一战线。现阶段我国的爱国统一战线是指在长期的革命、建设和改革过程中结成的由中国共产党领导的，各民主党派和各人民团体参加的，包括全体社会主义劳动者、社会主义建设者、拥护社会主义的爱国者、拥护祖国统一和致力于中华民族伟大复兴的爱国者的广泛的统一战线。

1. 爱国统一战线的范围：全体社会主义劳动者、全体社会主义事业的建设者、拥护社会主义的爱国者、拥护祖国统一和致力于中华民族伟大复兴的爱国者。

2004 年十届全国人大二次会议通过的宪法修正案在宪法第 10 自然段关于统一战线的表述中增加"社会主义事业的建设者"，准确地反映了改革开放以来，经济的发展给我国社会阶层的构成所带来的新变化。党的十六大报告指出，在社会主义变革中，出现了"民营科技企业的创业人员和技术人员、受聘于外资企业的管理技术人员、个体户、私营企业主、中介组织的从业人员、自由职业人员等社会阶层"[1]。"在党的路线方针政策指引下，这些新的社会阶层中的广大人员，通过诚实劳动和工作，通过合法经营，为发展社会主义社会的生产力和其他事业作出了贡献。他们与工人、农民、知识分子、干部和解放军指战员团结在一起，他们也是中国特色社会主义事业的建设者"[2]。这是对我国现阶段的社会阶层结构所作的科学论断，宪法修正案则是对新阶层所处的地位予以了明确的规定和保障，只有这样才能充分发挥这些新阶层在社会主义现代化建设中的作用，才能更好地引导他们接受党的领导和坚持社会主义道路。

2018 年十三届全国人大一次会议通过的宪法修正案在宪法第 10 自然段进一步完善了统一战线制度，规定建立"包括全体社会主义劳动者、社会主义事业的建设者、拥护社会主义的爱国者、拥护祖国统一和致力于中华民族伟大复兴的爱国者的广泛的爱国统一战线"，有利于最大限度调动一切积极因素，使海内外中华儿女同心同德、众志成城，共同致力于实现中华民族伟大复兴的梦想。

2. 爱国统一战线的性质：社会主义性质兼有爱国主义性质。因为爱国统一战线中包括两个范围的政治联盟：一个是在中国内地范围内，由全体社会主义劳动者、社会主义建设者和拥护社会主义的爱国者组成的以社会主义为政治基础的联盟，这个联盟必须坚持社会主义原则。它是爱国统一战线的主体，决定着我国爱国统一战线的性质是社会主义性质；另一个是广泛团结台湾同胞、港

---

〔1〕　江泽民：《全面建设小康社会，开创中国特色社会主义事业新局面》，人民出版社 2002 年版，第 15 页。

〔2〕　江泽民：《在庆祝中国共产党成立八十周年大会上的讲话》，人民出版社 2001 年版，第 31 页。

澳同胞、海外侨胞，以拥护祖国统一和中华民族伟大复兴为政治基础的联盟，这个联盟是爱国统一战线的重要组成部分，是爱国统一战线在新的历史时期的重大发展。

3. 爱国统一战线的任务：高举爱国主义的旗帜，团结一切可以团结的力量，调动一切积极因素，为社会主义现代化建设服务，为实现祖国的统一大业服务，为保卫世界和平服务。

4. 爱国统一战线的组织形式：中国人民政治协商会议。我国现行《宪法》在序言中指出："中国人民政治协商会议是有广泛代表性的统一战线组织，过去发挥了重要的历史作用，今后在国家政治生活、社会生活和对外友好活动中，在进行社会主义现代化建设、维护国家的统一和团结的斗争中，将进一步发挥它的重要作用。"

（三）社会主义精神文明建设

精神文明，是指人类改造主观世界的精神成果的总和，它表现为科学、教育、文化等事业的发达和人们思想道德素养的提高。2013 年 8 月，习近平总书记在全国宣传思想工作会议上明确地指出："只有物质文明建设和精神文明建设都搞好，国家物质力量和精神力量都增强，全国各族人民物质生活和精神生活都改善，中国特色社会主义事业才能顺利向前推进。"文化是指人类在一定历史阶段所创造的精神财富。文化制度是指一国通过宪法和法律调整以社会意识形态为核心的各种基本文化关系的规则、原则和政策的总和，主要包括教育事业，科技事业，文学艺术事业，广播电影电视事业，医疗、卫生、体育事业，新闻出版事业，文物事业，图书馆事业以及社会意识形态等方面。我国现行《宪法》从教育科学文化建设和思想道德建设两方面对精神文明作了系统规定。

1. 教育科学文化建设。教育科学文化建设旨在提高整个民族的科学文化素质，为社会主义现代化建设提供智力支持，所以它既是物质文明建设的重要条件，也是提高人民群众思想道德水平的重要条件。全面建成小康社会，离不开精神文化生活的小康。在物质生活极大丰富的同时，人民群众日益增长的精神文化需求也要得到满足，让百姓过上真正"双丰收"的好日子。在当代中国，发展先进文化，就是发展面向现代化、面向世界、面向未来的民族的科学的大众的社会主义文化，以不断丰富人们的精神世界，增强人们的精神力量。现行《宪法》第 19～22 条对教育科学文化建设作出了规定：

（1）要发展教育事业。教育的任务就是要提高劳动者的素质和培养专门人才，从而推动现代科技发展和经济持续增长。所以，教育是实现社会主义现代化建设的基础，具有先导性和全局性作用，必须切实把教育放在优先发展的战略地位。

现行《宪法》第19条对教育事业的发展作出了较为系统的规定：一是对教育事业发展作出整体部署，即"国家发展社会主义的教育事业，提高全国人民的科学文化水平"。二是针对不同教育对象，通过各种途径发展多形式多层次的教育事业，即"国家举办各种学校，普及初等义务教育，发展中等教育、职业教育和高等教育，并且发展学前教育"，"国家发展各种教育设施，扫除文盲，对工人、农民、国家工作人员和其他劳动者进行政治、文化、科学、技术、业务的教育，鼓励自学成才"，"国家鼓励集体经济组织、国家企业事业组织和其他社会力量依照法律规定举办各种教育事业"。三是规范语言标准以推动全国教育事业发展，即"国家推广全国通用的普通话"。

在此基础上，我国先后颁布了《教育法》《义务教育法》《教师法》《职业教育法》等，以法律的形式保障我国社会主义教育事业的发展。

（2）发展科学事业。国家大力推进科学事业的发展，在给予物质性保障的同时，还要给予制度性的保障。现行《宪法》第20条作出了原则性的规定："国家发展自然科学和社会科学事业，普及科学和技术知识，奖励科学研究成果和技术发明创造。"在此基础上，国家还颁布了《专利法》《著作权法》等法律、法规，详细规定了科学事业领域的具体问题，有力地保障和推动了国家科学事业的发展。

（3）发展医疗卫生体育事业。医疗卫生体育事业的发展水平，是衡量一国文明程度和人民生活质量的重要标志。国家发展医疗卫生事业和体育事业，以提高人民的健康素质，促进人的智力和体力的全面发展，这是我国全面建设小康社会的目标之一。现行《宪法》第21条规定："国家发展医疗卫生事业，发展现代医药和我国传统医药，鼓励和支持农村集体经济组织、国家企业事业组织和街道组织举办各种医疗卫生设施，开展群众性的卫生活动，保护人民健康。国家发展体育事业，开展群众性的体育活动，增强人民体质。"在此基础上，我国颁布了《食品安全法》《传染病防治法》《母婴保健法》《医疗机构管理条例》《体育法》《全民健身计划纲要》等法律、法规。

（4）发展文学艺术和其他文化事业。文学等各种文化事业的作用体现在：愉悦人的精神，发展健康人格，丰富人民生活，培育高尚的社会风尚。大力发展社会主义文化事业，对于人的自身发展、弘扬优秀的民族文化传统、引导和稳定社会等方面具有重要作用。要大力发展文化事业，尤其是先进文化，并且始终把社会效益放在首位。现行《宪法》第22条规定："国家发展为人民服务、为社会主义服务的文学艺术事业、新闻广播电视事业、出版发行事业、图书馆博物馆文化馆和其他文化事业，开展群众性的文化活动。国家保护名胜古迹、珍贵文物和其他重要历史文化遗产。"在此基础上，我国还颁布了《出版管理条例》《印刷业管理条例》《文物保护法》等法律、法规。

2. 思想道德建设。思想道德建设是社会主义精神文明建设的另一个重要内容，它是决定精神文明建设的社会主义性质和方向的根本问题。思想道德建设，旨在建立与社会主义市场经济相适应、与社会主义法律体系相协调、与中华民族传统美德相承接的社会主义思想道德体系。全面依法治国，离不开崇德向善的正能量。习近平总书记在主持中央政治局第四次集体学习时强调，"要坚持依法治国和以德治国相结合，把法治建设和道德建设紧密结合起来，把他律和自律紧密结合起来，做到法治和德治相辅相成、相互促进"。

现行《宪法》第24条规定："国家通过普及理想教育、道德教育、文化教育、纪律和法制教育，通过在城乡不同范围的群众中制定和执行各种守则、公约，加强社会主义精神文明的建设。国家倡导社会主义核心价值观，提倡爱祖国、爱人民、爱劳动、爱科学、爱社会主义的公德，在人民中进行爱国主义、集体主义和国际主义、共产主义的教育，进行辩证唯物主义和历史唯物主义的教育，反对资本主义的、封建主义的和其他的腐朽思想。"

宪法强调国家工作人员的思想道德建设。2018年十三届全国人大一次会议通过的宪法修正案在《宪法》第27条第3款规定："国家工作人员就职时应当依照法律规定公开进行宪法宣誓。"这个新增条款，有利于在全社会树立宪法权威，增强国家工作人员的宪法观念，激励和教育国家工作人员提高宪法意识，培育宪法信仰，更好地忠于宪法、遵守宪法、维护宪法。

可见，我国宪法关于思想道德建设的基本内容包括了四个方面：①以把我国建设成为富强民主文明和谐美丽的社会主义现代化强国，实现中华民族伟大复兴的共同理想为目标，普及理想教育；②以社会主义核心价值观为主要内容，以"五爱"为基础，以为人民服务为核心，以集体主义为原则，以诚实守信为重点，普及社会主义道德教育；③以共产主义为指导，以爱国主义为基础，进行思想政治教育；④反对资本主义、封建主义和其他腐朽思想。

第二节　政权组织形式

一、政权组织形式概述

（一）政权组织形式的概念

政权组织形式，又称政体，是指在一定社会中，统治阶级为了行使国家权力，而依据一定原则和方式确立起来的国家机关的组织体系。任何国家的统治阶级在掌握政权后，都需要建立适当的政权组织形式，以便有效行使国家权力，管理社会，达到反对敌人、保护自己的目的。政权组织形式的内容主要包括：国家权力的构成、组织国家机关所依据的原则和方式、各国家机关之间的相互关系及行使政权的方式和程序等。

（二）政权组织形式的分类

历史上各个国家的政权组织形式或政体是不一样的，在不同时代的同一国家中政体也可能有变化。剥削阶级国家的政权组织形式，基本上可归结为两大类：君主制和共和制。

一般意义上的君主制是指国家最高权力即主权在法律上和事实上均属于一个人即君主的政治制度。君主制是奴隶制社会和封建制社会的典型政体。在反对封建统治的社会变革中，有些君主制国家灭亡了，变成了共和制国家，如法国和中国；有些君主制国家则在国家体制不变的情况下进行了政体改革，变成了君主立宪国家即君主权力受宪法限制的国家，如英国和瑞典等。君主制政体的共同特点是：君主是世袭的，实际上或名义上拥有最高国家权力，是国家元首和国家权力的来源，国家机关的权力均来自于君主的授予。一般说来，君主立宪政体是资产阶级和封建势力相妥协的产物，又称为有限君主制，即作为国家元首的君主虽然仍是终身世袭的，但不再享有专制政体下的无限权力，而在一定程度上受到宪法的制约。按照君主权力受限制的情况，又分为二元君主立宪制和议会君主立宪制。

共和制是目前资本主义国家采用比较多的一种政权组织形式。一般又分为议会制和总统制。议会制政体形式在君主制和共和制下都可实行，它当然也是民主制的一种表现，但绝对不会在独裁统治下成为现实。总统制是近代才产生的，它与共和制有必然的联系，是代替君主制的一种政权组织形式。

议会制是一种议会在国家政治生活中居于主导地位的政权组织形式。它的主要特征是：政府由议会中的多数党领袖组织，并对议会负责；总统由选举产生，一般不掌握实权，是名义上的国家元首；议会可以通过不信任案迫使政府集体辞职，或提请国家元首解散议会。采用此种政体的国家有德国、意大利、印度等。

总统制是一种以总统为国家元首兼政府首脑的政权组织形式，它的主要特征是：总统由选民产生，对选民负责，他既是国家元首，又是政府首脑，实际掌有军事、内政、外交大权；行政权由总统掌握，政府成员一般由总统提名；总统不对议会负责，也无权解散议会，而议会除了依法对总统提出弹劾予以定罪外，也不能通过不信任案迫使总统辞职；但议会行使立法权，法院行使违宪审查权，是对总统职权的制约。最早实行这种政体的国家是美国，此外还有菲律宾、埃及、墨西哥等。

共和政体非议会制便是总统制。但在资产阶级共和政体中还存在一种特殊形式，即合议制，或称委员会制。这是一种较为民主的政权组织形式，迄今为止，只有瑞士实行此制。它的主要特征是：国家最高行政机关实行委员会制。委员会由议会选举产生的7名成员组成，实行集体领导，一切重大问题都需要委员会集体合议；委员会设有主席或副主席，主席是政府首脑和国家元首（总统），由委员会成员轮流担任，对外代表国家，对内主持委员会，除此之外与其他委员一样；议会行使立法权，但其不能因否决对委员会提案或提出不信任案而迫使委员会辞职，委员会也无权解散议会。

对于无产阶级夺取政权后应该采取什么样的政权组织形式问题，早在1850年，马克思在总结1848年欧洲革命时就指出，无产阶级专政的国家必须建立共和政体。马克思还指出，剥削阶级专政的国家由于历史条件的不同，既可以建立共和政体，也可以建立君主政体，然而，无产阶级专政则只能建立多种形式的共和政体。关于无产阶级专政政体的具体组织形式问题，马克思在总结巴黎公社经验之后，得出的结论是：无产阶级专政的政权组织形式应该是巴黎公社式的共和制。

第二次世界大战期间及之后，诞生了许多人民民主国家，无产阶级的国家政权组织形式也随之得到广泛的发展。各人民民主国家都采用了适合本国具体情况的国家政权组织形式。

（三）我国政权组织形式的历史发展

我国的政权组织形式为人民代表大会制，其原则是民主集中制，形式是一种民主的代表制。我国的人民代表大会制度是在中国人民长期革命斗争中产生和建立的。它经历了民主革命和社会主义革命两个阶段。

早在第一次国内革命战争时期，在中国共产党领导的工人运动和农民运动中，就出现过许多革命的群众组织，这些群众组织都是人民代表大会制度的萌芽。

第二次国内革命战争时期，从中央到地方各级工农兵代表大会为以后革命政权的建设和人民代表大会制度的发展，积累了宝贵的经验。

在抗日战争时期，中国共产党提出了建立中国共产党领导下的抗日民族统一战线政权的号召，并以工农劳动群众为主体，联合小资产阶级，以及赞成抗日的资产阶级和开明士绅，组成抗日民主政权。其政权组织形式是各级参议会和各级政府。

第三次国内革命战争时期，随着革命战争和土地改革运动的发展，在贫农团和农会的基础上，中国共产党建立了区、乡两级人民代表会议和人民政府。

中华人民共和国成立以后，《中国人民政治协商会议共同纲领》总结了我国长期革命政权建设的经验，确定了人民代表大会制度作为我国的政权组织形式。

二、人民代表大会制度是我国的根本政治制度

（一）人民代表大会制度的概念

我国现行《宪法》第 2 条第 1、2 款规定："中华人民共和国的一切权力属于人民。人民行使国家权力的机关是全国人民代表大会和地方各级人民代表大会。"它表明我国的政权组织形式是人民代表大会制度。

所谓人民代表大会制度，是指国家的一切权力属于人民，根据民主集中制原则，人民在普选的基础上选派代表，组成全国及地方各级人民代表大会，以人民代表大会为基础，建立全部国家机构，实现人民当家做主的根本政治制度。

人民代表大会制度的含义，可以从以下几个方面来理解：

1. 国家的一切权力属于人民，是人民代表大会制度的实质。国家的一切权力属于人民，是由我国人民民主专政国家的性质决定的。它意味着人民的意志在国家中居于最高地位，国家权力的行使和国家机关的组织就是要保证人民全体意志的实现。

2. 民主集中制是人民代表大会制度组织和活动的根本原则。国家权力是统一不可分割的，所以人民作为整体是国家权力的所有者。但是我国有十几亿人，在根本利益一致的基础上，还存在较大的具体利益的差异。因此，要使人民能够统一意志，行使权力，必须实行民主集中制原则，即少数服从多数的原则。当然，这并不是说国家权力排除少数人的意志只反映多数人的意志，而是对多数人的意志与少数人的意志的有效整合，这就是我国人民代表大会制度所反映的"人民整体意志"。

3. 人民在民主普选的基础上选派代表，组成全国人民代表大会和地方各级人民代表大会作为人民行使权力的机关。人民是一个整体，不可能每个人都直接行使国家权力，为此必须选举代表，组成各级人民代表大会，代表人民表达意志，行使管理国家的权力，这就是普选制和代议制，是人民代表大会制度的基础。

4. 人民代表大会在国家机关体系中居于核心地位，其他国家机关由人民代表大会产生，受它监督，对它负责。全国人民代表大会和地方各级人民代表大会是人民行使国家权力的机关。这里的国家权力本质上是统一不可分的，但就其具体内容和任务来看，是可以而且应当进行职权划分的。国家权力大体分解为两部分，分别授予人民代表大会和其他国家机关行使。其中，人民代表大会及其常委会直接行使对国家政治生活具有决定性意义的职权，如立法权、对重大事务的决定权、任免权和监督权；而其他国家机关，如行政机关、监察机关、审判机关、检察机关等分别行使行政权、监察权、审判权、检察权等其他职权。

在人民代表大会制度下，行政机关、监察机关、审判机关、检察机关等其他国家机关都是由人民代表大会进行组织和监督的，它们行使的职权是由人民代表大会通过宪法和法律授予的。所以，人民代表大会是全权性的国家机关。

5. 人民代表大会常务委员会向本级人民代表大会负责，人民代表大会向人民负责。各级人大常务委员会，作为经常性行使国家权力的机关，是本级人民代表大会的组成部分，向本级人民代表大会负责并报告工作，人民代表大会有权撤销常务委员会不适当的决定，罢免它的组成人员。同时，全国人民代表大会和地方各级人民代表大会及其常务委员会既要向人民负责，也要受人民的监督，这最终保障了人民代表大会制度对人民意志和利益的体现。

综上所述，人民代表大会制度的内容包括：我国的一切权力属于人民；人民在民主普选的基础上选派代表，组成全国人民代表大会和地方各级人民代表大会作为行使国家权力的机关；其他国家机关由人民代表大会产生，受人民代表大会监督，对人民代表大会负责；人大常委会向本级人民代表大会负责，人民代表大会向人民负责。

（二）人民代表大会制度的适宜性

人民代表大会制度是我国的政权组织形式，其最根本的原则是民主集中制。人民代表大会制度直接反映了我们国家的阶级本质，它体现着我国政治生活的全貌，是国家其他制度赖以建立的基础，是人民实现国家权力的组织形式，是适合中国国情的根本政治制度。

1. 从历史上看，适合我国国情。人民代表大会制度是中国人民在中国共产党的领导下，在长期革命斗争中进行政权建设的经验总结，是适合中国国情的政权组织形式。早在第一次国内革命战争时期，中国工人运动和农民运动中就已出现过罢工工人代表大会和农民协会等组织。第二次国内革命战争时期，在中国共产党的领导下建立了革命根据地的人民政权，当时的政权组织形式是工农兵代表大会。抗日战争时期，抗日根据地的民主政权组织为各级参议会和各级政府。第三次国内革命战争时期，在贫农团和农会的基础上建立了区、乡两级人民代表会议。随着革命战争的胜利，人民代表会议很快地在全国基层发展起来，后来逐步扩大适用于县、市及省。人民代表会议是真正基于广大群众的意志而产生的，它一经建立，就成为当地的权力机关。人民代表会议制度是人民代表大会召开以前政权组织的过渡形式。中华人民共和国建立初期，由于军事行动尚未完全结束，土地改革还没有完成，人民群众还没有充分组织起来，建立各级人民代表大会的条件还不成熟，所以由中国人民政治协商会议全体会议执行全国人民代表大会的职权。1953 年，全国进行了新中国成立后的第一次普选，在此基础上，陆续召开了地方各级人民代表大会，建立了地方各级政权机关。随后，选举产生了出席全国人民代表大会的代表。1954 年 9 月，第一届全国人民代表大会第一次会议在北京举行，通过了宪法和一些国家机关组织法。至此，人民代表大会制度系统建立起来了。

由此可见，人民代表大会制度是在中国的具体历史条件下，逐步发展起来的民主制度，是中国人民革命创造性的产物，是马克思主义关于政治制度的学说在中国的具体应用。

2. 从现实情况看，体现我国国体。人民代表大会制度体现了我国人民民主专政的国家性质并保障人民行使当家做主的权力。在我国，人民可以通过各种途径和形式来行使当家做主的权力，管理国家事务，管理经济、文化事业，管理社会事务。在所有途径中，最根本的是掌握国家政权，即通过人民代表大会行使国家权力。①我国各级人民代表大会是由选民选出的代表组成的，各民族、各地区、各阶层、各人民团体、各民主党派都有代表在各级人民代表大会中参政议政，管理国家。历届人民代表大会的代表构成反映了我国以工人阶级为领导、以工农联盟为基础的人民民主专政政权的阶级性质和广泛的社会基础。②我国宪法还规定，各级人民代表大会不但由人民选举产生，还要对人民负责，受人民监督，选民或原选举单位有权罢免自己选出的代表，进一步保障了人民代表大会制度的人民性。

我国的人民代表大会制度充分体现了各阶级、各阶层和各民族在国家生活中的地位，具有广泛的代表性和坚实的群众基础，便于调动最大多数人参加国家管理和社会主义建设事业，是实现人民民主的适宜的政权组织形式。

3. 从其作用上看，能保障国家权力的有效行使。人民代表大会制度能够实现国家权力的集中统一行使，表现在：

（1）在人民代表大会与其他国家机关的关系上，各级人民代表大会作为国家权力机关，集选举、监督、罢免三权于一体，本级其他国家机关由它产生，对它负责，受它监督；同时，各级人民代表大会还有国家和地方的立法权和重大事务决定权，其他国家机关在不违背权力机关所制定的法律和决议的前提下，在自己的职权范围内，充分发挥作用。由此，在整个国家机关体系中，既保证了以人民代表大会为中心，国家权力的集中统一行使，又使各个国家机关分工负责，各司其职又密切配合，提高了工作效率。

（2）从中央与地方关系看，实现了在中央的集中统一领导下，充分发挥地方的积极性和主动性。一方面，中央与地方的关系实际上就是整体与部分之间的关系，部分服从整体，下级服从上级，地方服从中央。它突出体现在人民代表大会制度中：一是中央与地方国家机关的权限的划分确保了在立法、行政、司法、军事等各领域内，中央国家机关对地方国家机关的领导作用；二是社会主义法制的统一性保证了中央国家权力机关对各级国家机关的权威。由此，中央与地方成为一个坚强的有机整体，国家政策、法律、政令得以统一和贯彻。另一方面，也应承认我国各地经济、文化发展不平衡所带来的地区差异。因此应允许地方国家机关根据各自的特点，管理本地区、本民族的事务，发展本地区和本民族的经济、文化事业。如宪法规定，省、自治区、直辖市、设区的市人大及其常委会有权制定地方性法规，民族自治地方自治机关有权制定自治条例和单行条例。

综上所述，人民代表大会制度作为我国的根本政治制度，在广泛的人民民主的基础上，既保证了人民权力的统一行使，又充分发挥了各国家机关、各地方的作用，民主与效率兼顾。所以说，人民代表大会制度是适合我国国情的政权组织形式，它充分体现了我国人民民主专政国体，促进了各项社会主义事业的顺利发展。

第三节　国家结构形式

一、国家结构形式概述

（一）国家结构形式的概念

国家结构形式，是指调整国家的整体与部分之间、中央政权与地方政权之间的相互关系而采取的形式。国家结构形式的实质是中央和地方的权力划分的问题，它表现为国家采取一定的原则和方式，划分国家领土，规范国家整体与组成部分、中央与地方之间的权限关系，并在此基础上，设置国家机关以行使国家权力。

（二）国家结构形式的分类

现代国家基本上有两种国家结构形式，即单一制和复合制。

1. 单一制。单一制是指国家由若干不具有独立主权的普通行政单位和自治单位组成，各组成单位都是国家不可分割的一部分的国家结构形式。其主要特征是"五个一"：国家只有一部宪法；国家只有一个中央国家机关体系，包括国家最高立法机关、行政机关、司法机关；公民只有一个国籍，即主权国家本身的国籍；各行政单位或者自治单位都受中央的统一领导，不是独立的政治实体，没有脱离中央而独立的权力，各行政单位或自治单位的权力通常是中央通过宪法和法律授予或委托的；在外交关系方面，国家整体是代表国家进行国际交往的唯一的主体。单一制在形式上比较简单，是一个统一完整的政治实体，是多数现代国家采用的国家结构形式，如法国、意大利、日本、挪威、瑞典等国都是采取单一制的国家。

2. 复合制。复合制是指国家由两个或两个以上的具有某种独立性的成员单位联合组成的联盟或国家联盟的国家结构形式。复合制主要有联邦制和邦联制。

联邦制是复合制国家的主要形式，也是现代常见的国家结构形式，它是指由两个或两个以上的联邦组成单位（如邦、州、共和国等）组成统一的联盟国家的国家结构形式。其主要特征是"四个双重"：联邦和各组成单位都有自己的宪法和法律体系；联邦和各组成单位都有自己的国家机关体系，包括国家最高立法机关、行政机关、司法机关；公民有双重国籍，既是联邦公民，又是成员国公民；在对外关系方面，联邦具有国际法主体资格，而各成员单位一般不是单独的主体，但是有的联邦国家允许其组成单位进行某些外交活动，如瑞士。

邦联制是指由两个或两个以上主权独立国家为实现共同的军事、贸易或其他目的，通过签订条约而结成的松散的国家联盟。它的主要特征是：邦联不是一个主权国家，没有统一的宪法、国家机关、军队、赋税、预算、国籍等；各成员国保留自己的独立国家主权，可以自由退出邦联，同时各成员国经过平等协商，把部分权力委托给邦联机构；邦联的主要机关是由各成员国派遣代表组成的，或是定期由成员国国家元首、政府首脑参加的会议，具有协商的性质，所形成的决议必须经各成员国批准生效，并由各成员国自觉接受和自觉服从。目前，一般被视为邦联的共同体或者同盟，如由1958年成立的欧洲经济共同体发展而来的欧洲联盟、1968年成立的东南亚国家联盟。

3. 单一制和联邦制的主要区别在于：①中央的权力来源不同：单一制下，中央的权力是自有的，所有国家权力均由中央掌控，组成部分的权力来自中央的授权或者委托；联邦制下，中央的权力来自组成部分的让渡。②是否为单一的国际法主体不同：单一制国家是单一的国际法主体；联邦国家一般也是单一的国际法主体，但有的联邦国家允许其组成单位进行某些外交活动。

（三）决定国家结构形式的要素

一个国家采取何种国家结构形式来分配国家权力，界定国家整体与组成部分之间的关系，取决于多种因素：①国家结构形式反映并服务于国家的阶级本质；②一定国家的历史传统、民族状况以及政治、经济、文化等都是决定和影响国家结构形式的因素。

二、我国采取单一制国家结构形式的原因

在我们伟大祖国960万平方千米的土地上，居住着56个民族，除汉族外，还有55个少数民族，各族人民共同开拓了祖国辽阔的疆域，共同发展了祖国的经济文化，共同捍卫了祖国的独立尊严，共同参加了推翻"三座大山"的革命，创立了新中国。我国现行《宪法》序言规定："中华人民共和国是全国各族人民共同缔造的统一的多民族国家。"现行《宪法》第 4 条第 3 款规定："各少数民族聚居的地方实行区域自治,设立自治机关,行使自治权。各民族自治地方都是中华人民共和国不可分离的部分。"现行《宪法》第 31 条规定："国家在必要时得设立特别行政区。在特别行政区内实行的制度按照具体情况由全国人民代表大会以法律规定。"宪法的上述规定表明,我们的国家是统一的多民族的国家,采取的是单一制的国家结构形式。

我国采取单一制国家结构形式,是马列主义关于无产阶级专政的国家结构的理论与我国实际情况相结合的产物。

1. 从长期积淀的政治、文化传统来看,建立单一制国家有利于国家的统一。在我国历史上,秦灭六国,建立了历史上第一个多民族的统一的中央集权制的国家,其后的两千多年,特别是经过汉、唐、元、明、清各朝的努力,统一得以不断发展和巩固。虽然在这一时期也有过分裂割据的局面,如东汉末年三国鼎立、唐末五代十国等,但在漫长的历史过程中,统一约占 2/3 以上的时间,而割据分裂仅占不到 1/3 的时间,尤其是自元朝以后的 700 多年,我国再没有出现大的分裂局面。可见,统一始终是中国历史发展的主流和本质。伴随着这种统一步伐的是贯穿于中国封建社会的"大一统"的政治文化观念。在经历了郡县制与分封制的争论后,建立一个统一、强大的皇权成为中国封建社会政治文化的主流思想。这种文化和观念为国家政治统一的实践提供了有力的支持,分久必合成为了中国社会发展的总趋势,国家统一成为各族人民共同的愿望和追求。所以,长期的历史传统奠定了我国建立统一的主权国家的政治基础和文化基础。

2. 从民族关系和民族分布来看,建立单一制国家有利于民族平等和民族团结。在民族关系方面,中华民族是由许多民族共同结合而成的。虽然这中间也有民族压迫和分裂的历史,但几千年间民族合作和融合始终是主流,各民族共同开拓了中国历史上辽阔的疆域,共同缔造和发展了统一的多民族的祖国,共同创造了中华民族悠久的历史和光辉灿烂的文明,也形成了中华民族强大的内聚力。尤其是近百年来,在抵御外侮、争取民族解放和祖国统一独立的过程中,中华民族一体的思想和精神更加明确和强化。最终,在中国共产党的领导下推翻了三座大山,建立了新中国,将各民族的命运更加紧密地联系在一起。因此,建立一个统一的多民族国家,在中国共产党领导下,各民族团结一致,共同进行祖国的革命和建设事业,既是历史发展的趋势,也是各族人民的共同愿望。

在民族成分和分布情况方面,我国是一个有着 56 个民族的多民族国家,各民族的现实状况也决定了我国采取单一制国家结构形式的适宜性:①从各民族人口比例来看,2010 年第六次全国人口普查数据显示,全国总人口为

1 370 536 875人，其中，汉族人口占总人口的91.51%，其他55个少数民族仅占总人口的8.49%。人口过百万的民族有18个，人口过10万的民族有19个，而人口在10万以下的民族有18个，其中人口最少的珞巴族只有3682人，这种人口比例决定了以民族为基础的联邦制无法实行。②从民族分布状况来看，由于历史上多次的民族迁徙、屯田、移民以及朝代更迭等原因，形成了我国民族分布上的"大杂居、小聚居"特点，汉族分布在全国各地，55个少数民族虽然人口少，但分布的地区却很广，约占全国总面积的64.3%。以云南省为例，这里居住着20多个民族，是中国民族成分最复杂的一个省份，类似的还有青海、新疆、西藏等省、自治区；再如，回族、满族虽人口较多，但几乎分布在全国各省、市、自治区。各民族之间"你中有我，我中有你"的分布状况也决定了联邦制这种国家结构形式在中国是行不通的。

3. 从可持续发展的角度来看，建立单一制国家有利于社会主义现代化建设和各民族的共同繁荣。由于历史原因，中国是一个各地区的政治、经济、文化发展很不平衡的多民族国家。以自然资源和经济发展为例，中国地大物博，资源丰富，而这些资源多集中在少数民族居住的60%的土地面积上。但是，在少数民族地区，特别是边疆地区的少数民族生产力水平较低，技术落后，经济发展缓慢，对资源的合理开发利用严重不足。而汉族居住地区，人口众多，生产和技术水平相对较高，经济较发达。建立单一制国家，有利于中央统揽全局，综合考虑国家的整体利益、长远利益和地方的特殊需求，通过政策导向、法律规范，合理调配全国的人、财、物，调整好各方面的利益关系，在发挥各自优势的同时，取长补短，共同进行社会主义现代化建设，实现各民族的共同发展和共同繁荣。

4. 从我国面临的国际形势来看，建立单一制国家有利于维护安定团结的政治局面。一方面，我国陆地边境长达两万多公里，少数民族地区基本分布在祖国的边疆省区；另一方面，帝国主义、霸权主义仍然威胁着我国，以挑拨民族关系、煽动民族情绪的行径，企图破坏我国各民族团结，分裂国家。在这种情况下，将各民族人民团结在单一制的社会主义国家里，对加强祖国的统一、增强国防力量、有效抵御外来敌对势力的颠覆和破坏至关重要。只有这样，才能营造一个稳定的社会环境，保障社会主义现代化建设顺利进行。

综上所述，单一制与我国人民民主专政、国家本质相适应，对维护国家的统一独立、民族的平等团结，保障社会主义事业的兴旺发达都起到了重要作用，是符合中国各族人民以及整个中华民族的根本利益的国家结构形式。

三、我国的行政区划

（一）行政区划的概念

行政区划，即行政区域的划分，是指国家为了实现管理职能，按照一定的原则和程序将全国领土划分为大小不同、层级不同的若干部分，并设立相应的国家机关，进行分层管理的国家制度。

（二）我国行政区划的原则

1. 有利于人民当家做主的原则。

2. 有利于行政管理的原则。

3. 有利于经济发展的原则。

4. 有利于民族团结和国家统一的原则。

5. 参照历史状况的原则。

（三）我国现行宪法规定的行政区划

1. 宪法关于行政区划的规定。现行《宪法》第30条规定："中华人民共和国的行政区域划分如下：①全国分为省、自治区、直辖市；②省、自治区分为自治州、县、自治县、市；③县、自治县分为乡、民族乡、镇。直辖市和较大的市分为区、县。自治州分为县、自治县、市。自治区、自治州、自治县都是民族自治地方。"第31条规定："国家在必要时得设立特别行政区。在特别行政区内实行的制度按照具体情况由全国人民代表大会以法律规定。"由此可见，我国存在三种不同的行政单位：①一般行政区域单位，包括省、直辖市、设区的市、县、不设区的市、市辖区、乡、民族乡、镇。②民族自治地方，包括自治区、自治州、自治县。③特别行政区。

根据现行宪法规定，我国行政区划基本上是三级制，即省（自治区、直辖市）、县（自治县、县级市）、乡（民族乡、镇）。但在实际情况中，有的省、自治区下设自治州、市，自治州、市下属的自治县、县或区又设乡、民族乡、镇的，属于四级制。目前，我国的行政区划多为四级制。

根据对我国行政区划的统计，全国共有34个省级行政单位，包括4个直辖市，23个省，5个自治区，2个特别行政区。地级区划数336个，县级区划数2882个。随着经济发展和其他原因，近年来，部分地区和县纷纷改制为地级市和县级市。目前，共有地、县级市653个，其中地级市283个，县级市370个。在少数民族自治地方行政区划上，目前，全国民族自治地方共有自治区5个，自治州（盟）33个，自治县（旗）117个。[1]特别行政区作为中央人民政府领导下的一级地方行政单位，它和省、自治区、直辖市属于同一等级，是我国新的行政区划形式。1997年7月1日，香港成为我国第一个特别行政区；1999年12月20日，澳门成为我国的第二个特别行政区。

2. 我国行政区域划分的变更。行政区划的变更包括行政区域的设立、撤销

---

〔1〕　http://baike.baidu.com/view/787783.htm.

和更名。根据我国宪法和法律规定，行政区划的变更必须按照一定的法律程序办理。根据我国现行《宪法》第 62 条第 12 项、第 89 条第 15 项、第 107 条第 3 款的规定，行政区域的变更权分属全国人大、国务院和省级人民政府。具体分工如下：

（1）省、自治区、直辖市的建制，特别行政区的设立，由全国人大批准；

（2）省、自治区、直辖市的区域划分，自治州、县、自治县、市、市辖区的建制和区域划分，由国务院审批；

（3）乡、民族乡、镇的建制和区域划分，由省、自治区、直辖市的人民政府审批。

四、民族区域自治制度

（一）我国民族区域自治的法制化进程

1949 年，中国人民政治协商会议通过的《共同纲领》明确规定：中华人民共和国境内"少数民族聚居的地区，应实行民族区域自治"。1954 年 9 月 20 日，颁布第一部《中华人民共和国宪法》，民族区域自治制度载入宪法。1984 年 5 月 31 日，颁布了《中华人民共和国民族区域自治法》。作为基本法，它的颁布实施标志着民族区域自治进入了法制化建设的新阶段。2001 年 2 月 28 日，全国人大常委会通过了新修改的《民族区域自治法》，正式确立民族区域自治制度作为我国一项基本政治制度的地位，扩大了民族自治地方自治机关的自治权。

（二）民族区域自治制度的概念和特征

民族区域自治制度是指在中华人民共和国范围内，在国家统一领导下，按照宪法规定，以少数民族聚居区为基础，建立相应的自治地方，设立自治机关，行使自治权，实现各族人民当家做主，管理本民族内部地方性事务的政治制度。这一制度具有以下特征：

1. 民族区域自治是在中华人民共和国范围内，在国家统一领导下实行的。我国《宪法》第 4 条第 3 款规定："……各民族自治地方都是中华人民共和国不可分离的部分。"

2. 民族区域自治必须以少数民族聚居区为基础。民族区域自治不同于脱离一定地域的民族自治，更不同于脱离了民族而实行地方分权制的地方自治，而是聚居的少数民族与一定地区的结合，是民族自治与区域自治的结合。只有这样，才能使少数民族人民真正实现当家做主的权利。

3. 民族区域自治必须设立自治机关，行使自治权。民族区域自治要在自治地方设立自治机关，行使自治权。自治机关既是一般国家机关，行使一般地方国家机关的职权，又是自治机关，行使广泛的自治权。

（三）民族自治地方的类型

我国民族区域自治地方的情况各不相同，按照民族组成来划分，我国民族

自治的地方大致分为三种类型：

1. 以一个少数民族聚居区为基础建立的自治地方。

2. 以人口较多的少数民族聚居区为基础，同时又包括一个或几个人口较少的其他民族聚居区共同建立起来的自治地方。

3. 由两个以上的少数民族聚居区联合建立的自治地方。

（四）民族区域自治制度的主要内容

1. 民族自治地方。民族自治地方是指以一个或者几个少数民族聚居区为基础建立起来的，实行区域自治的行政区域。根据《民族区域自治法》第 12 条、第 13 条的规定，建立民族自治地方应遵循下列原则：①在少数民族聚居的地方，根据当地民族关系、经济发展等条件，并参酌历史情况，可以建立以一个或者几个少数民族聚居区为基础的自治地方；②民族自治地方内其他少数民族聚居的地方，建立相应的自治地方或者民族乡；③民族自治地方依据本地方的实际情况，可以包括一部分汉族或者其他民族的居民区和城镇。民族自治地方的名称，除特殊情况外，按照地方名称、民族名称、行政地位的顺序组成，如广西壮族自治区。

我国的民族自治地方包括自治区、自治州、自治县三个区划等级。自治区相当于省级行政区域，自治州（盟）相当于省及县级之间的行政区域，自治县（旗）相当于县级行政区域。此外，在相当于乡的规模的少数民族聚居区，建立民族乡。民族乡依照法律和有关规定，可以结合本民族的特点，在经济、文化、教育和卫生等方面采取相应的措施，但它不属于民族自治地方，不享有宪法和有关法律授予的自治权。要注意：民族乡享受一定的民族政策，但不属于民族自治地方，不享有自治权。

2. 民族自治地方的自治机关。民族自治地方的自治机关是自治区、自治州、自治县的人民代表大会和人民政府，在行使一般地方国家机关职权的同时，依法行使自治权。要注意：自治机关不包括自治地方的人民法院、人民检察院和任何党政机关，也不能认为自治机关下辖的所有行政区域的人民代表大会和人民政府一律都是自治机关。自治机关是我国的一级地方政权机关，因此在产生方式、任期、机构设置和组织活动原则、领导制度等方面，与一般地方政权机关完全相同；但作为民族自治地方行使自治权的自治机关，它又具有不同于一般地方机关的特点，主要体现在自治机关的组成上：①民族自治地方的人民代表大会中，除实行区域自治的民族的代表外，其他居住在本行政区域内的民族也应当有适当名额的代表；②民族自治地方的人大常委会中，应当由实行区域自治的民族的公民担任主任或者副主任；③民族自治地方的人民政府中，自治区主席、自治州州长、自治县县长由实行区域自治的民族的公民担任；④民族自治地方的自治机关所属工作部门中的干部，应当尽量配备实行区域自治的民族和其他少数民族人员。

3. 民族自治地方的自治权。自治机关除行使宪法规定的一般地方国家机关的职权外，还可以依照宪法和法律的规定行使广泛的自治权。自治权是民族区域自治制度的核心内容。包括：

（1）制定自治条例和单行条例。民族自治地方的人民代表大会有权依照当地民族的政治、经济和文化的特点，制定自治条例和单行条例。自治区制定的自治条例和单行条例，报全国人大常委会批准后生效；自治州、自治县制定的自治条例和单行条例，报省或者自治区的人大常委会批准后生效，并报全国人大常委会备案。自治条例是指根据宪法所确定的原则与程序，依照当地民族的特点而制定的，规定民族自治地方的自治机关的组织和活动原则、民族自治权等内容的综合性的规范性文件。单行条例是指在民族自治权的范围内针对某一方面的具体问题而制定的规范性文件。

（2）变通或停止执行上级规范性法律文件。根据本地方实际情况，贯彻执行国家的法律、政策，对于上级国家机关的决议、决定、命令和指示，如有不适合民族自治地方实际情况的，自治机关可以报经该上级国家机关批准变通执行或者停止执行。

（3）管理地方财政。民族自治地方的财政是一级财政，是国家财政的组成部分。民族自治地方的自治机关有管理地方财政的自治权。凡是依照国家财政体制属于民族自治地方的财政收入，都应当由民族自治地方的自治机关自主安排使用；民族自治地方在全国统一的财政体制下，享受上级财政的照顾；其财政预算支出，设机动资金，预备费在预算中所占比例高于一般地区；自治机关在执行财政预算过程中，自行安排使用收入的超收和支出的结余资金。民族自治地方的自治机关可以对本地方的各项开支标准、定员、定额等事项制定补充规定和具体办法，并依法报上级国家机关备案或批准。民族自治地方的自治机关在执行国家税法的时候，除应由国家统一审批的减免税收项目以外，对属于地方财政收入的部分，依法报上级有关机关批准后，可根据需要实行减税或者免税。民族自治地方根据需要，依法设立地方商业银行和城乡信用合作组织。

（4）自主安排和管理地方性的经济建设事业。民族自治地方的自治机关在国家宏观调控下，根据本地方的特点和需要，制定经济建设的方针、政策和计划，自主地安排和管理地方性的经济建设事业；根据本地方经济发展的特点，合理调整生产关系和经济结构，发展社会主义市场经济；坚持基本经济制度，鼓励发展非公有制经济；依法管理、保护和建设本地方的森林、草原，合理开发利用自然资源；根据本地方情况安排地方基本建设项目；自主管理属于本地

方的企业、事业；经国务院批准可以开辟对外贸易口岸，开展边境贸易，在对外经济贸易中享受国家优惠政策等。

（5）自主管理本地方的教育、科学、文化、卫生、体育事业，保护和整理民族的文化遗产，发展和繁荣民族文化。

（6）依照国家的军事制度和当地的实际需要，经国务院批准，可以组织本地方维护社会治安的公安部队。

（7）民族自治机关在执行职务时，依照自治条例的规定，使用当地通用的一种或者几种语言文字。

（五）民族区域自治制度的优越性

1. 民族区域自治制度保证了各族人民当家做主权利的实现。

2. 民族区域自治制度巩固和发展了社会主义民族关系。

3. 民族区域自治制度巩固了国家的统一。

4. 民族区域自治制度促进了民族自治地方社会主义建设事业的发展。

五、特别行政区制度

（一）特别行政区与"一国两制"

特别行政区，是指在中华人民共和国行政区域范围内，根据宪法和法律的规定，具有特殊法律地位，实行不同于一般行政区域的政治、经济和法律制度的行政区域。它是在中央人民政府管理之下，不拥有国家主权的地方行政区域。

特别行政区制度是"一国两制"构想的具体化。"一国两制"是"一个国家，两种制度"的简称，是指在中华人民共和国这个统一国家中，在相当长一段时期内，作为国家主体的大陆实行社会主义制度，它占绝对的、压倒性的优势，在此前提下，允许香港、澳门、台湾实行资本主义制度和生活方式。

"一国两制"伟大构想的核心是实现祖国的和平统一大业。它最初是为解决台湾问题而在全国人大常委会发表的《告台湾同胞书》中提出的。1982年初，邓小平指出，"九条方针"的核心内容是"一个国家，两种制度"。随后，"一国两制"成为中国政府解决香港和澳门问题的构想和设立特别行政区的指导方针。我国现行《宪法》第31条明确规定："国家在必要时得设立特别行政区。在特别行政区内实行的制度按照具体情况由全国人民代表大会以法律规定。"1990年和1993年全国人大分别通过了《香港特别行政区基本法》和《澳门特别行政区基本法》，以宪法和法律的形式规定了"一国两制"的总方针和中国政府对香港、澳门特别行政区实行的基本方针和政策。1997年7月1日和1999年12月20日，中国政府分别对香港、澳门恢复行使主权，并分别设立特别行政区。

综上所述，"一国两制"方针与特别行政区制度立足于国际形势和中国国情，一方面坚决维护国家主权统一、领土完整和社会主义制度，另一方面也充分照顾了台湾、香港、澳门地区特殊的历史和发展现状，是中国特色社会主义理论的重要组成部分，也为处于分裂状态的国家提供了解决问题的新途径，是单一制国家结构形式上的一个创造。

（二）特别行政区的法律地位

特别行政区的法律地位是指特别行政区在国家结构和政权机构中的地位。它的核心问题是中央和特别行政区的关系问题。特别行政区是中华人民共和国的一部分，是一级地方行政区域；特别行政区政权是中华人民共和国的一级地方政权，直辖于中央人民政府。国家对特别行政区行使主权；特别行政区享有高度自治权，但它不享有国家主权，不是一个独立的政治实体。

1. 中央代表国家对特别行政区行使主权。根据基本法规定，中央人民政府对香港、澳门特别行政区行使下列主权：

（1）中央人民政府负责管理与特别行政区有关的外交事务。特别行政区凡是需要由国家出面办理的外交事务，如同外国政府进行外交谈判，以国家名义缔结条约或参加国际组织等活动，都由中央人民政府负责办理。外交权属于中央人民政府，有关的对外事务由中央人民政府授权香港、澳门特别行政区依法自行处理。

（2）中央人民政府负责管理特别行政区的防务。中央政府统一管理包括香港、澳门特别行政区在内的我国全部领土的防务，特别行政区内部的社会治安由特区政府自行负责。1997年香港回归祖国时，中央派中国人民解放军进驻香港，既是国家防务的需要，也是国家主权的体现，驻军费用由中央人民政府负担。

（3）中央人民政府任命特别行政区行政长官和行政机关的主要官员。根据香港和澳门特别行政区基本法的规定，香港、澳门的行政长官要先在当地通过选举或协商产生，然后由中央人民政府予以任命。行政机关的主要官员由行政长官提名，报请中央人民政府任命。

（4）全国人民代表大会常务委员会有权决定特别行政区进入紧急状态。根据香港和澳门特别行政区基本法的规定，全国人民代表大会常委会有权决定宣布战争状态或因特别行政区内发生特别行政区政府不能控制的危及国家统一或安全的动乱而决定特别行政区进入紧急状态，中央人民政府可发布命令将有关全国性法律在香港、澳门特别行政区实施。

（5）全国人大常委会享有对特别行政区基本法的解释权。根据宪法和香港、澳门特别行政区基本法的规定，基本法的解释权属于全国人民代表大会常务委员会；全国人民代表大会常务委员会授权特别行政区法院在审理案件时对基本法关于特别行政区自治范围内的条款自行解释；特别行政区法院在审理案件时也可对其他条款进行解释，但如对关于中央人民政府管理的事务或中央和特别行政区关系的条款的解释影响到案件的判决，在对该案件作出不可上诉的终局判决前，应由特别行政区终审法院提请全国人民代表大会常务委员会对有关条款作出解释。

（6）全国人大对特别行政区基本法享有修改权。根据宪法和特别行政区基本法，基本法的修改权属于全国人民代表大会；基本法的修改提案权属于全国人民代表大会常务委员会、国务院和特别行政区；特别行政区的修改议案，须经本特别行政区的全国人民代表大会代表 2/3 多数、特别行政区立法会全体议员 2/3 多数和特别行政区行政长官同意后，交由本特别行政区出席全国人民代表大会的代表团向全国人民代表大会提出；基本法的任何修改，均不得同中华人民共和国对特别行政区既定的基本方针政策相抵触。

2. 特别行政区享有高度自治权。

（1）行政管理权。根据香港和澳门特别行政区基本法的有关规定，香港、澳门特别行政区有权自行处理本特别行政区的行政事务。这些行政事务包括经济、财政、金融、贸易、工商业、土地、航运、民航、教育、科学、文化、体育、宗教、劳工、社会服务等事项。例如，在财政金融方面，特别行政区保持财政独立，中央人民政府不在特别行政区征税；实行独立的税收制度；自行制定货币金融政策，港元、澳元作为法定货币继续流通，其发行权属于本特别行政区政府；不实行外汇管制政策，继续开放外汇、黄金、证券、期货等市场。在教育方面，特别行政区政府自行制定教育政策，包括教育体制和管理、教学语言、经费分配、考试制度、承认学历和学位等政策，推动教育的发展；社会团体和私人可依法在香港特别行政区兴办各种教育事业；各类院校均可保留其自主性并享有学术自由，可继续从香港特别行政区以外招聘教职员和选用教材；宗教组织所办的学校可继续提供宗教教育，包括开设宗教课程；学生享有选择院校和在香港特别行政区以外求学的自由。

（2）立法权。根据香港和澳门特别行政区基本法的规定，特别行政区的立法机关有权制定适用于本特别行政区的法律，但须报全国人民代表大会常务委员会备案，备案不影响该法律的生效；如全国人民代表大会常务委员会认为该法律不符合基本法关于中央管理的事务及中央和特别行政区的关系的条款，可将有关法律发回，但不作修改；经发回的法律立即失效，该法律的失效，除特别行政区的法律另有规定外，无溯及力。

（3）独立的司法权和终审权。根据香港和澳门特别行政区基本法的规定，特别行政区法院除继续保持原有法律制度和原则对法院审判权所作的限制外，对特别行政区所有的案件均有审判权，但对国防、外交等国家行为无管辖权。特别行政区法院独立进行审判，不受任何干涉。凡是在特别行政区内发生的任何案件，以特别行政区的终审法院为最高审级，该特别行政区的终审法院的判决即最终判决。

（4）自行处理有关对外事务的权力。根据香港和澳门特别行政区基本法的规定，在外交事务属于中央管理的原则下，特别行政区可在经济、贸易、金融、航运、通信、旅游、文化、体育等领域以"中国香港""中国澳门"的名义，单独地同世界各国、各地区及有关国际组织保持和发展关系，签订和履行有关协议；可以适当的形式和身份参加以国家为单位的国际会议或国际组织；可以与外国互设官方或半官方机构；还有权签发特别行政区护照和旅行证件。

（5）高度自治的其他方面。包括：特别行政区的行政机关和立法机关由本特别行政区的永久性居民依照本法有关规定组成；特别行政区不实行社会主义制度和政策，保持原有的资本主义制度和生活方式，50年不变；特别行政区的行政机关、立法机关和司法机关，除使用中文外，还可使用英文、葡文作为正式语文；特别行政区除悬挂中华人民共和国国旗和国徽外，还可使用本特别行政区区旗和区徽等。

（三）特别行政区的政治体制

1. 特别行政区的政权组织。特别行政区的政权机关包括行政长官、行政机关、立法机关、司法机关、企业组织、公务人员。

（1）行政长官。行政长官是特别行政区的首长，代表特别行政区，对中央人民政府和特别行政区负责；同时，行政长官又是行政机关的行政首长，领导特别行政区政府。行政长官的任职条件包括：①年龄：满40周岁；②居住年限：通常连续居住满20年；③国籍：中国公民；香港地区的附加条件为在国外无居留权。行政长官由中央人民政府任命，任期5年，可连任一次。例如：香港行政长官：首任为董建华（任期为1997年7月1日至2005年3月12日），继任是曾荫权（任期为2005年6月21日至2012年6月30日），第三任是梁振英（任期为2012年7月1日至2017年6月30日），现任是林郑月娥（任期为2017年7月1日至2022年6月30日）。澳门行政长官：首任为何厚铧（任期为1999年12月19日至2009年12月19日），继任是崔世安（任期为2009年12月20日至2019年12月19日）。行政长官的职权包括：①执行权。执行基本法和依照基本法适用于特别行政区的其他法律；执行中央人民政府就基本法规定的有关事务发出的指令；代表特别行政区政府处理中央授权的对外事务和其他事务。②立法方面的职权。签署立法会通过的法案，公布法律；签署立法会通过的财政预算案，将财政预算、决算报中央人民政府备案；批准向立法会提出的有关

财政收入或者支出的决议。③行政方面的职权。领导特别行政区政府，决定政府政策和发布行政命令；处理请愿或申诉事项；根据国家和特别行政区的安全或重大公共利益的需要，决定政府官员是否向立法会或其所属委员会作证和提供证据；临时拨款申请权和临时短期拨款批准权。④人事任免权。提名并报请中央人民政府任命各司司长、副司长，各局局长，廉政专员，审计署审计长，警务处处长，入境事务处处长，海关关长，并可建议中央人民政府免除上述官员的职务；依照法定程序任免公职人员；依照法定程序任免各级法院法官；委任行政会议成员或行政会委员。⑤其他职权。如赦免或者减轻刑事罪犯的刑罚等。

（2）行政机关。特别行政区政府是特别行政区的行政机关，对立法会负责。政府的首长是行政长官；香港特别行政区政府设政务司、财政司、律政司和各局、处、署；澳门特别行政区设司、局、厅、处。

（3）立法机关。特别行政区立法会是特别行政区的立法机关。香港特别行政区立法会委员由在外国无居留权的特别行政区永久性居民中的中国公民担任；但非中国籍的或在外国有居留权的香港特别行政区永久性居民也可以当选为立法会议员，其所占比例不得超过全体议员的20%。澳门特别行政区立法会委员由澳门特别行政区永久性居民担任。香港或澳门特别行政区立法会均由选举产生，除第一届任期为2年外，每届任期4年。如经行政长官依法解散，须于法定期限内重新选举产生。依据基本法，立法会的职权包括：①立法权。依法制定、修改和废除法律。立法会通过的法案，须经行政长官签署、公布方能生效，并报全国人大常委会备案。②财政权。根据政府的提案，审核、通过财政预算；批准税收和公共开支。③监督权。听取行政长官的施政报告并进行辩论；对政府的工作提出质询；就任何有关公共利益问题进行辩论；对有严重违法行为或者渎职行为而不辞职的行政长官进行弹劾。④任免权。同意终审法院法官和高等法院首席法官的任免。此外，立法会还有权接受居民的申诉并作出处理。

（4）司法机关。特别行政区各级法院是特别行政区的司法机关，行使特别行政区的审判权。香港特别行政区设立终审法院、高等法院、区域法院、裁判署法庭和其他专门法庭。高等法院设上诉法庭和原诉法庭。原在香港实行的司法体制，除因设立香港特别行政区终审法院而产生变化外，予以保留。澳门特别行政区设立初级法院（包括行政法院）、中级法院和终审法院，初级法院可根据需要设立若干专门法庭。行政法院是管辖行政诉讼和税务诉讼的法院，不服行政复议的裁决者，可向中级法院上诉。终审法院是澳门特别行政区的最高法院，行使澳门特别行政区终审权。

香港特别行政区没有单独的检察机关，其检察职能归律政司，律政司不属于司法机关，属于行政机关。澳门设独立的检察机关，属于司法机关范畴。

2. 特别行政区各个政权机关之间的关系。特别行政区的政治体制既不实行"三权分立"原则，也不采用人民代表大会制度，而是从有利于保证国家的主权统一和特别行政区的高度自治出发，立足于香港、澳门地区的实际情况，适当吸收其原有制度的优点，在立法机关、行政机关、司法机关的关系上体现为：行政主导，行政机关与立法机关既相互配合又相互制衡，司法独立。

（1）行政主导主要表现在：行政长官既是特别行政区的首长，又是特别行政区政府的首长，对中央政府与本特别行政区负责；在行政与立法的关系中，行政处于主动地位；在行政与司法关系中，由行政长官依法任免法官、检察官（仅指澳门特别行政区）。

（2）在行政机关与立法机关的关系中，互相制衡的一面主要表现为：行政长官有权决定是否签署立法会通过的法案，行政长官有权解散立法会；立法会可迫使行政长官辞职，立法会有权弹劾行政长官，行政机关对立法机关负责。二者关系重在互相配合的一面，主要表现在：香港特别行政区的行政会议、澳门特别行政区的行政会议，其委员由行政长官从政府主要官员、立法会议员和社会人士中委任；行政长官在作出重要决策、向立法会提交法案、制定附属法规和解散立法会之前，须征询行政会议（行政会）的意见；行政长官如不采纳其中多数成员的意见，应将具体理由记录在案；在立法会举行会议的时候，政府应委派官员列席并代表政府在会议上发言，就有关问题作出说明，以便相互了解和沟通。

（3）司法独立主要表现为：特别行政区法院独立进行审判，只服从法律，不受任何干涉，司法人员履行审判职责的行为不受法律追究。特别行政区终审法院还享有终审权，以保障特别行政区司法制度的独立性。

第四节　国家的经济制度

一、国家经济制度概说

经济制度，是人类社会发展到一定历史阶段的生产关系的总和。一定的经济制度，形成该社会的经济基础，并决定该社会的政治制度、法律制度和文化意识形态等上层建筑。现行宪法对我国的经济制度作出了较系统的规定：①确认社会主义公有制为我国社会主义经济制度的基础；②坚持公有制为主体，多种所有制经济共同发展的基本经济制度；③实行以按劳分配为主体的多种分配方式并存的分配制度和社会保障制度；④保护社会主义公共财产和公民合法私有财产；⑤规定社会主义市场经济体制及其他经济建设的相关问题。

二、所有权制度

现行《宪法》第6条第2款明确规定"国家在社会主义初级阶段，坚持公有制为主体、多种所有制经济共同发展的基本经济制度"，并以若干条款进一步阐明了生产资料的不同所有制形式在我国经济制度中所处的地位和国家对其适用的不同经济政策。

（一）社会主义公有制

现行《宪法》第6条第1款规定："中华人民共和国的社会主义经济制度的基础是生产资料的社会主义公有制，即全民所有制和劳动群众集体所有制……"生产资料的社会主义公有制是指生产资料由全体人民或劳动者集体所有的所有制形式，它不仅决定了国家的本质，也是我国经济制度的基础。我国的社会主义公有制经济是由人民民主专政的国家政权通过取消帝国主义在华的经济特权，没收官僚资本，赎买民族资本，以及对农村个体经济和城乡手工业个体经济的社会主义改造等途径确立起来的。现阶段，它不仅包括全民所有制经济和劳动群众集体所有制经济两种基本形式，还包括了混合所有制经济中的国有成分和集体成分。

1. 全民所有制经济。社会主义全民所有制经济，又称国有经济，是生产资料和生产成果归社会全体人民所有，并由国家代表全体人民占有生产资料的一种公有制形式。国有经济是国民经济中的主导力量，国家保障国有经济的巩固和发展。

2. 劳动群众集体所有制经济。劳动群众集体所有制经济，又称集体经济，是由集体经济组织内的劳动者共同占有生产资料和劳动成果的一种公有制经济形式，它包括农村集体经济和城镇集体经济。劳动集体所有制经济是社会主义公有制经济的重要组成部分，国家保护城乡集体经济组织的合法权利和利益，鼓励、指导和帮助集体经济的发展。

3. 自然资源的所有权。在我国，公有制主体地位还表现在自然资源主要归国家和集体所有。《宪法》第9条第1款规定："矿藏、水流、森林、山岭、草原、荒地、滩涂等自然资源，都属于国家所有，即全民所有；由法律规定属于集体所有的森林和山岭、草原、荒地、滩涂除外。"其中，土地是更为重要的不可再生的珍贵自然资源，是人类生存的最基本的生产资料之一。《宪法》第10条第4款明确规定："任何组织或者个人不得侵占、买卖或者以其他形式非法转让土地。土地的使用权可以依照法律的规定转让。"

（二）非公有制经济

在我国经济结构中，除公有制经济成分外，还有非公有制经济，包括个体经济、私营经济和"三资"企业。

1. 个体经济和私营经济等非公有制经济是社会主义市场经济的重要组成部分，国家保护非公有制经济的合法权利和利益，鼓励、支持和引导非公有制经济的发展，并对非公有制经济依法进行监督和管理。

2. "三资"企业是社会主义市场经济的重要组成部分，它们的合法权利和利益受国家法律保护。

三、分配制度

分配制度是经济制度的重要内容，生产决定分配，所有制关系决定分配关系，生产力发展水平则是分配制度的物质前提。我国现阶段的经济制度决定了我国现阶段的分配制度，即现行《宪法》第6条规定的"社会主义公有制消灭人剥削人的制度，实行各尽所能、按劳分配的原则。国家在社会主义初级阶段，坚持公有制为主体、多种所有制经济共同发展的基本经济制度，坚持按劳分配为主体、多种分配方式并存的分配制度"。

四、社会保障制度

社会保障，是指国家通过立法对国民收入进行的分配和再分配，保障社会成员特别是当其面临年老、疾病、伤残、失业、遭受灾害、生活困难等情况时，依法给予物质帮助的社会安全制度，它包括社会保险、社会福利、社会救助、社会优抚等方面的内容。

五、财产权制度

（一）公共财产神圣不可侵犯

社会主义的公共财产，包括全民所有的财产和劳动群众集体所有的财产。即国家机关、人民武装力量、社会团体的一切财产，全民所有制和劳动群众集体所有制企业和事业单位的全部生产资料、产品、公用设施和其他一切财产，以及属于国家和集体所有的自然资源。

在我国社会主义公有制基础上，社会主义公共财产具有绝对不受侵犯的法律地位，这是由我国的国家性质决定的。为此，现行《宪法》第12条规定："社会主义的公共财产神圣不可侵犯。国家保护社会主义的公共财产。禁止任何组织或者个人用任何手段侵占或者破坏国家的和集体的财产。"

（二）公民的合法私有财产不受侵犯

我国改革开放以来，随着经济发展和人民生活水平的提高，公民拥有的私人财产普遍有了不同程度的增加，特别是越来越多的公民拥有了私人的生产资料，群众对用法律保护自己的财产有了更加迫切的要求，为此，2004年宪法修正案进行了相关的修改：

1. 进一步明确国家对全体公民的合法的私有财产都给予保护。在"合法"

前提下，受保护的财产既包括生活资料，又包括生产资料；既包括有形财产，也包括无形财产。

2. 用财产权代替原文中的所有权，在权利含义上更加准确、全面。

3. 增加对私有财产的征收、征用制度的规定，有利于准确处理私有财产保护和公共利益需要的关系。宪法对私有财产的征收、征用加以规定："国家为了公共利益的需要，可以依照法律规定对土地实行征收或者征用并给予补偿。"这个规定，一是明确了征收与征用都必须以公共利益的需要为前提；二是征收与征用都必须是依法进行的，即由法定机关在法定权限内依照法定程序予以实施；三是征收与征用都须依法给予补偿，这是对私有财产在特殊情况下的保护。

（三）社会主义市场经济体制

现行《宪法》规定："国家实行社会主义市场经济。国家加强经济立法，完善宏观调控。国家依法禁止任何组织或者个人扰乱社会经济秩序。"从而确立了社会主义市场经济的宪法地位。

 第五节　中国特色的政党制度

一、中国共产党领导的多党合作和政治协商制度的形成与发展

中国共产党领导的多党合作和政治协商制度是在新民主主义革命和社会主义革命、建设和改革的历史进程中逐渐形成和发展起来的，是中国共产党领导中国人民奋斗的成果，是具有中国特色的政党制度。我国的国家性质和基本经济制度决定，我们绝不能照搬西方的多党制。

（一）中国共产党领导的多党合作关系的形成

1949 年 9 月，中国共产党与各民主党派、各人民团体和各界爱国人士在北京召开了中国人民政治协商会议，制定了起临时宪法作用的《共同纲领》，标志着中国共产党领导的多党合作和政治协商制度在法律上和设计上得到了确立。

（二）多党合作和政治协商的制度化

随着各民主党派性质的转变和中国共产党与各民主党派合作的加深，中国共产党领导的多党合作逐渐走上了制度化的轨道。

1. 中国共产党的性质、根本宗旨和指导思想。

（1）性质：中国共产党是中国工人阶级的先锋队，同时是中国人民和中华民族的先锋队，是中国特色社会主义事业的领导核心，代表中国先进生产力的发展要求，代表中国先进文化的前进方向，代表中国最广大人民的根本利益。

（2）根本宗旨：以全心全意为人民服务为宗旨。

（3）指导思想：以马克思列宁主义、毛泽东思想、邓小平理论、"三个代表"、科学发展观、习近平新时代中国特色社会主义思想作为自己的行动指南。

2. 我国的民主党派。目前，我国共有八个民主党派：中国国民党革命委员会（民革）、中国民主同盟（民盟）、中国民主建国会（民建）、中国民主促进会（民进）、中国农工民主党（农工党）、中国致公党、九三学社、台湾民主自治同盟（台盟）。我国民主党派从性质上说是各自所联系的一部分社会主义劳动者、社会主义事业建设者、拥护社会主义爱国者、拥护祖国统一和致力于中华民族伟大复兴的爱国者的政治联盟。

二、多党合作的基本内容和形式

（一）多党合作的基本内容

1. 中国共产党是社会主义事业的领导核心，是执政党。各民主党派是接受其领导的，同中国共产党通力合作、共同致力于社会主义事业的亲密伙伴，是参政党。

2. 多党合作以坚持中国共产党的领导，坚持四项基本原则为政治基础，以坚持社会主义初级阶段的基本路线，建设富强、民主、文明、和谐、美丽的社会主义现代化强国和统一祖国、中华民族伟大复兴为共同奋斗目标。

3. 多党合作的基本方针是：长期共存，互相监督，肝胆相照，荣辱与共。

4. 多党合作的重要内容是参政议政和互相监督。民主党派参政的基本特点是：参加国家政权，参与国家大政方针和国家领导人选的协商，参与国家事务的管理，参与国家方针、政策、法律、法规的制定执行。发挥民主党派监督作用的总原则是：在四项基本原则的基础上，发扬民主，广开言路，鼓励和支持民主党派与无党派人士对党和国家的方针政策、各项工作提出意见、批评、建议，做到知无不言，言无不尽，并且勇于坚持正确的意见。

5. 多党合作以宪法为根本活动准则，并负有维护宪法尊严、保证宪法实施的职责。民主党派享有宪法规定的权利和义务范围内的政治自由、组织独立和法律地位平等。但不允许存在反对四项基本原则、危害国家政权的组织，一经发现，依法取缔。中国共产党支持各民主党派独立地处理自己内部事务，支持其开展各项活动，维护本组织成员及其所联系群众的合法利益和合理要求。

（二）多党合作的形式

多党合作的形式是多种多样的，除中国人民政治协商会议这种重要形式外，我国还发展了多种中国共产党同各民主党派及无党派人士进行合作和协商的形式：

1. 以会议形式进行政治协商。主要是民主协商会、谈心会、座谈会，内容主要是对中共中央提出的大政方针进行协商、通报或交流重要情况，传达重要文件，听取民主党派、无党派人士提出的政策建议，就共同关心的问题自由交谈、沟通思想。

2. 通过国家权力机关参政议政。虽然全国和地方人民代表大会不是按党派选举产生的，但是代表人名单由中国共产党同各民主党派协商联合提出，这也是我国选举制度的重要特色。同时，全国和地方人大代表、人大常委会委员和正副委员长（主任）中都有一定比例的民主党派和无党派人士，作为人民代表，他们还直接在国家权力机关中参加或影响国家和地方的大政方针的决策，发挥各自所代表的党派的影响力。

3. 在各级行政机关和司法机关中合作。各民主党派和无党派人士还在国务院及各级政府、司法机关内担任领导职务，与中国共产党领导人通力合作。还可在各级政府召开有关会议时，邀请有关民主党派和无党派人士列席；政府及有关部门可聘请民主党派成员和无党派人士兼职、担任顾问或参加咨询机构，也可就某些专题请民主党派进行研究调查，提出建议；聘请一批符合条件和有专门知识的民主党派成员、无党派人士担任特邀监察员、检察员、审计员和教育督导员等；政府监督、审计、工商等部门组织的重大案件调查，以及税收等检查，可吸收民主党派成员、无党派人士参加；等等。

三、中国人民政治协商会议

（一）中国人民政治协商会议的历史

中国人民政治协商会议是在中国的革命、建设和改革的过程中，中国共产党领导的统一战线发展的产物。它的产生、发展大体经历了四个阶段：第一阶段是创建及代行国家权力机关职能时期；第二阶段是作为统一战线组织发展时期；第三阶段是政治协商制度受到破坏的时期；第四阶段是新的历史发展时期。

（二）中国人民政治协商会议的性质

首先，中国人民政治协商会议是中国人民爱国统一战线的组织；其次，中国人民政治协商会议是中国共产党领导的多党合作和政治协商的重要机构；最后，中国人民政治协商会议是我国政治生活中发扬社会主义民主的重要形式。

（三）中国人民政治协商会议的任务和职能

中国人民政治协商会议的任务是：尽一切努力，进一步巩固和发展爱国统一战线，调动一切积极因素，团结一切可以团结的力量，以经济建设为中心，维护和发展安定团结的政治局面，不断促进社会主义物质文明、政治文明、精神文明、社会文明、生态文明的协调发展，为实现我国各族人民的根本任务而奋斗。

中国人民政治协商会议的主要职能是政治协商、民主监督、参政议政。

四、中国共产党领导的多党合作和政治协商制度的优越性

1. 有利于发展社会主义民主政治；

2. 有利于发展社会主义经济和文化；

3. 有利于构建社会主义和谐社会；

4. 有利于推进祖国和平统一大业。

第六节 选举制度

一、选举制度概述

（一）选举制度的概念

选举制度是指一国统治阶级提供法律规定的关于选举国家代表机构代表与国家公职人员的原则、程序与方法等各项制度的总称。它包括选举的基本原则、组织、程序、方法和传统习惯等，是一个国家的政治制度的重要组成部分。因此，世界各国常常通过专门的法律来规定国家代表机关的选举，这就是选举法。近代选举制度最早起源于英国。

（二）选举制度的本质

选举，是人民委托权力的行为，也是国家组织机关的一种活动。选举制度的本质是由国家的阶级本质决定的。

二、我国选举制度的基本原则

近代选举制度在发展中逐渐形成许多选举制度的原则，这些原则已规定在宪法和法律中，这就是普遍的、平等的、直接或间接选举、无记名投票的原则，这些原则是在反对封建等级制中形成的，并发挥了巨大作用。

选举制度的基本原则是选举制度的重要组成部分，它基于宪法的民主精神，决定着选举制度的民主程度。根据我国宪法和选举法的规定，我国选举制度主要有如下基本原则，这些原则体现了我国国家政权的本质，反映了我国的社会现实。

（一）选举权的普遍性原则

选举权的普遍性原则是就享有选举权的主体范围而言的，其含义在于，具有一国国籍，达到一定年龄的公民享有选举权的广泛程度。

我国《宪法》规定，除依照法律被剥夺政治权利的人外，凡年满18周岁的公民，不分民族、种族、性别、职业、家庭出身、宗教信仰、教育程度、财产状况、居住期限，都有选举权和被选举权。此外，对于武装部队成员、各少数民族和归国华侨的选举，还以专章专条甚至专门法律予以规定，充分体现了选举权的普遍性。《宪法》第34条还规定依照法律被剥夺政治权利的人没有选举权和被选举权。由于我国几十年来的社会主义革命、建设和改革的发展，阶级状况发生了根本的变化，地主、富农、资本家作为阶级已不存在，其成员都已改造成为自食其力的劳动者。所以，现在被剥夺政治权利的人，只是极少数被依法剥夺政治权利的严重刑事犯罪分子。

在我国，对以下四类特殊人群准予行使选举权：①被判处有期徒刑、拘役、管制而没有附加剥夺政治权利的；②被羁押，正在受侦查、起诉、审判，人民检察院或者人民法院没有决定停止其行使选举权的；③正在取保候审或者监视居住的；④正在受拘留处罚的。

暂停行使选举权利的特殊人群有两类：①精神病患者；②因犯罪被羁押，正在受侦查、起诉和审判的人，经人民检察院或者人民法院决定，在羁押期间停止其行使选举权利。

（二）选举权的平等性原则

平等选举即平等选举权，是指选民在权利和地位上平等，每人在每次选举中只有一次投票权，并且每票的价值相等。在我国，选举权的平等性是代表机关民主性的前提，是法律面前人人平等原则的具体表现，其基本含义是每个年满18周岁并享有这种权利的公民都享有参加选举的权利；每个公民在每次选举中只在一个选区，享有一个投票权；每个选民所投选票的效力是等同的；选举权与被选举权相统一，即享有选举权的人原则上享有被选举权。我国选举权的平等性表现在，选举法规定，所有各民族选民、男女选民、军队选民都在平等的基础上参加选举，每一选民在一次选举中只有一次登记权和一个投票权，被选举权有的可能有两个。任何选民在选举中都没有特权，也不受任何歧视与限制。同时，选举法从我国的具体情况出发，对某些问题不强调绝对平等。如对于少数民族的代表名额给予特别照顾，聚居境内同一少数民族的总人口数占境内总人口数15%以上不足30%的，每一代表所代表的人口数，可以适当少于当地人民代表大会每一代表所代表的人口数，但该少数民族的代表名额不得超过代表总名额的30%。人口特少的民族在全国人民代表大会至少应有1名代表。这些规定，真实地反映了我国的现实生活，完全符合我国的政治制度和人民的团结愿望，实现了工农之间、各民族之间的真正平等。

（三）直接选举与间接选举并用的原则

直接选举是指由选民直接投票选出国家代议机关代表和国家公职人员的选举。优点是：①它更能直接地反映民意，实现选民的意志，民主程度高；②它能更好地调动公民参与管理国家事务的积极性，有利于代表更加注重对选民负责；③有助于加强选民与当选者的联系，有利于选民了解和监督代表。局限性在于：在选民人数众多的情况下，直接选举的组织工作和技术工作都有相当大的难度，选举的成本也比较高。

间接选举是指不是由选民直接投票选出，而是由下一级国家代议机关或由选民选出的代表选举国家代议机关代表和国家公职人员的选举。优点是选举的成本比较低，便于组织。局限性在于，这影响了选民意愿的表达。

我国选举法从基本国情出发，规定不设区的市、市辖区、县、自治县、乡、民族乡、镇的人大代表，由选民直接选举产生。全国人大代表，省、自治区、直辖市、设区的市、自治州的人大代表，由下一级人民代表大会选举产生。

（四）无记名投票原则

无记名投票也称秘密投票，它是指选民不签署自己的名字，亲自书写选票并将选票投入密封票箱的一种投票方法。无记名投票的优点在于保证选举人能够消除顾虑，打破情面，自由地表达自己的意志。

我国选举法规定，全国和地方各级人民代表大会人民代表的选举，一律采用无记名投票的方法。选民如果是文盲或者因为残疾不能书写选票的，可以委托他信任的人代写。

（五）差额选举原则

差额选举是指在选举中候选人的人数多于应选代表名额的选举。它与等额选举相对应。等额选举是指在选举中候选人的人数与应选代表名额相等的选举。差额选举的优点是为选民行使选举权提供了选择的余地，在被选举人之间也形成了相应的竞争，其局限性在于，如果竞争不加以规范，容易导致虚假宣传、金钱交易等情况发生。

我国选举法规定，在直接选举的时候，代表候选人的名额应该多于应选代表名额的 $1/3 \sim 1$ 倍；在间接选举的时候，代表候选人的名额应多于应选代表名额的 $1/5 \sim 1/2$。差额选举有利于选民根据自己的自由意志选择满意的候选人。

（六）对代表监督和罢免原则

在选举制度中，选举权和监督罢免权是不可分割的整体，可以说，监督罢免权是选举权的延伸，是对选举权的一种保护。因此，我国选举法规定，全国和地方各级人大代表受选民和选举单位的监督，选民或者选举单位有权罢免自己选出的代表。

1. 对直接选举的代表的罢免。对于县级的人民代表大会代表，原选区选民50 人以上联名，对于乡级的人民代表大会代表，原选区选民 30 人以上联名，可以向县级的人民代表大会常务委员会书面提出罢免要求。

2. 对间接选举的代表的罢免。县级以上的地方各级人民代表大会举行会议的时候，主席团或者 1/10 以上代表联名，可以提出对由它选出的上一级人民代表大会代表的罢免案。

（七）选举权利保障原则

选举权是公民的基本权利，采取一切有效措施保障选举权的实现，对于公民参加国家管理具有重要意义。所以，我国选举制度一向重视对选举权的保障。根据我国选举法的规定，选举权的保障主要有物质保障和法律保障两方面的内容。国家从物质上、法律上为选民行使选举权和被选举权提供切实保障，这也是我国社会主义选举制度区别于资本主义国家选举制度的原则之一。我国选举法规定，全国所有的选举经费，统由国库开支，这是开展选举工作的物质保证。为了保证人民充分表达自己的意志，在选举期间国家的报刊、电台等设备均为选举活动服务。选举所必需的印刷纸张、公共场所、交通工具及其他物质条件，都保证人民享用。资产阶级国家选举用的一切经费，大都由候选人或提出候选人名单的组织负担，选举用的工具及设备都掌握在资产阶级手中，广大劳动人民无法享用。

为了保障选民自由地行使选举权，选举法专章规定了对破坏选举的制裁。对于用暴力、威胁、欺骗、贿赂等非法手段破坏选举或者妨碍选民自由行使选举权和被选举权的；伪造选举文件，虚报选举票数或者有其他违法行为的；对于控告、检举违法行为的人或者对于提出要求罢免代表的人进行压制、报复的，应当依法给予行政处分或者刑事处分。这对于保障民主选举顺利进行，杜绝贿赂舞弊，防止与取缔破坏选举的各种违法行为，有着十分重要的作用。资本主义国家选举弄虚作假、营私舞弊到处皆是，很少受到法律制裁。

三、我国选举的组织和程序

选举是一项有组织的活动，需要在有关机构的主持下有序地进行。近代选举制度在选举中逐渐形成和发展了许多选举程序，这些程序包括设立选举机构、划分选区、选民登记、候选人提名、竞选和当选计票制度。这些程序是很复杂的，也常随着不同国家情况而有所不同。根据我国选举法的规定，在间接选举中，人民代表大会代表的选举由本级人民代表大会常务委员会主持进行。在选民直接选举人民代表大会代表的地方，需要设立专门机构主持选举工作，并按下列程序进行：

（一）成立选举机构

我国选举法规定，不设区的市、市辖区、县、自治县、乡、民族乡、镇设立选举委员会，主持本级人大代表的选举。

（二）划分选区

选区是以一定数量的人口为基础划分的区域，是选民选举产生人民代表的基本单位。根据选举法的规定，直接选举的地方，人民代表大会的代表名额分配到选区，按选区进行选举。选区可以按居住状况划分，也可以按生产单位、事业单位、工作单位划分，同时选区一般按每一选区1~3名代表划分。

（三）选民登记

选民登记是选举工作的重要环节，是公民取得选民资格的基本程序。根据我国选举法的规定，选民登记应当按选区进行，它是国家依法对选民资格进行的法律认可。凡年满 18 周岁未被剥夺政治权利的公民，都应当列入选民名单。选民名单应当在选举日的 20 天以前公布，并发放选民证。

（四）提名并确定代表候选人

代表候选人的提名和介绍，是关系到把什么人选到代表机关的关键问题，因此，充分发扬民主，按照较大多数选民的意志提名代表候选人，充分介绍代表候选人，非常重要。

根据我国选举法的规定，在直接选举中，各政党、各人民团体可以单独或者联合推荐代表候选人，由选举委员会向选区推荐。另外，选民 10 人以上联名可以推荐代表候选人。选举委员会汇总后，应当在选举日的 15 日以前公布，并交各选区选民小组讨论、协商，确定正式代表候选人名单。

（五）候选人的介绍

选举委员会或者人民代表大会主席团应当向选民或者代表介绍代表候选人的情况。推荐代表候选人的政党、人民团体和选民、代表可以在选民小组或者代表小组会议上介绍所推荐的代表候选人的情况。选举委员会可以组织代表候选人与选民见面，回答选民的问题。但是，在选举日必须停止对代表候选人的介绍。

（六）组织投票

组织投票主要有两种形式：一是各选区设选举投票站；二是召开选举大会投票。不论哪种方式，选举投票都必须在选举委员会的主持下进行。县以上地方各级人民代表大会在选举上一级人民代表大会代表时，由该级人民代表大会主席团主持。每次选举所投的票数，多于投票人数的无效，等于或少于投票人数的有效；每一选票所选的人数，多于规定应选代表人数的作废，少于规定应选代表人数的有效。

（七）确定当选

选举结束后，就进入选举结果的确定程序，其内容包括：①确定选举是否有效。选区全体选民过半数参加投票，选举有效。②代表候选人当选的确定。代表候选人获得参加选举投票的选民过半数的选票即可当选。③宣布选举结果。选举结果由选举委员会根据选举法确定是否有效，并予以宣布。

（八）补选

县、乡人大代表在任期内，因故出缺，由原选区选民补选。人大代表因故出缺的情况主要有：①地方各级人大代表迁出或调离本行政区域的；②辞职被接受的；③未经批准两次不出席本级人民代表大会会议的；④被罢免的；⑤丧失中国国籍的；⑥依法被剥夺政治权利的；⑦死亡。

思考题

1. 为什么说人民民主专政是具有中国特色的无产阶级专政?
2. 简述人民代表大会制度的基本含义。
3. 我国采取单一制国家结构形式的原因是什么?
4. 特别行政区享有哪些自治权?
5. 如何理解我国选举制度的基本原则?

实训项目

我国的政党制度,特别是经过改革开放40年不断完善了的政党制度,保障了我国近代史上最长时间的政局稳定,从而为我国过去40年经济以平均9%的速度发展、实现一系列历史跨越和超越提供了可靠的政治保障。亚非拉发展中国家,许多比中国国情要单纯得多,但由于实行"两党制"或"多党制",几十年来社会分裂,民族或族群对立,政局动荡,发展停滞。每到大选,充满暴力、血腥和仇恨,政治人物和政党领袖人物遭暗杀的惨剧一幕幕上演,街头对抗、骚乱更是家常便饭。

我国的政党制度,维持了国家和社会运转的高效率。这种高效率,不仅表现在过去几十年推动经济和社会发展方面,而且表现在抗御和应对各种重大自然灾害和社会风险方面。中国为什么遇到像唐山大地震和汶川大地震那样严重的自然灾害能很快恢复重建?为什么20世纪90年代中期的亚洲金融风暴和此次席卷全球的金融危机,中国受到的冲击相对较小,经济复苏相对较快?

中国的政党制度是在自身实践基础上,吸取人类执政的成功经验和失败教训而创造出的一种新模式。在两党制和多党制下,每个重大决策都成为政党博弈和争斗的战场,各自代表着一部分选民的利益互不相让,吵吵嚷嚷,争得面红耳赤,甚至在议会大打出手,最后要么长期吵而不决,要么票决时,一部分人的利益诉求被彻底排除。

结合上述材料,分析以下问题:

1. 中国的政党制度与两党制和多党制有什么不同?
2. 根据中国的实际情况,简述中国实行中国共产党领导的多党合作制和政治协商制度的必要性。

实训方法:小组讨论。

实训步骤:①教师课前提供详细背景材料,安排实训任务。②学生自行分组并拟定发言提纲。③指定各组负责人,课余分小组开展讨论。④各组负责人记录整理发言内容,形成小组意见。⑤教师利用课堂时间介绍各小组情况并归纳主要观点,点评。

第八章 公民的基本权利与义务

学习目标

通过本章的学习，掌握我国公民基本权利和基本义务的概念；区分人民和公民、国民的区别；了解我国基本权利和义务的特点；掌握我国公民基本权利的主要内容；树立尊重和保障人权的宪法意识。

 ## 第一节 公民基本权利和义务概述

公民的基本权利与义务是指宪法所规定的公民享有和履行的最主要的、最具有决定意义的权利和义务，也叫宪法权利和宪法义务。宪法是我国的根本大法，因此宪法所赋予公民的权利和义务是最基本的也是最重要的权利和义务。

一、公民的基本理论

（一）公民资格的取得与丧失

公民是指具有一个国家的国籍，并根据该国宪法和法律，享有权利并承担义务的自然人。国籍是指某人属于某国家的一种法律资格或身份。凡具有某个国家国籍的人就是这个国家的公民，就能享有该国法律所赋予的权利，可以请求国家保护其权利；同时也负有该国法律所规定的义务，并接受此国家的管理。

公民资格的取得与丧失是以国籍的取得与丧失为依据的。具有某国国籍即为该国公民，丧失某国国籍就不再是该国公民。如果具有双重或多重国籍，就可能是两个或两个以上国家的公民。而没有任何国家的国籍，就没有公民资格。我国《宪法》第33条第1款规定："凡具有中华人民共和国国籍的人都是中华人民共和国公民。"

根据各国法律的规定，国籍的取得有两种方式：①因出生而取得，叫作原始国籍。世界各国对因出生而取得国籍的规定各有不同，主要有三种原则：血统主义原则、出生地主义原则和混合主义原则。②因加入而取得，叫作取得国籍，是指个人因婚姻、收养或者申请等事实，经过一定的法律程序，由某个国家批准其入籍，从而取得该国国籍。

中国国籍的取得，采取出生地主义和血统主义相结合的原则。根据我国

《国籍法》规定，父母双方或一方为中国公民，本人出生在中国的，具有中国国籍；父母双方或一方为中国公民，本人出生在外国的，具有中国国籍。父母双方或一方为中国公民并定居在外国，本人出生时即具有外国国籍的，不具有中国国籍。父母无国籍或国籍不明，定居在中国，本人出生在中国的，具有中国国籍。同时，在我国，外国人或者无国籍人加入我国国籍必须提出申请，并符合法律规定的条件，包括：①申请人是中国公民的近亲属；②定居在中国；③有其他正当理由。经过法定程序的批准，申请人可以具有中国国籍，同时不再保留其外国国籍。

由于各国对于国籍取得的法律规定不尽相同，因出生、加入而取得国籍时就会出现一个人同时具有两个或两个以上国籍的情况，在法律上称为双重国籍或多重国籍。根据我国《国籍法》的规定，中华人民共和国不承认中国公民具有双重国籍。

（二）人民与公民、国民

人民主要是指以劳动群众为主体的社会基本成员。公民是指具有一国国籍的自然人，公民是国民在法律上的名称。公民表达的是个体概念，它体现的是个体和国家的关系。人民表达的是群体概念，是众多人的集合体，任何个人都不能称为人民，而公民或国民则可用于单个的自然人。

人民与公民、国民是不同的概念，虽然它们都反映了一定社会关系和人们在国家中的地位，但两者有明显的区别。

1. 范畴不同。公民是一个法律概念，它表明了主权国家与居民个人之间的法律关系，说明公民是在法律上享有权利和承担义务的主体。人民是政治概念，它是以阶级内容来划分的。在不同的国家和各个国家的不同历史时期，人民有着不同的内容。在我国社会主义时期，一切赞成、拥护和参加社会主义革命建设的阶级、阶层和社会集团，都属于人民的范围。

2. 范围不同。公民的范围比人民的范围更加广泛，公民包括全体社会成员，除了人民，还包括敌对分子；人民不包括全体社会成员，依法被剥削政治权利的人和敌对分子不属于人民。在我国现阶段，工人、农民、知识分子以及一切拥护社会主义和拥护祖国统一的爱国者，均属于人民的范围。

3. 结果不同。人民享有宪法和法律规定的一切权利并履行相应的义务，但并非所有的公民都能享有宪法和法律规定的一切权利并履行相应的义务。法律只体现广大人民的意志，不包括被剥夺政治权利的人的意志。我国《宪法》第2条第1款规定："中华人民共和国的一切权力属于人民。"这表明我国的一切权力属于人民，人民是国家的主人翁。敌对分子或者说被剥夺政治权利的人是没有参与社会管理的权利的。例如，被剥夺政治权利的人没有选举权和被选举权。

所以列宁说："宪法是一张写着人民权利的纸。"[1]《宪法》第13条第2款规定："国家依照法律规定保护公民的私有财产权和继承权。"这表明宪法对于我国所有公民的合法权益都给予保护，不仅包括人民，还包括敌对阶级分子，也包括那些被剥夺或暂时限制了政治权利的人，即使是正在接受刑罚的服刑人员，国家法律仍然要保护他们的其他合法权益。在同一部宪法中，用了"人民"和"公民"这两个不同的概念，这说明在宪法上人民和公民享受的权利和履行的义务是不同的。

二、公民基本权利和义务的一般原理

（一）公民基本权利和义务的概念和特征

公民基本权利是指由宪法规定的公民享有的主要的、必不可少的权利，也称宪法权利。公民基本义务是指由宪法规定的公民必须遵守和应尽的根本责任，也称宪法义务。它是公民对于国家的首要义务，是反映和决定公民在国家中的政治和法律地位的重要因素。宪法权利和义务是构成普通法律所规定的权利和义务的基础，其特征包括：

1. 权利和自由的广泛性。

（1）享有基本权利和自由的主体非常广泛。基本权利的主体包括一般主体和特殊主体。除了宪法中的人民和公民可以作为基本权利的主体外，外国人在特定范围内也会成为宪法权利的主体。我国《宪法》第32条规定："中华人民共和国保护在中国境内的外国人的合法权利和利益，在中国境内的外国人必须遵守中华人民共和国的法律。中华人民共和国对于因为政治原因要求避难的外国人，可以给予受庇护的权利。"

（2）公民享有的权利和自由的范围非常广泛。根据宪法的规定，我国公民享有的权利和自由涉及政治、经济、文化、教育以及人身等各个方面。从基本权利体系来看，包括政治权利、人身权利、宗教信仰自由、社会经济权利、文化教育权利等。随着社会主义政治经济文化的不断发展，我国公民基本权利与自由的范围也将进一步扩大。

2. 基本权利和义务的平等性。

（1）公民在享有权利和履行义务方面一律平等。《宪法》第33条第2款规定："中华人民共和国公民在法律面前一律平等。"具体说来，一是任何公民不分民族、种族、性别、出身、职业、宗教信仰、教育程度、财产状况和职位高低，都一律平等地享有宪法和法律规定的权利，也一律平等地履行宪法和法律规定的义务；二是公民的正当权利和合法利益都平等地受到法律的保护，任何

---

〔1〕《列宁全集》（第12卷），人民出版社1987年版，第50页。

国家机关不得以任何理由歧视任何公民，公民有权要求得到平等的对待和服务；三是不允许任何组织和个人享有宪法和法律规定以外的特权，任何人都必须在宪法和法律允许的范围内活动。

（2）司法机关在适用法律上一律平等。司法机关必须根据事实和法律，平等地保护公民的合法权益，平等地追究一切违法犯罪的法律责任。

3. 基本权利和义务的现实性。

（1）公民基本权利和义务的内容具有现实性。我国宪法关于公民基本权利和义务的规定是从我国政治、经济、文化发展的实际情况出发的，因而切实可行：一是客观上十分需要且非确认不可的就坚决写进宪法；二是能够做到的，或者经过创造条件可以逐步实现的，就根据能够做到的程度作出实事求是的规定，如受教育权；三是从实际情况看，在相当长的时间内不能做到的，宪法就不予确认，如迁徙自由。

（2）宪法对公民基本权利和义务的规定，既有物质保障又有法律保障，因而这是可以实现的权利和义务。

4. 基本权利和义务的统一性。

（1）享有权利和承担义务的主体是一致的。我国现行《宪法》第33条第4款规定："任何公民享有宪法和法律规定的权利，同时必须履行宪法和法律规定的义务。"在一般情况下，没有无义务的权利，也没有无权利的义务。

（2）公民的某些权利和义务是相互结合的，如劳动、受教育既是公民的基本权利，又是公民的基本义务。

（3）公民的基本权利和义务相互促进，相辅相成。公民基本权利的有效保障将促使公民自觉地履行义务，公民基本义务的自觉履行将为公民基本权利和自由的扩大创造条件。

（二）公民基本权利和自由的保障及其界限

"自由是做法律所许可的一切事情的权利；如果一个公民能够做法律所禁止的事情，他就不再有自由了，因为其他的人也同样会有这个权利。"[1] 宪法规定了公民的基本权利，当然要为公民实现权利和自由提供保障，但同时，也将对公民行使其基本权利作出必要的限制。

1. 基本权利和自由的保障。

（1）物质保障。宪法确立了人民主权原则，为公民基本权利和自由的实现提供了物质条件，而且还通过物质帮助权、社会保险、社会救济和医疗卫生事业等措施，给予公民必要的物质支持。

---

〔1〕〔法〕孟德斯鸠著，张雁深译：《论法的精神》（上册），商务印书馆1961年版，第154页。

（2）政治保障。宪法规定了国家政权的归属，这是对公民基本权利和自由的政治保障。

（3）法律保障。宪法不仅规定公民的基本权利和自由，而且通过依法制裁侵犯公民基本权利和自由的行为，保证公民基本权利和自由的实现。如在宗教信仰自由、人格尊严、人身自由、申诉控告权等方面，规定了国家机关、社会团体或其他个人均不得侵犯，国家对侵犯公民基本权利的国家行为有赔偿的义务，等等。

2. 基本权利的限制。限制基本权利是指确定基本权利的范围，使之不超过一定的限度，否则将构成权利滥用。《宪法》第51条规定："中华人民共和国公民在行使自由和权利的时候，不得损害国家的、社会的、集体的利益和其他公民的合法的自由和权利。"上述规定表明了我国对公民权利和自由进行限制的目的，不得滥用权利是公民行使权利和自由时应当遵循的原则。

任何权利都是有界限的。任何一项权利的行使，都有可能与他人的权利发生冲突，也有可能与社会利益发生冲突。为了避免各权利主体在行使权利上相互妨碍，为了保证公共利益和个人利益相互和谐，宪法必须对各种权益进行调和和界定。

（1）公民行使权利时不得妨碍他人的权利和自由，即权利止于他人的权利；

（2）公民权利的行使不得违反国家承认的公民权利和自由的目的。

但是，法律对基本权利的限制也不是随意的，从宪法精神看，保障基本权利是宪法的核心价值，因此，法律对基本权利的限制也应保持在一定范围内。限制基本权利的界限主要有：对基本权利的本质内容不得限制；限制基本权利的程度要合理；限制基本权利的原则要合理；限制要遵循正当的法律程序等。

3. 限制方式。

（1）在宪法中直接加以具体的限制，即宪法规定公民享有某种权利和自由的同时，又规定在某些特定情况下可以加以限制；

（2）在宪法中不作具体限制，只规定依法限制的原则；

（3）在宪法中对公民基本权利和自由不作限制，但对各种权利和自由加以总的原则性限制。

总之，保障基本权利是宪法的核心价值标准，在公民权利与国家权力之间，权利是目的和灵魂，权力是手段和工具。从这个意义上说，权利保障与权利限制在维护人权的道路上实现了殊途同归。[1]

---

〔1〕 陈秋玲："论公民基本权利的限制"，载《衡阳师范学院学报》2008年第4期。

（三）基本权利与人权

人权，是构成社会整体的个人，为确保其自身的生存和发展，维护其作为人的尊严而享有的，并在人类社会进程中不断形成和发展的权利。人权与基本权利的关系如下：

1. 人权是基本权利的来源，基本权利是人权宪法化的具体表现。

2. 人权与基本权利的区别：①人权系自然权，基本权利属实体权；②人权之效力限于道德，基本权利的效力受法律强制力保障，亦受法律制度限制；③人权表现为价值体系，而基本权利则是具体的权利体系。

人权与基本权利的区别决定了宪法中的人权需要法定化，并转化为具体权利内容的基本权利形态。人权在转化为宪法中的基本权利后，国家机关都应当受基本权利的约束。人权所体现的基本价值就是宪法制定与修改中的最高目标。

三、宪法规定"国家尊重和保障人权"的意义

2004 年宪法修正案第 24 条规定，《宪法》第 33 条增加 1 款，作为第 3 款，即"国家尊重和保障人权"，这是我国首次将"人权"引入宪法，在很大程度上拓宽了基本权利体系的范围。"尊重和保障人权"写入宪法，使人权从政治原则上升为宪法原则，将国家义务法定化，明确了国家对基本权利的义务包括"尊重"和"保障"，明确了国家对基本权利既有帮助基本权利实现的积极义务，也有不得侵犯公民基本权利的消极义务。

将"国家尊重和保障人权"写进宪法，对我国的立法也起到了重要的指导作用，立法中将会更注重权利和权力的平衡、权利和责任的平衡、权利和义务的平衡，以协调人与社会的发展关系，指导人与环境和资源的协调发展。

第二节　公民基本权利

现行《宪法》第 33 ~ 51 条的规定，构成我国公民基本权利体系。《宪法》对公民的基本权利的规定采用列举的方式，依据其内容进行基本分类，包括平等权、政治权利和自由、宗教信仰自由、人身自由、社会经济权利、文化教育权利、监督权、取得赔偿权、特定主体的权利等。

一、平等权

（一）平等权的含义

平等权，指公民依法无差别地享受权利，不受法律之外的区别对待。我国《宪法》第 33 条第 2 款规定："中华人民共和国公民在法律面前一律平等。"平等权是我国宪法所保护的公民的一项基本权利，是公民行使其他权利的基础，

也是我国社会主义法治的基本原则之一。

（二）平等权的内容

1. 公民在法律面前一律平等。我国《宪法》第 33 条第 4 款规定："任何公民享有宪法和法律规定的权利，同时必须履行宪法和法律规定的义务。"这一规定有三层含义：

（1）守法平等。任何公民不分民族、种族、职业、性别、宗教信仰、社会地位、教育程度、财产状况，都一律平等地享有宪法和法律规定的权利，同时亦平等地履行规定的义务。

（2）司法平等。任何公民的权利都一视同仁地受到平等保护，对违法行为一律依法予以追究。

（3）反对特权。不允许任何组织和个人有超越宪法和法律的特权，任何人不得强制任何公民或组织承担法律以外的义务，不得使其受到法律以外的处罚。

2. 禁止差别对待。法律面前人们的地位是平等的，出身、职业、社会身份等不应成为任何导致不平等待遇的理由。

3. 不排斥合理差别。宪法并不禁止一切差别，宪法所禁止的差别是不合理的差别，而合理的差别具有合宪性。如《宪法》第 34 条规定的选举权，如果根据一个人的民族、种族、性别、职业、家庭出身、宗教信仰、教育程度、财产状况、居住期限而加以区别对待，就是不合理的差别。但是现实中，基于性别、年龄及个人生活环境的差异，是存在合理差异的，因此在法律或公共政策中可能出现一些差异，对此需要区分合理差别与不合理差别。其判断标准为：①是否符合作为宪法核心价值的人的尊严原则；②确定合理差别的依据是否具有合理性；③采取差别对待是否适当、必要。

二、政治权利和自由

政治权利亦称参政权，指公民依照宪法规定，参与国家政治生活方面的权利和自由。

（一）选举权与被选举权

选举权指公民享有选举国家权力机关的代表和国家公职人员的权利。被选举权指公民享有被选举为国家权力机关代表和国家公职人员的权利。二者可合称为选举权利。选举权是人民行使国家权力的基本形式，体现了人民管理国家的主人翁地位。

享有选举权利应具备三个条件：①中国公民；②年满 18 周岁；③未被剥夺政治权利。

（二）政治自由

政治自由属于表达自由或精神自由范畴，指公民表达个人见解和意愿的自由，包括言论、出版、结社及集会、游行、示威自由。

1. 言论自由。言论自由为政治自由之魁，指公民通过各种语言形式表达自己政治思想和观点的自由。

言论自由有主体广泛、内容丰富、形式多样、不受不利后果的特点，但并非可以言所欲言、不受限制。言论自由必须在宪法、法律规定的范围内行使，不得损害国家利益、社会公共利益及其他组织和公民的合法权益，不得滥用权利，不得用言论侮辱、诽谤、诋毁他人。

2. 出版自由。出版自由是指公民可以通过公开出版物的形式，自由地表达对国家和社会事务等的见解和看法。出版自由一般包括两个方面的内容：①著作自由，即公民有权自由地在出版物上发表作品；②出版单位的设立与管理必须遵守宪法和法律的规定。出版自由是言论自由的自然延伸。

对于出版自由的保障与限制，我国对出版物一方面给予保障，另一方面通过事前审查和事后追惩相结合的制度，对出版自由划定了界限。例如《出版管理条例》第25条规定："任何出版物不得含有下列内容：①反对宪法确定的基本原则的；②危害国家统一、主权和领土完整的；③泄露国家秘密、危害国家安全或者损害国家荣誉和利益的；④煽动民族仇恨、民族歧视，破坏民族团结，或者侵害民族风俗、习惯的；⑤宣扬邪教、迷信的；⑥扰乱社会秩序，破坏社会稳定的；⑦宣扬淫秽、赌博、暴力或者教唆犯罪的；⑧侮辱或者诽谤他人，侵害他人合法权益的；⑨危害社会公德或者民族优秀文化传统的；⑩有法律、行政法规和国家规定禁止的其他内容的。"《刑法》第363条规定，以牟利为目的，制作、复制、出版、贩卖、传播淫秽物品的，处3年以下有期徒刑、拘役或者管制，并处罚金；情节严重的，处3年以上10年以下有期徒刑，并处罚金；情节特别严重的，处10年以上有期徒刑或者无期徒刑，并处罚金或者没收财产。

3. 结社自由。结社自由指有共同意志和利益的公民，为了一定的宗旨或共同目的依法定程序组成某种持续性社会团体的自由。宪法规定的结社自由主要指成立不以营利为目的的社会团体的自由。

《社会团体登记管理条例》使社会团体管理工作进一步制度化、规范化，对我国公民结社自由的保障与限制的具体内容和程序作出了具体规定。在我国，对社会团体的管理主要包括：首先，结社实行业务主管单位批准和行政主管部门登记的双重管理的事先审查制度。登记管理机关是民政部门。下列团体不需要登记：①参加中国人民政治协商会议的人民团体；②由国务院机构编制管理机关核定，并经国务院批准免于登记的团体；③机关、团体、企业事业单位内部经本单位批准成立、在本单位内部活动的团体。其次，社会团体必须具备法人资格，普通公民不能结社。最后，社会团体活动内容必须合法。

4. 集会、游行、示威自由。集会、游行、示威自由是言论自由的延伸和具体化，是公民表达其意愿的不同表现形式。公民行使集会、游行、示威自由是现代民主政治的基本要求。集会自由是指公民为共同的目的临时聚集于露天公共场所，发表意见、表达意愿的自由；游行自由是指公民在公共道路、露天公共场所列队行进，表达共同意愿的自由；示威自由是指在露天公共场所或者公共道路上以集会、游行、静坐等方式，表达要求、抗议或者支持、声援等共同意愿的自由。

由于集会、游行、示威属于公民表达意愿方式中最为激烈的，又是群体性活动，且人数、人员成分都不确定，容易产生负面社会影响，为使该权利能得到有效行使，我国《集会游行示威法》对该权利作出了限制，包括：①程序限制。举行集会、游行、示威，必须依法向主管机关提出申请并获得许可。负责人必须在举行日期的5日前向主管机关递交书面申请。主管机关接到集会、游行、示威申请书后，应当在申请举行日期的2日前，将许可或者不许可的决定书通知其负责人。不许可的，应当说明理由。逾期不通知的，视为许可。确因突然发生的事件临时要求举行集体、游行、示威的，必须立即报告主管机关；主管机关接到报告后，应当立即审查决定许可或者不许可。②地点限制。公民不得在其居住地以外的城市发动、组织、参加当地公民的集体、游行、示威。在下列场所周边距离10米~300米内，不得举行集会、游行、示威，经国务院或者省、自治区、直辖市的人民政府批准的除外：全国人民代表大会常务委员会、国务院、中央军事委员会、最高人民法院、最高人民检察院的所在地；国宾下榻处；重要军事设施；航空港、火车站和港口。③时间限制。举行集会、游行、示威的时间限于早6时~晚10时，经当地人民政府决定或者批准的除外。④人员限制等。国家机关工作人员不得组织或者参加违背有关法律、法规规定的国家机关工作人员职责、义务的集会、游行、示威。集会、游行、示威应当按照许可的目的、方式、标语、口号、起止时间、地点、路线及其他事项进行。

值得注意的是，文化娱乐、体育活动、正常的宗教活动、传统的民间习俗活动，不适用《集会游行示威法》。

三、宗教信仰自由

（一）宗教信仰自由的含义

《宪法》第36条第1款规定："中华人民共和国公民有宗教信仰自由。"宗教信仰自由是指公民依据内心的信念，自愿地信仰宗教的自由。任何国家机关、社会团体和个人不得歧视信仰宗教的公民和不信仰宗教的公民。该条款的含义包括：

1. 内心信仰的自由。即公民有自主决定信仰宗教或不信仰宗教的自由，国家不得强制或鼓励或禁止公民信仰宗教；公民有信仰这种宗教或那种宗教的自由，有信仰同种宗教中这个教派或那个教派的自由，有过去信教现在不信教或过去不信教现在信教的自由。

2. 宗教活动的自由。公民有祷告、礼拜和进行其他宗教仪式的自由，也有不参加宗教仪式的自由，国家不得强迫或禁止或限制公民为之。

3. 宗教结社的自由。公民有设立某种宗教社团并参加活动的自由，国家既不得禁止、限制，也不得强迫、鼓励公民设立和参加宗教社团。

（二）宗教信仰自由的保障与限制

作为公民的一项基本权利，公民正常的宗教活动受到宪法和法律的保护。

1. 法律保障。《宪法》第36条第2款规定："任何国家机关、社会团体和个人不得强制公民信仰宗教或者不信仰宗教，不得歧视信仰宗教的公民和不信仰宗教的公民。"这款规定为宗教信仰自由的实现提供了宪法依据。另外，在民法、刑法、选举法等法律中也具体规定了对宗教信仰自由的保障。2004年颁布的《宗教事务条例》为现阶段保障公民宗教信仰自由、维护宗教和睦与社会和谐、规范宗教事务等，提供了重要的依据。

2. 物质保障。国家在保障宗教信仰自由的过程中，积极创造物质条件，提供良好的环境，比如安排宗教活动场所，修缮寺庙、观、教堂等。

3. 组织保障。目前，我国有中国佛教协会、中国道教协会、中国伊斯兰教协会、中国天主教协会、中国基督教协会等全国性宗教团体，并设立了多所宗教学院，以培养和教育爱国职业宗教人员。

4. 法律限制。公民是国家中的一员，因此在其从事宗教活动时必须遵守国家的法律规定，尊重他人的合法权益，服从社会利益的要求。所以，根据《宪法》的规定，任何人不得利用宗教进行破坏社会秩序、损害公民身体健康、妨碍国家教育制度的活动；各宗教团体坚持自主、自办、自传的"三自"原则，宗教团体和宗教事务不受外国势力的支配；非宗教团体、非宗教活动场所不得组织、举行宗教活动，不得接受宗教性捐献；宗教教职人员经宗教团体认定，报县级以上人民政府宗教事务部门备案，可以从事宗教教务活动。

四、人身自由

人身自由是公民一切权利的基石，公民的人身权利得不到保障，其他权利的行使将成为空中楼阁。现行《宪法》用4个条款对公民的人身自由作了详细规定，主要内容如下。

（一）公民的人身自由不受侵犯

公民的人身自由不受侵犯，是指公民享有不受任何非法搜查、拘禁、逮捕的权利，即人身自由不受非法限制或剥夺。《宪法》第 37 条规定："中华人民共和国公民的人身自由不受侵犯。任何公民，非经人民检察院批准或者决定或者人民法院决定，并由公安机关执行，不受逮捕。禁止非法拘禁和以其他方法非法剥夺或者限制公民的人身自由，禁止非法搜查公民的身体。"我国《刑法》第238、241、244 条对非法侵犯公民人身的犯罪行为规定了具体的处罚内容。

公民的人身自由受宪法和法律保护，任何公民和组织不得侵犯。但国家机关符合以下条件时，可为特定限制：①主体须为特定国家机关。拘传、拘留、取保候审、监视居住、逮捕、搜查等限制公民人身自由的措施，只能由公安司法机关进行。②所为限制须有法律明定之原因。③为限制的过程须遵循法定程序。公民在极为特定的情形下，亦可为限制，例如《刑事诉讼法》第 82 条规定："对于有下列情形的人，任何公民都可以立即扭送公安机关、人民检察院或者人民法院处理：①正在实行犯罪或者在犯罪后即时被发觉的；②通缉在案的；③越狱逃跑的；④正在被追捕的。"民事实务中若遇公力救济不及时，可为一定限度和其他条件下的限制人身自由的私力救济。

（二）人格尊严不受侵犯

人格尊严指公民作为平等的人的资格和权利应该受到国家的承认和尊重，包括与公民人身存在密切联系的姓名、肖像、名誉等不容侵犯的权利。人格尊严的法律表现是公民的人格权。主要包括：公民的姓名权；公民的肖像权；公民的名誉权；公民的荣誉权；公民的隐私权。

《宪法》对人格尊严不受侵犯的规定，通过我国的民事立法和刑事立法进一步得到了具体落实。如《刑法》规定，非法剥夺他人人身自由，"具有殴打、侮辱情节的，从重处罚"，"以暴力或者其他方法公然侮辱他人或者捏造事实诽谤他人，情节严重的"，要追究刑事责任；即使尚不够刑事处罚的，也要按照《治安管理处罚法》进行行政处罚。《民法总则》规定，公民的姓名权、肖像权、名誉权、荣誉权受到侵害的，有权要求停止侵害，恢复名誉，消除影响，赔礼道歉，并可要求赔偿损失。这些规定都以法律的手段对人格权进行保护。

（三）公民住宅不受侵犯

公民以居住为目的的生活、休息的封闭空间被定义为住宅。住宅不强调所有权，是否拥有所有权并不影响居住权，生活中可能存在居住者私有、共同共有以及借住、租住、公有等多种形式。只要是合法居住者都拥有居住的安宁权和其他相关私权利。[1] "住宅"与《刑法》司法解释中关于"户"的概念相当，即指他人生活的与外界相对隔离的住所，包括封闭的院落、牧民的帐篷、渔民

---

〔1〕 http：//baike. baidu. com/view/533286. htm#4.

作为家庭生活场所的渔船等，但不包括其他公共场所，如单位办公楼、学校、公共娱乐场所等，否则有悖立法原意。

住宅不受侵犯的权利，是公民人身自由的一种延伸，指公民居住、生活的场所不受非法侵入或搜查的权利。《宪法》第39条规定："中华人民共和国公民的住宅不受侵犯。禁止非法搜查或者非法侵入公民的住宅。"《刑法》第245条规定："非法搜查他人身体、住宅，或者非法侵入他人住宅的，处3年以下有期徒刑或者拘役。司法工作人员滥用职权，犯前款罪的，从重处罚。"即非法侵入住宅罪。

住宅不受侵犯的权利也有其边界。为收集犯罪证据、查获和拘禁犯罪嫌疑人，司法工作人员可进入、搜查或查封特定住宅，但须严格按法定程序为之。《刑事诉讼法》第134、136条规定，为了收集犯罪证据、查获犯罪人，侦查人员可以对犯罪嫌疑人以及可能隐藏罪犯或者犯罪证据的人的身体、物品、住处和其他有关的地方进行搜查。进行搜查，必须向被搜查人出示搜查证。除非遇有紧急情况，在执行逮捕、拘留的时候，也必须用搜查证进行搜查。

（四）公民的通信自由和通信秘密受法律保护

公民的通信自由指公民有按其意愿进行通信而排除他人干涉的自由。通信自由，是人们精神生活的重要部分，是人们参与社会生活、进行思想感情交流的必要途径。现代通信手段日新月异，通过电脑网络进行交流已成为当今一种重要的通信手段。通信秘密指公民通信的内容受国家保护，任何人不得隐匿、私拆、偷阅、毁弃他人信件。此处的信件包括纸质和电子载体。在一个民主、文明的社会，对个人私生活的尊重和隐私权的保障，往往受到高度重视。

《宪法》第40条规定："中华人民共和国公民的通信自由和通信秘密受法律的保护。除因国家安全或者追查刑事犯罪的需要，由公安机关或者检察机关依照法律规定的程序对通信进行检查外，任何组织或者个人不得以任何理由侵犯公民的通信自由和通信秘密。"《刑法》第252、253条规定，隐匿、毁弃或者非法开拆他人信件，侵犯公民通信自由权利，情节严重的，处1年以下有期徒刑或者拘役。邮政工作人员私自开拆或者隐匿、毁弃邮件、电报的，处2年以下有期徒刑或者拘役。

五、社会经济权利

社会经济权利是指公民依照宪法所享有的经济物质利益和社会保障方面的权利。它是公民实现其他权利、参与国家政治生活的物质基础和保障。一个国家的经济发展状况决定了社会经济权利的内容。我国公民的社会经济权利主要包括财产权、劳动权、休息权、退休人员的生活保障权、获得物质帮助权等。随着我国经济的发展，社会经济权利的内容将不断扩大。

（一）财产权

财产权是指公民对其合法的私有财产享有不受非法侵犯的权利。财产权没有规定在《宪法》第二章（公民的基本权利和义务）中，而是规定在第一章（总纲）中，即第13条第1、2款："公民的合法的私有财产不受侵犯。国家依照法律规定保护公民的私有财产权和继承权。"威廉一世"风能进，雨能进，国王不能进"的故事，诠释了财产权的内涵。

财产权可以以金钱计算价值，一般具有可让与性，受到侵害时需以财产方式予以救济。财产权既包括物权、债权、继承权，也包括知识产权中的财产权利。《民法总则》第113条规定："民事主体的财产权利受法律平等保护。"第124条规定："自然人依法享有继承权。自然人合法的私有财产，可以依法继承。"

财产权不是绝对权利，而是一项相对受到法律限制的权利。征收和征用是国家为公共利益之需对私有财产进行限制的主要形式。征收是所有权的转移，征用是使用权的改变。国家限制财产权的正当性在于实现公共利益，所以，公共利益的需要构成对财产权限制的合法条件。而且，被征用的财产在征用原因消除后应及时返还并给予补偿。征收对私有财产权的侵害重于征用，故征收的适用条件更为严格，即要求更高的公共利益标准，征收补偿的标准当然也就更高。《宪法》第13条第3款规定："国家为了公共利益的需要，可以依照法律规定对公民的私有财产实行征收或者征用并给予补偿。"

公共利益是一个较为抽象的概念，2011年国务院通过的《国有土地上房屋征收与补偿条例》中，对"公共利益"的范围进行了界限：①国防和外交的需要；②由政府组织实施的能源、交通、水利等基础设施建设的需要；③由政府组织实施的科技、教育、文化、卫生、体育、环境和资源保护、防灾减灾、文物保护、社会福利、市政公用等公共事业的需要；④由政府组织实施的保障性安居工程建设的需要；⑤由政府依照城乡规划法有关规定组织实施的对危房集中、基础设施落后等地段进行旧城区改建的需要；⑥法律、行政法规规定的其他公共利益的需要。但是从一定程度上说，公共利益还是有不确定性，如主体问题，谁来界定？

（二）劳动权

劳动权是指有劳动能力的公民有从事劳动和取得劳动报酬的权利，其具有受益权属性。

《宪法》第42条第1款规定："中华人民共和国公民有劳动的权利和义务。"有不少学者据此认为，劳动权既是权利又是义务，认为劳动权具有双重性，即权利义务的一致性。我们认为，这种把某种权利既解释为权利又解释为义务的做法，在法律上混淆了权利主体与义务主体间的关系，给宪法的理解带来了认识上的混乱。我们较为赞成香港城市大学中国法与比较法研究中心研究员林来梵博士的观点，即"作为一种义务的劳动义务，指的是具有劳动能力的人均必须通过自己的劳动来维持其个人的生活（其中当然包括其家庭生活）的责任，在此并不构成国家强制人们从事劳动的那种法律规范上的依据，而仅具有一定道德意义上的指导性质的内涵"。这从《宪法》第 42 条第 3 款第二个"提倡"的用词可以得到印证，即"劳动是一切有劳动能力的公民的光荣职责。国有企业和城乡集体经济组织的劳动者都应当以国家主人翁的态度对待自己的劳动。国家提倡社会主义劳动竞赛，奖励劳动模范和先进工作者。国家提倡公民从事义务劳动"。林来梵继续阐释："与此不同，作为一种权利，劳动权具有特定的性质和内涵。公民享有劳动权，意味着国家必须积极地提供和保障劳动的条件与机会，这是劳动权作为积极权利的一种必然要求。但劳动权并不是一项具有具体意义的权利，因此任何公民均不能直接依据《宪法》第 42 条向国家提出提供就业机会的请求。显然，这与劳动义务的内涵并不矛盾。"[1]

因此，为保障公民的劳动权，国家至少应当承担以下的一般义务：通过各种途径创造劳动就业条件，加强劳动保护并改善劳动条件，进而在发展生产的基础上，逐步提高劳动报酬和福利待遇；对就业前的公民进行必要的劳动就业培训。具体可以体现在以下两个方面：首先，国家通过积极措施，创造就业机会，保障劳动自由。要制定有关各种职业能力开发、就业和雇佣政策、劳动类商业保险、男女就业平等的法律法规，完善最低工资保障制度和失业者最低生活保障制度。其次，国家制定和实施关于劳动保护的法律，特别是关于劳动报酬的支付、劳动时间、休息休假时间及其他劳动条件的基础标准。例如，《劳动合同法》第 74 条规定，县级以上地方人民政府劳动行政部门依法对下列实施劳动合同制度的情况进行监督检查：①用人单位制定直接涉及劳动者切身利益的规章制度及其执行的情况；②用人单位与劳动者订立和解除劳动合同的情况；③劳务派遣单位和用工单位遵守劳务派遣有关规定的情况；④用人单位遵守国家关于劳动者工作时间和休息休假规定的情况；⑤用人单位支付劳动合同约定的劳动报酬和执行最低工资标准的情况；⑥用人单位参加各项社会保险和缴纳社会保险费的情况；⑦法律、法规规定的其他劳动监察事项。

（三）休息权

休息权是指劳动者在劳动过程中，为维护身心健康、提高工作效率而享有的休息休养的权利，其可被认为是广义劳动权的延伸。人的生理机能决定人必

---

〔1〕 许崇德主编：《宪法》，中国人民大学出版社 2009 年版，第 198～199 页。

须得到适当的休息才能恢复精力充沛的身心状态，从此种意义上说，人均享有休息的权利。但宪法上所说的休息权特指劳动者所享有的特定权利，是劳动权存在的前提，也是其延续。

《宪法》第 43 条规定，中华人民共和国劳动者有休息的权利。国家发展劳动者休息和休养的设施，规定职工的工作时间和休假制度。但具体权利的落实主要由劳动法、国务院的行政法规和原劳动部、人事部（现人力资源和社会保障部）颁行的部门规章来规定。根据前述规定，我国劳动者休息权的主要框架性内容如下：①国家实行劳动者每日工作时间不超过 8 小时、平均每周工作时间不超过 44 小时的工时制度。②节假日实行强制休息制度，全体公民放假的节日，合计 11 天。[1] ③用人单位应当保证劳动者每周至少休息 1 日。④用人单位在元旦、春节、国际劳动节、国庆节期间应当依法安排劳动者休假。⑤用人单位由于生产经营需要，经与工会和劳动者协商后可以延长工作时间，一般每日不得超过 1 小时；因特殊原因需要延长工作时间的，在保障劳动者身体健康的条件下延长工作时间每日不得超过 3 小时，但是每月不得超过 36 小时。⑥有下列情形之一的，用人单位应当按照下列标准支付高于劳动者正常工作时间工资的工资报酬：安排劳动者延长工作时间的，支付不低于工资的 150% 的工资报酬；休息日安排劳动者工作又不能安排补休的，支付不低于工资的 200% 的工资报酬；法定休假日安排劳动者工作的，支付不低于工资的 300% 的工资报酬。⑦国家实行带薪年休假制度。劳动者连续工作 1 年以上的，享受带薪年休假。

（四）退休人员的生活保障权

退休（包括离休）制度是指依据国家有关政策、法律法规规定，企业事业单位的职工和国家机关工作人员在达到一定年龄或工龄时，离开生产或工作岗

---

〔1〕 1995 年 3 月 25 日《国务院关于修改〈国务院关于职工工作时间的规定〉的决定》规定职工每日工作 8 小时，每周工作 40 小时。根据国务院发布的《全国年节及纪念日放假办法》（国务院令第 270 号，经过 3 次修订）规定，我国法定节假日包括三类：第一类是全体公民放假的节日，包括：新年元旦（1 月 1 日放假 1 天）、春节（农历除夕、正月初一、正月初二放假 3 天）、劳动节（5 月 1 日放假 1 天）、国庆节（10 月 1 日、2 日、3 日放假 3 天）、清明节（放假 1 天）、端午节（放假 1 天）和中秋节（放假 1 天）。第二类是部分公民放假的节日及纪念日，包括：妇女节（3 月 8 日妇女放假半天）、青年节（5 月 4 日 14 周岁以上 28 周岁以下的青年放假半天）、儿童节（6 月 1 日 14 周岁以下的少年儿童放假 1 天）、中国人民解放军建军纪念日（8 月 1 日现役军人放假半天）。第三类是少数民族习惯的节日，具体节日由各少数民族聚居地区的地方人民政府，按照各该民族习惯，规定放假日期。根据国家有关规定，用人单位在除了全体公民放假的节日外的其他休假节日，也应当安排劳动者休假。根据有关规定，全体公民放假的假日，如果适逢星期六、星期日，应当在工作日补假。部分公民放假的假日，如果适逢星期六、星期日，则不补假。另外，二七纪念日、五卅纪念日、七七抗战纪念日、九三抗战胜利纪念日、九一八纪念日、教师节、护士节、记者节、植树节等其他节日、纪念日，均不放假。我国传统的农历重阳节等其他节日，也不放假。

位进行修养，同时按照规定领取一定的退休金，继续享受有关待遇的制度。《宪法》第44条规定："国家依照法律规定实行企业事业组织的职工和国家机关工作人员的退休制度。退休人员的生活受到国家和社会的保障。"

退休人员的生活保障主要包括两个方面：一是国家对退休人员实行的养老金制度，退休人员可以按一定的工资比例领取养老金；二是对退休人员实行的医疗保险制度，保证年老有疾病的退休人员能得到医疗保障。

（五）获得物质帮助权

获得物质帮助权，指公民在丧失或暂时失去劳动能力的特殊情况下，不能以自己的劳动获得物质生活资料时，享有从国家和社会获得生活保障的权利。《宪法》第45条规定："中华人民共和国公民在年老、疾病或者丧失劳动能力的情况下，有从国家和社会获得物质帮助的权利。国家发展为公民享受这些权利所需要的社会保险、社会救济和医疗卫生事业。国家和社会保障残废军人的生活，抚恤烈士家属，优待军人家属。国家和社会帮助安排盲、聋、哑和其他有残疾的公民的劳动、生活和教育。"

物质帮助权源于公民生存权，作为我国公民的一项基本权利，获得物质帮助权自1954年我国第一部宪法起即被确认，现行《宪法》第45条对之作了完整的规定。该权利属于宪法理论中积极的基本权利，其实现依赖于国家的积极行为，基于这一特征，产生了国家的积极义务。长期以来，我国公民物质帮助权的实现，受到了国家的重视，得到了一定的发展，但存在的问题也相当突出。例如，南京大学法学院教授田军指出："这种帮助责任，除社会救济是对被救济主体以个体享有的形式所给予的完全帮助外，其余形式要么以权利主体先行履行一定义务为前提，如社会保险、优抚安置，且后者还具有褒扬、抚恤、优待的性质，要么不以单独个体作为帮助对象，如社会福利，其并非物质帮助的典型形式。"[1] 且宪法所规定的这一权利与公民在现实中所实际享有的权利之间目前远未达到基本符合的程度，因为物质帮助权的实现程度极大地受社会资源的限制，虽然有政府的积极作为，但缺乏充裕的财力、物力，权利的实现也会心余力绌。因此，我们认同：发展才是硬道理，把蛋糕做大才是硬道理；效率优先、兼顾公平的考量在很长时期内依旧要持续保有。

六、文化教育权利

文化教育权利是公民按照宪法规定，在教育和文化领域享有的权利和自由。对于国家而言，其整体的文化教育状况表明了一个国家的文明和发达程度，是提高综合国力的基础。对于公民个人而言，其文化教育程度表明了一个人的综

---

〔1〕 魏昌东、田军："公民物质帮助权尚需保障机制"，载《检察日报》2004年6月8日。

合素质和修养，是公民立足社会、实现自我价值的基础。公民的社会经济权利（除财产权和继承权）、文化教育权利都属于公民的积极收益权，是公民可以积极主动地向国家提出请求，国家也应当积极予以保障的权利。

（一）受教育的权利

公民享有受教育的权利是指公民有在国家和社会提供的各类学校和机构中学习文化科学知识的权利。《宪法》第 46 条规定："中华人民共和国公民有受教育的权利和义务。国家培养青年、少年、儿童在品德、智力、体质等方面全面发展。"从国家的角度而言，公民是否接受教育，不仅是公民个人的事，还会影响到国家和民族的科学文化水平，国家有权利要求公民接受各类各级教育，特别是接受全民义务教育，因而受教育也是公民的一项义务。

根据宪法和有关法律，公民受教育权主要包括三项具体内容：

1. 学习的权利，使公民尤其是少年儿童获得全面发展。国家可以采取必要的考试制度，使有一定能力的公民享受相应的教育。《教育法》第 21 条规定："国家实行国家教育考试制度。国家教育考试由国务院教育行政部门确定种类，并由国家批准的实施教育考试的机构承办。"《宪法》第 46 条第 2 款规定："国家培养青年、少年、儿童在品德、智力、体质等方面全面发展。"

2. 义务教育无偿化。义务教育是国家统一实施的所有适龄儿童、少年必须接受的教育，是国家必须予以保障的公益性事业。

3. 接受教育机会均等。要求任何权利主体均不得在教育机会上受到不平等对待，但这并不否认根据不同主体的不同适应性和能力差别实施不同内容的教育，既有教无类又因材施教，这是实质平等的要求。《教育法》第 9 条第 2 款规定："公民不分民族、种族、性别、职业、财产状况、宗教信仰等，依法享有平等的受教育机会。"教育机会的实质平等还要求国家的教育资源要向教育欠发达地区和弱势群体倾斜。《教育法》第 10 条规定："国家根据各少数民族的特点和需要，帮助各少数民族地区发展教育事业。国家扶持边远贫困地区发展教育事业。国家扶持和发展残疾人教育事业。"

（二）进行科学研究、文学艺术创作和其他文化活动的自由

《宪法》第 47 条规定："中华人民共和国公民有进行科学研究、文学艺术创作和其他文化活动的自由。国家对于从事教育、科学、技术、文学、艺术和其他文化事业的公民的有益于人民的创造性工作，给以鼓励和帮助。"这是公民在科学文化领域中的一项基本权利。

1. 从事科学研究的自由。科学研究的自由是指公民在从事社会科学和自然科学研究时，有选择科学研究课题、研究和探索问题、交流学术思想、发表个人学术见解的自由。科学研究的范围包括自然科学、社会科学及人文科学。公民从事科学研究的权利受宪法和法律保护，不允许任何个人、组织的非法干涉；公民有权通过各种形式发表自己的研究成果；国家有义务提供必要的物质条件和研究设施；国家积极创造条件，鼓励和奖励科研人员，保护科研成果，保护科研知识产权。但科研领域也存在法律禁区和伦理是非区。一般违反法律、公共道德或危害国家安全、社会公众利益的都可以被列为科研禁区，人体试验、生物武器、研究毒品等行为是被禁止的。对医疗技术器官移植等技术的研究要符合宪法和法律的要求。国家权力可以干预科研的内容，并确定科研为和平服务的原则。

2. 文艺创作自由。文艺创作是一种创造性活动，公民一般有权自由选择创作内容、创作形式、创作风格，前提是不违背法律的禁止性规定。

3. 从事其他文化活动的自由。公民有权观赏文化艺术珍藏品，欣赏文艺作品，利用图书馆、博物馆、文化馆、出版社等从事文化活动。

七、监督权与取得赔偿权

（一）监督权

监督权是指宪法赋予的公民监督国家机关及其工作人员的活动的权利。《宪法》第41条第1款规定："中华人民共和国公民对于任何国家机关和国家工作人员，有提出批评和建议的权利；对于任何国家机关和国家工作人员的违法失职行为，有向有关国家机关提出申诉、控告或者检举的权利，但是不得捏造或者歪曲事实进行诬告陷害。"根据该条款规定，监督权的内容具体包括：批评、建议权；控告、检举权；申诉权。

《宪法》第41条第2款规定："对于公民的申诉、控告或者检举，有关国家机关必须查清事实，负责处理。任何人不得压制和打击报复。"其他法律对此也作了严格的保护性规定，如《刑法》第254条规定："国家机关工作人员滥用职权、假公济私，对控告人、申诉人、批评人、举报人实行报复陷害的，处2年以下有期徒刑或者拘役，情节严重的，处2年以上7年以下有期徒刑。"同时《宪法》也规定了公民在行使该权利时，不得捏造或者歪曲事实进行诬告陷害，否则要承担相应的责任。

（二）取得赔偿权

取得赔偿权是指国家机关和国家工作人员违法行使职权，侵犯公民的合法权益而给公民造成损害时，受害人有获得国家赔偿的权利。《宪法》第41条第3款规定："由于国家机关和国家工作人员侵犯公民权利而受到损失的人，有依照法律规定取得赔偿的权利。"

八、特定主体的权利

特定主体的权利是指法律规范明示的受到特别保护的群体的权利。主要内容包括：妇女权利；婚姻、家庭方面的权利；华侨、归侨和侨眷的正当权益。

第三节 公民基本义务

公民基本义务，也称宪法义务，是指宪法规定的公民所必须遵守和应该尽到的根本责任。

我国公民的基本义务有五项，按宪法条款规定的顺序分别是：①维护国家统一和全国各民族团结的义务；②遵守宪法和法律，保守国家秘密，爱护公共财产，遵守劳动纪律，遵守公共秩序，尊重社会公德的义务；③维护祖国的安全、荣誉和利益的义务，不得有危害祖国的安全、荣誉和利益的行为的义务；④保卫祖国、抵抗侵略和依照法律服兵役和参加民兵组织的义务；⑤依法纳税的义务。

一、维护国家统一和各民族团结的义务

《宪法》第 52 条规定："中华人民共和国公民有维护国家统一和全国各民族团结的义务。"国家统一和各民族团结是每一位公民最大的政治责任之一，是中国革命和建设取得胜利的前提保证，也是公民实现基本权利的重要保障，《宪法》序言和总纲一再强调其重要性和必要性。总纲曰："禁止破坏民族团结和制造民族分裂的行为。"

二、遵守宪法和法律的义务

《宪法》第 53 条规定："中华人民共和国公民必须遵守宪法和法律，保守国家秘密，爱护公共财产，遵守劳动纪律，遵守公共秩序，尊重社会公德。"具体包括六方面内容：

1. 遵守宪法、法律的义务。宪法是国家根本法，是母法，规定了国家的根本制度和任务，具有最高法律效力。法律是由作为国家最高权力机关的全国人大及其常委会制定的，其在我国法律体系中的地位是高于其他法律文件而低于宪法。

2. 保守国家秘密的义务。国家秘密是指攸关国家安全和其他利益，依照法定程序确定，在一定时间内只为一定范围人员知悉之事项。一般包括国家事务的重大决策事项、国防建设和武装力量活动事项、国民经济和社会发展事项、科学技术事项、维护国家安全和追查刑事犯罪等事项。根据 2010 年 4 月修订的《保守国家秘密法》，国家秘密的密级分为绝密、机密、秘密三级。绝密级国家秘密是最重要的国家秘密，泄露会使国家安全和利益遭受特别严重的损害；机密级国家秘密是重要的国家秘密，泄露会使国家安全和利益遭受严重的损害；

秘密级国家秘密是一般的国家秘密，泄露会使国家安全和利益遭受损害。

3. 爱护公共财产的义务。公共财产包括国有和集体财产，它们是建设社会主义物质文明和精神文明的物质基础。《宪法》第 12 条规定："社会主义的公共财产神圣不可侵犯。国家保护社会主义的公共财产。禁止任何组织或者个人用任何手段侵占或者破坏国家的和集体的财产。"

4. 遵守劳动纪律的义务。

5. 遵守公共秩序的义务。

6. 尊重社会公德的义务。

三、维护祖国安全、荣誉和利益的义务

《宪法》第 54 条规定："中华人民共和国公民有维护祖国的安全、荣誉和利益的义务，不得有危害祖国的安全、荣誉和利益的行为。"维护祖国的安全、荣誉和利益是每个公民的神圣职责。国家安全是事关全国人民生死存亡的大事，国家荣誉关系到民族尊严，国家利益是全国人民共同利益的集中体现，因此每个公民必须自觉维护国家安全、珍惜祖国荣誉、维护民族尊严，任何人不得为了私人利益或某一集团利益而危害国家安全、荣誉、利益。

四、保卫祖国与依法服兵役和参加民兵组织的义务

《宪法》第 55 条规定："保卫祖国、抵抗侵略是中华人民共和国每一个公民的神圣职责。依照法律服兵役和参加民兵组织是中华人民共和国公民的光荣义务。"

我国公民，不分民族、种族、职业、家庭出身、宗教信仰和教育程度，都有义务依照规定服兵役；但是有严重生理缺陷或者严重残疾不适合服兵役的人免服兵役，依法被剥夺政治权利的人不得服兵役。每年 12 月 31 日以前年满 18 周岁的男性公民，应当被征集服现役；当年未被征集的，在 22 周岁以前仍可以被征集服现役，普通高等学校毕业生的征集年龄可以放宽至 24 周岁。现役士兵包括义务兵役制士兵和志愿兵役制士兵。义务兵役制士兵称义务兵，志愿兵役制士兵称士官。义务兵服现役的期限为 2 年。义务兵服现役期满，根据军队需要和本人自愿，经团级以上单位批准，可以改为士官。义务兵和士官服现役期间，入伍前依法取得的农村土地承包经营权，应当保留。2011 年 10 月第三次修订的《兵役法》第 45 条强调，普通高等学校的学生在就学期间，必须接受基本军事训练。现役军人入伍前已被普通高等学校录取或者是正在普通高等学校就学的学生，服役期间保留入学资格或者学籍，退出现役后 2 年内允许入学或者复学，并按照国家有关规定享受奖学金、助学金和减免学费等优待；入学或者复学后参加国防生选拔、参加国家组织的农村基层服务项目人选选拔，以及毕业后参加军官人选选拔的，优先录取。

五、依法纳税的义务

《宪法》第56条规定："中华人民共和国公民有依照法律纳税的义务。"税收，是国家依法向纳税单位或个人无偿征收实物和货币的一种国家财政收入形式，其具有行政强制性和无偿性，对促进国民经济的调整发展及对社会公共产品的投入有着重要意义。

六、其他义务

除了以上规定的五项公民的基本义务外，《宪法》在规定公民基本权利的条款中，也规定了一些相关的基本义务。

1. 《宪法》第42条第1款规定的公民的劳动义务。

2. 《宪法》第46条第1款规定的公民的受教育的义务。

3. 《宪法》第49条第2款规定的夫妻双方实行计划生育的义务，该条款的规定，由于国家二孩政策的出台和落实，今后可能有所修改。

4. 《宪法》第49条第3款规定的父母对未成年子女的抚养教育义务，成年子女对父母的赡养扶助义务。

思考题

1. 简述我国现行宪法对关于公民基本权利和义务规定的基本内容。

2. 怎样理解宪法规定的平等？

3. 如何理解公民权利与义务一致性的原则？

4. 怎样理解人身自由权？没有正当的程序，人们的人身自由权能够得到真正的保护吗？为什么？

实训项目

实训项目一：

2010年5月17日，位于广东省佛山市的本田汽车零部件制造有限公司数百名员工因对工资和福利不满停工1天，当时据称日籍员工月薪与中国员工月薪差距甚大成了这次罢工的导火索。罢工者还认为，打工者的收入，并没有伴随着珠三角经济腾飞而出现同比例增长，这一背离是"不正常的"，也与中共中央总书记胡锦涛"体面劳动"的提法不相协调。2010年4月24日，胡锦涛在2010年全国劳动模范和先进工作者表彰大会上说，要"切实发展和谐劳动关系，建立健全劳动关系协调机制，完善劳动保护机制，让广大群众实现体面劳动"。据本田内部员工透露，公司一个20多岁的日本支援者曾自称每月工资有5万元人民币，这还不包括令人艳羡的补贴和福利。情况属实的话，日籍员工与中国员工的薪酬差距将达到50倍！许多中国员工都表示，日籍员工干的事许多中国员工也能做，说不上他们为公司作出了多大的贡献。[1].

本田首次罢工以本田妥协告终，血汗工厂的工人们似乎正在主动挣脱"弱势群体"的身份，这句老掉牙的歌词今天有了全新的意义——工人觉醒了，也有了更强的谈判力量……多年以来，引进外资一直是中国政府的工作重点，目前政府官员们也开始支持为工人改善生产条件并提高薪资水平。政府希望这种改变能够缩小不断变大的贫富差距，在食品价格和房价飙升的社会环境中维持和谐状态，避免社会动荡。[2]

问：（1）关于罢工权我国宪法曾经是怎样规定的？现行宪法又是如何规定的？你认为为何前后规定有差异？

（2）你如何从宪法及国际公约角度看待中外员工在相同或类似岗位上获取巨额差异报酬？

（3）合资企业的工会在我国是如何组织与运作的？

实训方法：课堂讨论。教师掌控讨论场面。

实训步骤：①教师提供详细背景材料及案情；②学生思考；③课堂讨论；④教师归纳主要观点，点评。

实训项目二：

近年来，有人在大街小巷、小区楼道、公共设施上粘贴小广告，在小广告中留下联系电话，严重影响了市容环境，久除不绝，因此，有些城市规定，对在城市中乱涂写、乱粘贴的小广告中留下的电话号码，有关国家机关可以通知电信、移动、联通企业暂停或中止其通信工具号码的使用。

问：（1）国家机关能否暂停公民通信工具的使用？

（2）停止公民通信工具使用的规定是否侵犯公民的基本权利？若是，侵犯了何种权利？

（3）如何协调个人利益和公共利益之间的矛盾？

实训方法：小组讨论。

实训步骤：①教师提供详细背景材料及案情；②小组讨论并发表意见；③小组互评；④教师归纳主要观点，点评。

---

〔1〕　案例改编源于 http：//carschina. com/bentianbagong/.

〔2〕　"Power Grows for Striking Chinese Workers：After years of focusing on luring foreign investment, Chinese government officials are now endorsing efforts to improve conditions for workers and raise salaries. The government hopes the changes will ease a widening income gap between the rich and the poor and prevent social unrest over soaring food and housing prices"，in *The New York Times*，http：//www. nytimes. com/2010/06/09/business/global/09labor. html? pagewanted = 1&hpw.

实训项目三：

2014 年，昆明某高校两名女大学生周某和李某为参加学校文艺演出，相约到某大型超市购物。到化妆品柜台了解后，认为产品太贵没有购买。两人离开超市时，被指偷了超市内化妆品，被超市保安带到办公室进行检查。保安检查了两名女生的随身背包，因未找到失窃物品，将两名女生留在办公室内不让离开，后周某表示要报警，遭到了超市保安的阻拦，两名女生在超市办公室滞留了 4 小时后，才让她们离开了超市。后，周某和李某向法院提起了诉讼。

问：（1）该超市是否侵犯了周某和李某的人身自由？

（2）限制人身自由的界限是什么？

（3）应当如何保障公民的人身自由？

实训方法：小组讨论。

实训步骤：①教师提供详细背景材料及案情；②小组讨论并发表意见；③小组互评；④教师归纳主要观点，点评。

第九章　国家机构

学习目标

　　通过本章学习，了解国家机构的定义、国家机构的组成、国家机构的主要特点、国家机构的组织原则等知识，重点掌握中国国家机构的权力机关、司法机关、行政机关、国家元首、国旗、国歌、国徽的相关知识，使学生能够运用上述基本概念与知识去正确认识具体法律生活中所体现的各种法律关系与社会现象，为学习其他章节和课程提供理论支撑与准备。

第一节　国家机构概述

一、国家机构的定义

　　国家机构是一定社会的统治阶级为实现其统治职能而按照一定原则所建立起来的进行国家管理和执行统治职能的国家机关的总和。国家机构纵向上分为中央国家机关和地方国家机关；横向上分为立法机关、行政机关、审判机关、检察机关和军事机关等。国家机构的本质取决于国家的本质。国家机构实际上是掌握国家权力的阶级实现其阶级统治的工具。

　　国家机构的本质是由国家的阶级本质所决定的，有什么属性的国家，就会有与其相适应的国家机构。人类历史上存在着四种不同类型的国家，因此也相应地存在着四种不同类型的国家机构。目前世界上的国家机构主要有两种类型，即资本主义类型的国家机构和社会主义类型的国家机构。两者赖以生存的经济基础不同，因此在本质上也存在着根本区别。

二、国家机构的主要特点

　　1. 国家机构具有鲜明的阶级性。国家机构不是代表全体社会成员的组织，它只反映统治阶级的利益和意志，是为统治阶级服务的。

　　2. 国家机构由社会上少数成员组成，却以全社会名义进行活动。国家机构虽然是统治阶级的组织，但不是由统治阶级的全体成员组成的，而是由统治阶级中的先进人员组成的。在不同的社会制度下，统治阶级往往以不同的方式，诸如任命、考核、考试、选举等方式产生国家机构。

3. 国家机构是一个严密的组织体系。国家机构是由各国家机关组成的一个有机联系的整体，各机关之间既有严密的分工，又相互配合，形成一个有机的政治组织体系。从纵向分，国家机构可分为中央国家机关和地方国家机关；从横向分，国家机构可分为立法机关、司法机关、行政机关、军事机关等。这些机关按照法律规定各司其职，各负其责，并遵循一定的原则建立有机联系，从而形成一个严密的体系，共同为统治阶级服务。

4. 国家机构具有特殊的强制力。为了实现国家机构的任务，国家机构必须拥有有别于其他组织和个人的强制力。其中，军队、警察、法庭、监狱等本身就是暴力机关，具有强大的强制力。

三、国家机构的组织活动原则

国家机构的组织活动原则是指依照宪法和法律的规定，国家机关在组织和活动过程中所遵循的基本准则。由于世界各国的国情不同，国家机构的组织活动原则也有较大区别。一般来说，资本主义国家的国家机构是根据分权制衡的原则组织和建立的，即将国家权力分为立法权、行政权、司法权，并分别由三个不同的国家机关来行使，以达到相互制约和平衡的目的。但由于各国的历史文化传统不同，"三权分立"原则在各国的具体运用也存在差异。如美国的"三权"在宪法上是平等的，英国则是"混合权力体制"。

我国的国家机构的组织活动原则主要有以下几种：

（一）民主集中制原则

我国现行《宪法》第 3 条第 1 款规定："中华人民共和国的国家机构实行民主集中制的原则。"民主集中制是民主基础上的集中和集中指导下的民主相结合的制度，是民主和集中的辩证统一，是社会主义民主最本质的集中体现。我国国家机构实行民主集中制原则具体体现在以下几个方面：

1. 表现在国家权力机关和人民的关系之间。各级国家权力机关由人民选举产生，国家权力机关代表人民行使国家权力，对人民负责，接受人民监督。

2. 表现在国家机关之间。现行《宪法》第 3 条第 3 款规定："国家行政机关、审判机关、检察机关都由人民代表大会产生，对它负责，受它监督。"这表明在我国国家机关中，权力机关居于主导地位，其他国家机关从属于权力机关。

3. 表现在中央国家机关与地方国家机关的职权划分上。现行《宪法》第 3 条第 4 款规定："中央和地方的国家机构职权的划分，遵循在中央的统一领导下，充分发挥地方的主动性、积极性的原则。"这说明，在处理中央和地方国家机关的关系上，也要遵循民主集中制原则，在强调地方服从中央的同时，要注意尊重地方国家机关的首创精神。

（二）社会主义法治原则

有法可依、有法必依、执法必严、违法必究是社会主义法治原则的基本要求。国家机构贯彻社会主义法治原则，就是指国家机构在组织活动中必须依法办事，不能以政策代替法律。具体体现在：

1. 所有国家机关及其职能部门的设立都必须有宪法和法律上的依据。

2. 所有国家机关只能行使宪法和法律赋予的权力，不得越权和享受特权。

3. 所有国家机关必须依照法定程序行使职权。

4. 任何国家机关违反宪法和法律的行为，都必须予以纠正，并追究有关责任人的法律责任。

（三）责任制原则

责任制原则是指国家机关依法对其行使职权、履行职责的后果承担责任的原则。我国国家机构实行责任制的原则，具体表现在：各级人民代表大会都要向人民负责，每一代表都要受原选举单位的监督，它们可以随时罢免自己所选出的代表；国家行政机关、审判机关和检察机关等则向同级人民代表大会及其常务委员会负责。由于各种国家机关行使的国家权力的性质不同，我国宪法规定了两种责任制：集体负责制和个人负责制。

集体负责制是指合议制机关在决定问题时，由全体组成人员集体讨论，按照少数服从多数的原则作出决定，并由集体承担责任。集体组织中每个成员的地位和权利平等，任何人都没有特殊权利。各级人民代表大会及其常务委员会、人民法院和人民检察院等即是实行集体负责制的机关。

个人负责制亦称首长负责制，是指由首长个人决定问题并承担相应责任的领导体制。首长负责制分工明确，在执行决定时可以避免无人负责或推卸责任现象，充分发挥首长个人智慧和才能，提高工作效率。在我国，国务院及其各部、委，中央军委以及地方各级人民政府等都实行个人负责制。贯彻个人负责制的国家机关大多是执行机关。但是，在执行过程中并不排斥民主基础上的集体讨论。

（四）联系群众，为人民服务原则

一切国家机关和国家工作人员必须依靠人民的支持，经常保持同人民的密切联系，倾听人民的意见和建议，接受人民的监督，努力为人民服务。首先，在思想上树立密切联系群众、一切为人民服务的思想，认识到自己手中的权力来自于人民的赋予。其次，国家机关及工作人员要坚持"从群众中来，到群众中去"的工作方法。最后，广泛吸收人民群众参加国家管理并接受人民监督。

（五）精简和效率原则

一切国家机关必须坚持精简的原则，实行工作责任制，并实行工作人员的培训和考核制度，不断提高工作质量和工作效率，反对官僚主义。在我国，精简机构、实行机构改革必须做到：按照经济体制改革和政企分开的原则，合并或裁减部门和机构，使政府对企业由直接管理为主转变为间接管理；依法设置机构，定岗定员，改变国家机关臃肿、人浮于事、办事效率低等情况；改革干部人事制度，完善和推广国家公务员制度。

国家工作人员就职时应当依照法律规定公开进行宪法宣誓。

第二节 国家权力机关

一、全国人民代表大会

（一）全国人民代表大会的性质和地位

我国《宪法》规定："中华人民共和国全国人民代表大会是最高国家权力机关。""全国人民代表大会和全国人民代表大会常务委员会行使国家立法权。"这些规定表明：首先，全国人民代表大会是我国的最高国家权力机关，它是在全国人民普选的基础上产生的最高代表机关，集中了全国各族人民的意志和利益；其次，全国人民代表大会是我国的立法机关，它通过立法活动，使党和全国人民的意志在国家生活中得到体现。

全国人民代表大会的性质决定了它在我国整个国家机构体系中居于首要地位。其他任何国家机关相对全国人民代表大会而言，都处于从属地位，都要对全国人民代表大会负责，受全国人民代表大会监督。全国人民代表大会通过的法律和决议，其他机关都必须遵照和执行。

（二）全国人民代表大会的组成和任期

我国现行《宪法》第59条第1款规定："全国人民代表大会由省、自治区、直辖市、特别行政区和军队选出的代表组成……"这表明全国人民代表大会代表的选举，采取了地域代表制与职业代表制相结合，又以地域代表制为主的制度。即全国人民代表大会的代表来自于两个方面：一是地域性代表，包括各省、自治区、直辖市、特别行政区选出的代表，其中关于特别行政区作为全国人大的选举单位是2004年3月14日第十届全国人大二次会议通过的《宪法修正案》第25条增加的；二是职业代表，指由中国人民解放军选出的代表。

根据我国《选举法》的有关规定，全国人民代表大会以间接方式产生，代表人数不超过3000人，由全国人大常务委员会根据各省、自治区、直辖市的人口数，按照每一代表所代表的城乡人口数相同的原则，以及保证各地区、各民族、各方面都有适当数量代表的要求进行分配；少数民族代表的名额，由全国人大常务委员会参照各少数民族的人口数和分布等情况，分配给各省、自治区、直辖市的人民代表大会选出，人口特少的少数民族至少应有1名全国人民代表大会代表。

我国《选举法》第 6 条特别强调："全国人民代表大会和地方各级人民代表大会的代表应当具有广泛的代表性，应当有适当数量的基层代表，特别是工人、农民和知识分子代表；应当有适当数量的妇女代表，并逐步提高妇女代表的比例。"

全国人民代表大会每届任期 5 年。在正常的情况下，全国人大任期届满前 2 个月，由全国人大常委会组织完成下届全国人大代表的选举。如果遇到不能选举的非常情况时，由全国人大常委会以全体委员 2/3 以上的多数决定，可以推迟选举，延长本届全国人大的任期。在非常情况结束后 1 年内必须完成下届全国人大代表的选举。

（三）全国人民代表大会的职权

根据我国《宪法》的规定，全国人民代表大会行使下列职权：

1. 修改宪法，监督宪法的实施。宪法是国家的根本大法，只能由最具权威性的立法机关修改。我国《宪法》第 64 条规定，宪法的修正案，由全国人大常委会或全国人大 1/5 以上的代表联名提出，并由全国人大代表 2/3 以上多数通过。同时，为了保障宪法的实施，必须对宪法的实施情况进行监督。由全国人大进行监督，具有最大的权威性。

2. 制定和修改法律。全国人大有权制定和修改刑事、民事、国家机构和其他的基本法律。基本法律是指由全国人大制定的、效力仅次于宪法的法律。这类法律涉及整个国家生活，关系到全国各族人民的根本利益。

3. 选举、决定和罢免中央国家机关的重要领导人。根据《宪法》规定，全国人大有权选举国家主席、副主席；根据中华人民共和国主席的提名，决定国务院总理的人选；根据国务院总理的提名，决定国务院副总理、国务委员、各部部长、各委员会主任、审计长、秘书长的人选；选举中央军事委员会主席；根据中央军事委员会主席的提名，决定中央军事委员会其他组成人员的人选；选举国家监察委员会主任、最高人民法院院长和最高人民检察院检察长。对于全国人大选举和决定产生的上述人员，全国人大主席团或者 3 个以上代表团或者 1/10 以上的全国人大代表联名可以提出对他们的罢免案，罢免案由主席团审议后，提请大会全体会议审议，经全体代表的过半数同意即获通过。

4. 对国家重大事务的决定权。全国人大有决定国家重大事务的权力，包括：审查和批准国民经济和社会发展计划及计划执行情况的报告；审查和批准国家预算和预算执行情况的报告；批准省、自治区、直辖市的建置；决定特别行政区的设立及其制度；决定战争和平的问题。

5. 监督权。全国人大有权监督其他国家机关的工作，按照《宪法》的规定，全国人大常委会对全国人大负责并报告工作，全国人大有权改变或撤销全国人大常委会不适当的决定；国务院、最高人民法院、最高人民检察院向全国人大负责并报告工作；中央军事委员会受全国人大监督，中央军事委员会主席对全国人大负责。根据《全国人民代表大会组织法》和《全国人民代表大会议事规则》《全国人民代表大会和地方各级人民代表大会代表法》的规定，全国人民代表大会会议期间，一个代表团或者 30 名以上的代表联名，有权书面提出对国务院和国务院各部、各委员会，最高人民法院，最高人民检察院的质询案，受质询的机关必须答复。根据《宪法》第 71 条的规定，全国人大认为有必要时，可以组织关于特定问题的调查委员会，并根据调查委员会的报告，作出相应的决议。

6. 其他应由全国人大行使的职权。宪法规定全国人大有权行使"应当由最高国家权力机关行使的其他职权"。这是因为国家生活复杂多变，宪法不可能完全列举全国人大的职权，采取上述概括式的规定，为全国人大处理随时出现的新问题提供了宪法依据。

（四）全国人民代表大会的会议制度和工作程序

全国人大的工作制度主要是会议制。全国人大每年举行一次例会，于第一季度举行，由全国人大常务委员会召集。全国人大常务委员会认为有必要，或者有 1/5 以上的全国人民代表大会代表提议的，可以临时召集全国人民代表大会会议。全国人大的会议必须有 2/3 以上的代表出席才能举行。

全国人大的会议形式包括预备会议、全体会议、主席团会议和代表团会议等。每次大会前均须由全国人大常委会主持召开预备会议，选举本次大会主席团和秘书长，讨论本次会议的议程以及决定其他准备事项。正式召开的全国人大会议，一般兼用全体会议和代表团会议形式，代表团会议进行审议和讨论，大会听取报告或进行表决。全国人大会议由主席团主持，主席团是临时性机构。会议期间，国务院和中央军委组成人员，最高人民法院院长和最高人民检察院检察长列席全国人大会议；其他有关机关、团体负责人，经主席团决定，可列席全国人大会议。

全国人大的主要工作是讨论、审议并通过议案。具体工作程序包括：提出议案、审议议案、表决通过议案、公布议案。

二、全国人民代表大会常务委员会

（一）全国人民代表大会常务委员会的性质和地位

全国人民代表大会常务委员会（以下简称"全国人大常委会"）是全国人大的常设机关，是最高国家权力机关的组成部分，在全国人大闭会期间，全国人大常委会行使国家最高权力。同时，全国人大常委会也是我国的立法机关，它有权制定除由全国人大制定的法律以外的法律。全国人大常委会的地位仅次于全国人大，它从属于全国人大，对全国人大负责并报告工作。全国人大常委会的地位高于其他国家机关，在全国人大闭会期间，其他国家机关对全国人大常委会负责。

（二）全国人大常委会的组成和任期

全国人大常委会由全国人民代表大会选举委员长、副委员长若干人、秘书长和委员若干人组成。全国人大常委会的组成人员必须是全国人大代表，由每届全国人民代表大会第一次会议选举产生。全国人大常委会的组成人员不得担任国家行政机关、监察机关、审判机关和检察机关的职务。全国人大常委会的组成人员中，应当有适当名额的少数民族代表。

全国人大常委会的任期同全国人大的任期相同，即每届任期 5 年，全国人大常委会委员长、副委员长连续任职不得超过两届。

（三）全国人大常委会的职权

根据我国《宪法》的规定，全国人大常委会行使下列权力：

1. 解释宪法，监督宪法的实施。宪法是我国的根本大法，为保证社会主义法制的统一和维护宪法的尊严，必须由具有权威性的机关来解释宪法。同时，全国人大常委会和全国人大共同监督宪法的实施，使监督工作不因全国人大闭会而中断，有利于保障宪法的实施。

2. 立法权。全国人大常委会有权制定除由全国人大制定的法律之外的法律。在全国人大闭会期间，有权修改全国人大制定的基本法律，但是不得同该法律的基本原则相抵触。

3. 解释法律。全国人大常委会有权解释法律。解释的范围包括其自身制定的法律以及全国人大制定的基本法律。但应指出的是，全国人大常委会解释法律，指的是对于那些法律条文本身需进一步明确界限或作补充规定的解释。

4. 审查行政法规、地方性法规的合法性。全国人大常委会有权撤销国务院制定的同宪法、法律相抵触的行政法规、决定和命令；有权撤销省、自治区、直辖市人大制定的同宪法、法律、行政法规相抵触的地方性法规和决议。

5. 中央国家机关领导人的任免权。在全国人大闭会期间，全国人大常委会有权根据国务院总理的提名，决定部长、委员会主任、审计长、秘书长的人选；有权根据中央军事委员会主席的提名，决定中央军事委员会其他组成人员的人选；有权根据国家监察委员会主任的提请，任免国家监察委员会副主任、委员；有权根据最高人民法院院长的提名，任免最高人民法院副院长、审判员、审判委员会委员和军事法院院长；有权根据最高人民检察院检察长的提请，任免最高人民检察院副检察长、检察员、检察委员会委员和军事检察院检察长，并且批准省、自治区、直辖市的人民检察院检察长的任免。

6. 国家重大事务决定权。在全国人大闭会期间，全国人大常委会有权审查和批准国民经济和社会发展计划、国家预算在执行过程中所必须作的部分调整方案；有权决定批准或废除同外国缔结的条约和重要协定；决定驻外全权代表的任免；规定军人和外交人员的衔级制度和其他专门衔级制度；规定和决定授予国家的勋章和荣誉称号；决定特赦；决定宣布战争状态；决定全国总动员或局部动员；决定全国或者个别省、自治区、直辖市进入紧急状态。

7. 监督权。全国人大常委会有权监督国务院，有权撤销国务院制定的同宪法、法律相抵触的行政法规、决定和命令；全国人大常委会有权监督中央军委、国家监察委员会、最高人民法院、最高人民检察院的工作。全国人大常委会有权撤销省、自治区、直辖市权力机关制定的同宪法、法律、行政法规相抵触的地方性法规和决议。

8. 全国人大授予的其他职权。

（四）全国人大常委会的会议制度

全国人大常委会主要通过举行会议的方式开展工作，全国人大常委会全体会议一般每两个月举行一次，由委员长召集并主持。根据《全国人民代表大会组织法》的规定，在全国人大常委会举行会议的时候，各省、自治区、直辖市的人民代表大会常务委员会可以派主任或副主任1人列席会议。

由于全国人大常委会并不是每天都召开会议开展工作，因此，依据《宪法》规定，由委员长、副委员长、秘书长组成委员长会议，委员长会议负责处理全国人大常委会的重要日常工作：决定常委会每次会议的会期，拟定会议议程草案；对向常委会提出的议案，决定交由有关的专门委员会审议或者提请常委会全体会议审议；指导和协调各专门委员会的日常工作；处理常委会其他重要日常工作等。但委员长会议不能替代全国人大常委会行使职权。

三、全国人大各专门委员会

（一）专门委员会的性质

全国人大设立若干专门委员会。这些专门委员会是全国人大的常设工作机构，由全国人大产生，受全国人大领导；在全国人大闭会期间，受全国人大常委会领导。各专门委员会不是独立行使职权的国家机关，它没有独立的法定职权，其主要职责是在全国人大及其常委会的领导下研究、审议和制定有关议案。

（二）专门委员会的种类

现行宪法所设立的专门委员会有常设性委员会和临时性委员会两种，常设性委员会目前共9个。1982年《宪法》规定设立的常设性委员会有6个，即民族委员会、宪法和法律委员会、财政经济委员会、教育科学文化卫生委员会、外事委员会、华侨委员会。1988 年七届全国人大一次会议增设内务司法委员会，1993 年八届全国人大一次会议增设环境保护委员会，1998 年九届全国人大一次会议增设农业与农村委员会。

（三）专门委员会的组成和任期

全国人大各专门委员会由主任委员、副主任委员若干人和委员若干人组成，由全国人大会议主席团在全国人大代表中提名，经全国人大全体会议讨论通过。在全国人大闭会期间，全国人大常委会可补充任命专门委员会的个别副主任和部分委员。各专门委员会可以根据工作需要，由全国人大常委会任命不是全国人大代表的专家若干人为顾问。

全国人大各专门委员会的任期与全国人大每届任期相同。

（四）专门委员会的工作范围

根据《宪法》和《全国人民代表大会组织法》的有关规定，全国人大各专门委员会主要开展以下工作：

1. 审议全国人大主席团或全国人大常委会交付的议案。

2. 向全国人大主席团或全国人大常委会提出职权范围内同本委员会有关的议案。

3. 审议全国人大常委会交付的认为同宪法、法律相抵触的国务院的行政法规、决定和命令，国务院各部、各委员会的命令、指示和规章，省、自治区、直辖市的人民代表大会和它的常务委员会的地方性法规和决议，以及省、自治区、直辖市的人民政府的决定、命令和规章，并提出报告。

4. 审议全国人民代表大会主席团或者全国人民代表大会常务委员会交付的质询案，听取受质询机关对质询案的答复，必要的时候向全国人大主席团或者全国人大常委会提出报告。

5. 对属于全国人大或者全国人大常委会职权范围内同本委员会有关的问题，进行调查研究，并提出建议。

四、全国人民代表大会代表

全国人民代表大会代表（以下简称"全国人大代表"）是依照法律选举产生的最高国家权力机关的组成人员。他们代表人民的意志和利益，对人民负责，受人民监督。我国的《宪法》《全国人民代表大会和地方各级人民代表大会代表法》等法律赋予代表广泛的权利，同时要求代表履行义务。全国人大代表的每届任期为 5 年。

（一）全国人大代表的权利

1. 出席会议，参与国家重大问题的讨论。

2. 提出议案、建议和意见。根据《全国人民代表大会组织法》的规定，1

个代表团或者30名以上代表联名，可以提出议案。3个以上的代表团或者全国人大1/10以上的代表，可以提出属于全国人大任免的国家机关组成人员的罢免案。

3. 提出质询或询问。会议期间，1个代表团或者30名以上的全国人大代表可以书面提出对国务院及其各部、委，最高人民法院，最高人民检察院的质询案。受质询的机关必须答复。全国人大代表在审查议案的过程中，对于自己不了解或不理解的问题，可以向有关国家机关提出询问，由有关机关派人进行说明。

4. 选举、决定和罢免权。依照宪法和法律的规定，全国人大代表有权选举产生全国人大常委会组成人员，国家主席、副主席，中央军事委员会主席，最高人民法院院长，最高人民检察院检察长，有权决定国务院总理等人选。有权通过法律规定的程序罢免其选举和决定产生的人员。

5. 审议、表决权。全国人大代表有权审议属于全国人大职权范围内的各种议案，有权审议各种报告，有权参加全国人大会议的各种表决。

全国人大代表在全国人大闭会期间还可以通过组织代表小组，视察、参与执法检查，列席有关会议，提出建议。

（二）全国人大代表的义务

全国人大代表在享有法律规定权利的同时，还必须履行法律所规定的义务。这些义务主要有：

1. 模范地遵守宪法和法律；

2. 保守国家秘密；

3. 在自己参加的生产、工作和社会活动中，协助宪法和法律的实施；

4. 与原选举单位和人民群众保持密切的联系，听取人民的意见和要求，努力为人民服务，选举单位对于不称职的代表有权依照法律规定的程序，进行罢免。

（三）全国人大代表执行代表职务的保障措施

1. 言论免责。全国人大代表在全国人大各种会议上的发言和表决不受法律追究。这一措施旨在消除代表的后顾之忧，保障代表充分履行代表职责。

2. 人身特别保护。全国人大代表非经全国人大主席团许可，在全国人大闭会期间非经全国人大常委会许可，不受逮捕或刑事审判；代表如果是现行犯被拘留，执行拘留的机关应当立即向全国人大主席团或全国人大常委会报告。对代表采取除逮捕和拘留以外的其他限制人身自由的措施，也要经全国人大主席团或全国人大常委会许可。

3. 执行代表职务的时间和物质保障。全国人大代表在全国人大闭会期间，参加全国人大或全国人大常委会安排的活动，代表所在单位必须给予时间上的保障。全国人大代表出席全国人大会议，在闭会期间执行代表职务，其所在单位应当按照正常出勤对待，不得扣发工资和取消其他待遇。国家也根据实际情况给予适当的补贴和物质上的便利。

五、我国的地方各级人民代表大会

（一）地方各级人民代表大会

1. 性质和地位。地方各级人民代表大会是地方国家权力机关，有权决定本行政区域内的重大事项，和全国人民代表大会一起构成了我国的权力机关体系。地方各级人民代表大会在本行政区域内处于主导地位，其他地方国家机关都由它产生，向它负责，受它监督。

2. 组成和任期。地方各级人民代表大会由代表组成，人民代表通过直接选举和间接选举的方式产生，省、自治区、直辖市、自治州、设区的市的人民代表大会由下一级人民代表大会选举产生；县、自治县、不设区的市、市辖区、乡、民族乡、镇的人民代表大会代表由选民直接选举产生。在县、自治县的人民代表大会中，人口特少的乡、民族乡、镇，至少应有代表1人。

根据《宪法》及其修正案的规定，地方各级人民代表大会每届任期5年。

3. 地方各级人民代表大会的职权。地方各级人民代表大会的职权可分为县级以上地方各级人民代表大会的职权和乡镇人民代表大会的职权两类，其中县级以上地方各级人民代表大会的职权包括：

（1）保证宪法、法律、行政法规和上级人民代表大会及其常委会决议的遵守和执行，保证国家计划和国家预算的执行。

（2）制定地方性法规。

（3）地方重大事项决定权。审查和批准本行政区域内的国民经济和社会发展计划、预算以及它们执行情况的报告；讨论决定本行政区域内的政治、经济、教育、科学、文化、卫生、民政、民族工作等重大事项。

（4）选举和罢免权。地方各级人民代表大会产生本级人民代表大会常务委员会的组成人员；有权分别选举并且有权罢免本级人民政府的省长和副省长、市长和副市长、县长和副县长、区长和副区长、乡长和副乡长、镇长和副镇长。县级以上的地方各级人民代表大会选举并且有权罢免本级监察委员会主任、本级人民法院院长和本级人民检察院检察长。选出或者罢免人民检察院检察长，须报上级人民检察院检察长提请该级人民代表大会常务委员会批准；有权选举上一级人民代表大会的代表；地方各级人民代表大会对其选出的上述人员有权依照法律规定的程序进行罢免。

（5）保护各种合法权利。

根据我国《宪法》和《地方各级人民代表大会和地方各级人民政府组织法》（以下简称《地方组织法》）的规定，乡、民族乡、镇的人民代表大会行使的职权如下：

（1）在本行政区域内，保证宪法、法律、行政法规和上级人民代表大会及其常务委员会决议的遵守和执行。

（2）选举本级人民代表大会主席、副主席；选举乡长、副乡长，镇长、副镇长。

（3）决定重大地方性事务，即根据国家计划，决定本行政区域内的经济、文化事业和公共事业的建设计划；审查和批准本行政区域内的财政预算和预算执行情况的报告；决定本行政区域内的民政工作的实施计划。

（4）监督，即听取和审查乡、民族乡、镇的人民政府的工作报告；撤销乡、民族乡、镇的人民政府的不适当的决定和命令。

（5）保护各种合法权利。

4. 地方各级人民代表大会的会议制度。召开会议是地方各级人大行使职权进行工作的重要形式。根据我国《地方组织法》的规定，地方各级人民代表大会每年至少举行一次会议，经1/5的代表提议，可以临时召集本级人民代表大会的会议。县级以上地方各级人大会议，由本级人大常委会召集。会议分为预备会议和全体会议两种形式。

（1）预备会议。县级以上地方各级人民代表大会，每次举行大会前都要先举行预备会议，预备会议由常委会主持，在预备会议上选举本次会议主席团和秘书长等，通过本次会议的议程和其他问题。

（2）全体会议。全体会议由预备会议选出的主席团主持，会议期间人民政府组成人员、人民法院院长、人民检察院检察长列席会议。

（二）县级以上地方各级人民代表大会常务委员会（以下简称"地方人大常委会"）

1. 地方人大常委会的性质和地位。县级以上的地方各级人民代表大会设常务委员会，常委会是本级人大的常设机关，对本级人大负责并汇报工作。

2. 地方人大常委会的组成和任期。省、自治区、直辖市、自治州、设区的市的人大常委会由主任、副主任若干人、秘书长、委员若干人组成；县、自治县、不设区的市、市辖区的人大常委会由主任、副主任若干人和委员若干人组成。地方各级人大常委会组成人员均由每届人大第一次会议选举产生，常委会组成人员不得担任同级国家行政机关、监察机关、审判机关和检察机关的职务。

地方各级人大常委会的任期与本级人大的任期相同。

3. 地方人大常委会的职权。

（1）在本行政区域内，保证宪法、法律、行政法规和上级人大及其常委会决议的遵守和执行。

（2）制定地方性法规。省、自治区、直辖市的人大常委会在本级人大闭会期间，根据本行政区域的具体情况和实际需要，在不同宪法、法律、行政法规相抵触的前提下，可以制定和颁布地方性法规，报全国人大和国务院备案。省、自治区人民政府所在地的市和国务院批准的较大的市的人大常委会，在本级人大闭会期间，根据本市的具体情况和实际需要，在不同宪法、法律、行政法规和本省、自治区的地方性法规相抵触的前提下，可以制定地方性法规，报省、自治区人大常委会批准后施行，并由省、自治区人大常委会报全国人大常委会和国务院备案。

（3）重大事项决定权。讨论、决定本行政区域内的政治、经济、教育、科学、文化、卫生、民族、民政工作等重大事项；根据本级人民政府的建议，决定本行政区域内的国民经济和社会发展计划、预算的部分变更。

（4）人事任免权。在本级人大闭会期间，决定本级人民政府副职的个别任免。根据本级人民政府正职领导人的提名，决定本级人民政府秘书长、厅长、局长、主任、科长的任免，报上一级人民政府备案；任免人民法院副院长、庭长、副庭长、审判委员会委员、审判员，任免人民检察院副检察长、检察委员会委员、检察员，批准任免下一级人民检察院检察长等。

（5）监督权。监督本级人民政府、监察委员会、人民法院和人民检察院的工作，有权撤销下一级人民代表大会及其常委会不适当的决议；撤销本级人民政府不适当的决定和命令，受理人民代表对上述机关和国家工作人员的申诉和意见。

（6）其他职权。如领导和主持本级人民代表大会代表的选举，召集本级人民代表大会会议，联系本级人民代表大会代表，在本级人大闭会期间，补选上一级人民代表大会出缺的代表和撤换个别代表，决定授予地方的荣誉称号等。

4. 地方人大常委会的会议制度。根据我国《地方组织法》规定，地方人大常委会会议由主任召集，每2个月至少举行一次。常务委员会的决议，由常务委员会以全体组成人员的过半数通过。

除常委会会议外，还有一种会议方式为处理常委会的重要日常工作的主任会议。省、自治区、直辖市、自治州、设区的市的人大常委会主任会议由主任、副主任和秘书长组成；县、自治县、不设区的市、市辖区的人大常委会主任会议由主任、副主任组成。

第三节　中华人民共和国主席

一、国家主席的性质与地位

国家主席是我国国家机构的重要组成部分，属于我国最高国家权力机关的范畴。国家主席不是握有一定国家权力的个人，而是一种国家机关。

中华人民共和国主席对外代表国家，处于国家最高代表的地位，国家主席由全国人民代表大会产生，对全国人民代表大会负责，在全国人大闭会期间，国家主席对全国人大常委会负责。

二、国家主席的产生和任期

中华人民共和国主席、副主席由全国人民代表大会选举产生。产生国家主席的程序是：先由全国人民代表大会会议主席团提出国家主席、副主席名单，然后经各代表团酝酿协商，再由会议主席团根据多数代表的意见确定候选人名单，最后由会议主席团将确定的候选人交付大会表决，由大会选举产生国家主席、副主席。

根据现行宪法规定，有选举权和被选举权的年满45周岁的中华人民共和国公民可以被选为中华人民共和国主席、副主席。因此，当选国家主席、副主席的条件有三：①必须是中华人民共和国公民；②必须有选举权和被选举权；③必须年满45周岁。

中华人民共和国主席、副主席每届任期同全国人民代表大会每届任期相同。

三、国家主席的职权

根据宪法规定，国家主席的职权包括以下几个方面：

（一）公布法律、发布命令

法律在全国人民代表大会或全国人大常委会正式通过后，由国家主席予以公布施行。根据全国人大常委会的决定，国家主席有权发布特赦令，宣布进入紧急状态，宣布战争状态，发布动员令。

（二）任免权

国家主席根据全国人大的决定，任免国务院总理；根据全国人大或全国人大常委会的决定，任免国务院其他组成人员。根据全国人大常委会的决定，派遣和召回驻外的全权代表、大使、公使。

（三）外交权

国家主席代表国家进行国事活动、接受外国使节，根据全国人大常委会的决定，批准和废除同外国缔结的条约和重要协定。

（四）荣典权

国家主席根据全国人大或全国人大常委会的决定，授予国家勋章或荣誉称号。

我国宪法没有规定副主席的职权，副主席的职责是协助国家主席工作，副主席受主席的委托，可以代行主席的部分职权。

四、国家主席的补缺

根据我国宪法规定，国家主席缺位的时候，由副主席继任主席的职位。副主席缺位时，由全国人民代表大会补选。国家主席、副主席均缺位时，由全国人大补选，在补选以前，由全国人大常委会委员长暂时代理主席的职位。

 **第四节　国家行政机关**

一、国务院

（一）国务院的性质和地位

中华人民共和国国务院，即中央人民政府，是最高国家权力机关的执行机关，是最高国家行政机关。国务院执行最高国家权力机关的各项决议，在全国行政机关系统中居最高地位，统一领导地方各级人民政府和各部、各委员会的工作。国务院由全国人大产生，对全国人大及其常委会负责并报告工作。

（二）国务院的组成和任期

国务院由总理、副总理若干人、国务委员若干人、各部部长、各委员会主任、审计长、秘书长组成。国务院总理根据国家主席的提名，由全国人大决定，国家主席任命。副总理、国务委员、各部部长、各委员会主任、审计长和秘书长根据国务院总理的提名，由全国人大决定，国家主席任命。在全国人大闭会期间，根据国务院总理的提名，由全国人大常委会决定各部部长、各委员会主任和秘书长的任免。

国务院每届任期与全国人民代表大会每届任期相同，总理、副总理、国务委员连续任职不得超过两届。

（三）国务院的领导体制和会议制度

1. 国务院的领导体制。国务院实行总理负责制。总理领导国务院的工作，副总理、国务委员协助总理工作。国务院颁布行政法规、决定和命令，任免行政人员，向全国人民代表大会及其常委会提出议案，都必须由总理签署。国务院其他组成人员由总理提名，国务院所属各机构要服从总理领导。总理召集和主持国务院全体会议和国务院常务会议，国务院工作中的重大问题，必须在国务院会议上由总理集中正确意见，形成国务院的决定。

2. 国务院的会议制度。国务院的会议分为全体会议和常务会议。国务院工作中的重大问题必须经常务会议或全体会议讨论决定。国务院全体会议由国务院全体成员，即总理、副总理、国务委员、各部部长、各委员会主任、中国人民银行行长、审计长、秘书长组成，由总理召集和主持。国务院常务会议由总理、副总理、国务委员、秘书长组成，由总理召集和主持。

（四）国务院的职权

现行《宪法》第89条规定国务院拥有广泛的职权，概括起来主要有以下几方面：

1. 行政法规的制定和发布权。

2. 行政措施的制定权。

3. 提出议案权。国务院有权在自己职权范围之内向全国人大及其常委会提出议案。

4. 对所属部、委和地方各级行政机关的领导权及监督权。

5. 对国防、民政、文教、经济等各项工作的领导权和管理权；对外事务的管理权。

6. 行政监督权。国务院有权改变或者撤销各部、各委员会发布的不适当的命令、指示和规章；有权改变或者撤销地方各级国家行政机关的不适当的决定和命令。

7. 最高国家权力机关授予的其他职权。这主要是指全国人大及其常委会以明确的决议，将某些全国性的行政工作任务，或者某些特别重要的其他临时性工作，交由国务院办理。

二、地方各级人民政府

（一）地方各级人民政府的性质和地位

根据我国宪法规定，地方各级人民政府是地方各级人民代表大会的执行机关，是地方各级国家行政机关。地方各级行政机关由同级人大产生，对本级人大和上一级国家行政机关负责并报告。

（二）地方各级人民政府的组成和任期

省、自治区、直辖市、自治州、设区的市的人民政府分别由省长、副省长、自治区主席、副主席、市长、副市长、州长、副州长和秘书长、厅长、局长、委员会主任等组成。县、自治县、不设区的市、市辖区的人民政府分别由县长、副县长、市长、副市长、区长、副区长和局长、科长等组成。乡、民族乡的人民政府设乡长、副乡长。民族乡的乡长由建立民族乡的少数民族公民担任。

地方各级人民政府的任期与同级人大的任期相同。

（三）地方各级人民政府的领导体制和会议制度

地方各级人民政府实行首长负责制，由地方各级人民政府的省长、自治区主席、市长等正职主持本级人民政府的工作。

地方各级人民政府在讨论重大问题时采取会议的方式。县级以上地方各级人民政府会议分为全体会议和常务会议两种。全体会议由本级人民政府全体成员组成。省、自治区、直辖市、自治州、设区的市的人民政府常务会议，分别由省长、副省长、自治区主席、副主席、市长、副市长、州长、副州长和秘书长组成。县、自治县、设区的市、市辖区的人民政府常务会议，分别由县长、副县长、市长、副市长、区长、副区长组成。省长、自治区主席、市长、州长、县长、区长召集和主持本级人民政府全体会议和常务会议。政府工作中的重大问题，须经政府常务会议或者全体会议讨论决定。

（四）地方人民政府的职权

现行《地方组织法》第 59 条和第 60 条对县级以上的地方各级人民政府的职权作了规定。概括起来有：

1. 行政执行权。

2. 行政领导权。

3. 行政监督权。

4. 行政管理权。

5. 人事行政权。

6. 保护、保障权。

7. 其他事项，即办理上级国家行政机关交办的其他事项。

此外，省、直辖市政府可以根据法律、行政法规和本省、直辖市的地方性法规，制定规章，报国务院和本级人民代表大会常务委员会备案。省人民政府所在地的市、经国务院批准的较大的市以及深圳、珠海、汕头、厦门、海南五个经济特区市的人民政府，可以根据法律、行政法规和本省的地方性法规，制定行政规章，报国务院和省人民代表大会常务委员会、人民政府以及本级人民代表大会常务委员会备案。

对于乡镇政府行使的职权，《地方组织法》规定为七项，可以将其归纳为以下五类：

1. 行政执行权。

2. 发布权，即发布决定和命令。

3. 行政管理权。

4. 保护、保障权。

5. 办理上级国家行政机关交办的其他事项。

（五）地方人民政府的派出机关

根据我国《地方组织法》第68条的规定，省、自治区的人民政府在必要的时候，经国务院批准，可以设立若干派出机关。目前，我国省、自治区人民政府的派出机关为行政公署。县、自治县的人民政府在必要的时候，经省、自治区、直辖市的人民政府批准，可以设立若干区公所，作为它的派出机关。市辖区、不设区的市的人民政府，经上一级人民政府批准，可以设立若干街道办事处，作为它的派出机关。

 ## 第五节　中央军事委员会

一、中央军事委员会的性质、地位

《宪法》规定："中华人民共和国中央军事委员会领导全国武装力量。"这一规定表明，中央军事委员会是国家的最高军事统率机关，有权领导和指挥全国武装力量。

根据我国宪法的规定，中央军事委员会由全国人民代表大会产生，中央军事委员会主席对全国人民代表大会和全国人民代表大会常务委员会负责，这表明中央军事委员会同国务院等其他国家机关一样，从属于最高国家权力机关。

二、中央军事委员会的组成和任期

根据现行宪法规定，中央军事委员会由主席、副主席若干人、委员若干人组成。中央军事委员会主席由全国人民代表大会选举产生；中央军事委员会其他组成人员的人选，根据中央军委主席的提名，由全国人民代表大会决定。在全国人民代表大会闭会期间，根据中央军委主席的提名，由全国人大常委会决定其他组成人员的人选。

中央军事委员会的任期和全国人民代表大会每届任期相同，每届任期为5年。由于我国中央军事委员会作为最高军事统率机关的特殊性，宪法对中央军委主席的任职期限没有作限任的规定。

三、中央军事委员会的职权和领导体制

由军事机关的特殊性所决定，我国宪法并没有对中央军事委员会的职权作出明确规定。根据我国宪法总纲对我国武装力量的规定，以及宪法对中央军事委员会性质的有关规定，可以得出，中央军事委员会的任务是：巩固国防，抵抗侵略，保卫祖国，保卫人民的和平劳动，参加国家建设事业，努力为人民服务。

根据第八届全国人民代表大会第五次会议于1997年3月14日通过并于

2009 年 8 月 27 日修改的《中华人民共和国国防法》第 13 条的规定，中央军事委员会领导全国武装力量，行使下列职权：

（1）统一指挥全国武装力量；

（2）决定军事战略和武装力量的作战方针；

（3）领导和管理中国人民解放军的建设，制定规划、计划并组织实施；

（4）向全国人大或全国人大常委会提出议案；

（5）根据宪法和法律，制定军事法规，发布决定和命令；

（6）决定中国人民解放军的体制和编制，规定总部以及军区、军兵种和其他军区级单位的任务和职责；

（7）依照法律、军事法规的规定，任免、培训、考核和奖惩武装力量成员；

（8）批准武装力量的武器装备体制和武器装备发展规划、计划，协同国务院领导和管理国防科研生产；

（9）会同国务院管理国防经费和国防资产；

（10）法律规定的其他职权。

《宪法》规定："中央军事委员会主席对全国人民代表大会和全国人民代表大会常务委员会负责。"表明了中央军事委员会的领导体制是中央军委主席负责制，采取中央军委主席负责制是由中央军委工作的特殊性所决定的，和国务院所实行的总理负责制相比，虽然都属于首长负责制，但从中央军委主席和国务院总理所承担的责任看，中央军委主席承担的责任更强，所以《宪法》规定，中央军委主席对全国人民代表大会和全国人民代表大会常务委员会负责。另外，由于中央军事委员会的工作内容涉及国家的军事机密，所以中央军事委员会不采取向全国人大及其常委会报告工作的形式。

第六节　国家司法机关

司法机关是行使国家司法权的国家机关的总称。我国宪法文本上没有"司法机关"的称谓。1982 年《宪法》第三章第七节的标题是"人民法院和人民检察院"，而不是"司法机关"。在我国，哪些机关属于司法机关的范围，有两种不同的观点：一种认为，我国的司法机关包括各级人民法院、各级人民检察院、各级公安机关及司法行政机关；另一种观点认为，我国的司法机关只包括审判机关与检察机关。本书赞同第二种观点。

一、人民法院

（一）人民法院的性质、地位和任务

我国《宪法》第 128 条规定："中华人民共和国人民法院是国家的审判机关。"这表明，人民法院是国家的审判机关，是我国国家机构的有机组成部分，依法独立行使审判权。

各级人民法院对同级人大负责，人民代表大会闭会期间对同级人大常委会负责。最高人民法院监督地方各级人民法院和专门人民法院的审判工作；上级人民法院监督下级人民法院的审判工作。

人民法院的任务是通过刑事、民事和行政诉讼等审判活动，保卫人民民主专政制度，维护社会主义法制和社会秩序，保障社会主义现代化建设，惩治犯罪分子，保障公民的合法权益，解决人民内部纠纷，对公民进行法制教育。

（二）人民法院的组成和任期

根据宪法和法律规定，基层人民法院由院长 1 人，副院长和审判员若干人组成。中级人民法院、高级人民法院以及最高人民法院都分别由院长 1 人，副院长、庭长、副庭长和审判员若干人组成。各级人民法院的任期同本级人大每届任期相同。最高人民法院院长每届任期为 5 年，连续任职不得超过两届。

（三）人民法院的组织系统和审级制度

我国《宪法》第 129 条第 1 款规定："中华人民共和国设立最高人民法院、地方各级人民法院和军事法院等专门人民法院。"地方各级人民法院包括基层人民法院、中级人民法院和高级人民法院。

基层人民法院包括县人民法院、市人民法院、自治县（旗）人民法院和市辖区人民法院；中级人民法院包括在省、自治区内按地区设立的中级人民法院，在直辖市内设立的中级人民法院，省、自治区辖市的中级人民法院，自治州中级人民法院；高级人民法院包括省、自治区、直辖市的高级人民法院，高级人民法院的组成和审判庭的设置与中级人民法院相同。

专门人民法院是我国在特定部门设立的审判特定案件的法院，包括军事法院、铁路运输法院、海事法院等。

此外，为依法及时公正审理跨行政区域重大行政和民商事等案件，推动审判工作重心下移、就地解决纠纷、方便当事人诉讼，中国共产党第十八届四中全会审议通过的《中共中央关于全面推进依法治国若干重大问题的决定》提出，要优化司法职权配置，推动实行审判权和执行权相分离的体制改革试点，最高人民法院可以设立巡回法庭，审理跨行政区域重大行政和民商事案件。2015 年 1 月 5 日，最高人民法院审判委员会第 1640 次会议通过了《最高人民法院关于巡回法庭审理案件若干问题的规定》。根据该规定，自 2015 年 1 月起，先后共设立了6个巡回法庭，涵盖了华东、华中、华南、西北、西南、华北。具体是：第一巡回法庭设在广东省深圳市，巡回区为广东、广西、海南、湖南四省；第二巡回法庭设在辽宁省沈阳市，巡回区为辽宁、吉林、黑龙江三省；第三巡回法庭设在江苏省南京市，巡回区为江苏、上海、浙江、福建、江西五省市；第四巡回法庭设在河南省郑州市，巡回区为河南、山西、湖北、安徽四省；第五巡回法庭设在重庆市，巡回区为重庆、四川、贵州、云南、西藏五省区；第六巡回法庭设在陕西省西安市，巡回区为陕西、甘肃、青海、宁夏、新疆五省区。

巡回法庭是最高人民法院派出的常设审判机构。巡回法庭作出的判决、裁定和决定，是最高人民法院的判决、裁定和决定。巡回法庭审理或者办理巡回区内应当由最高人民法院受理的以下案件：①全国范围内重大、复杂的第一审行政案件；②在全国有重大影响的第一审民商事案件；③不服高级人民法院作出的第一审行政或者民商事判决、裁定提起上诉的案件；④对高级人民法院作出的已经发生法律效力的行政或者民商事判决、裁定、调解书申请再审的案件；⑤刑事申诉案件；⑥依法定职权提起再审的案件；⑦不服高级人民法院作出的罚款、拘留决定申请复议的案件；⑧高级人民法院因管辖权问题报请最高人民法院裁定或者决定的案件；⑨高级人民法院报请批准延长审限的案件；⑩涉港澳台民商事案件和司法协助案件；⑪最高人民法院认为应当由巡回法庭审理或者办理的其他案件。巡回法庭依法办理巡回区内向最高人民法院提出的来信来访事项。

我国人民法院实行两审终审制。对于地方各级人民法院第一审案件的判决和裁定，当事人可以按照法律规定的程序向上一级人民法院上诉，人民检察院可以按照法律规定的程序向上一级人民法院抗诉。但如果在上诉期限内不上诉或者不抗诉，那么第一审判决和裁定就是终审的判决和裁定。中级人民法院、高级人民法院和最高人民法院审判的第二审案件的判决和裁定，最高人民法院的第一审案件的判决和裁定，都是终审的判决和裁定。

二、人民检察院

（一）人民检察院的性质和任务

我国《宪法》第134条规定："中华人民共和国人民检察院是国家的法律监督机关。"这表明人民检察院的性质不同于其他的国家机关。人民检察院通过行使检察权，对国家机关及其工作人员和公民是否遵守宪法和法律进行监督。我国的人民检察院是国家机构的重要组成部分，是实现人民民主专政的有力工具。

人民检察院的任务是通过行使检察权，镇压一切叛国的、分裂国家的和其他危害国家安全的活动，打击危害国家安全的犯罪分子和其他刑事犯罪分子，维护国家的统一，维护人民民主专政的制度和社会秩序，保护社会主义的公共财产及公民个人所有的合法财产不受侵犯，保护公民的人身权利、民主权利和其他权利，保障社会主义现代化建设事业的顺利进行，教育公民忠于社会主义祖国，自觉地遵守宪法和法律，积极同违法犯罪行为作斗争。

（二）人民检察院的组成和任期

我国各级人民检察院由检察长1人，副检察长和检察员若干人组成。最高人民检察院检察长由全国人民代表大会选举产生，最高人民检察院副检察长、检察委员会委员和检察员由检察长提请全国人大常委会任免。地方各级人民检察长由同级人民代表大会任免，并须报上一级人民检察长提请该级人大常委会批准。地方各级人民检察院的其他组成人员，由检察长提请本级人大常委会任免。

各级人民检察院的任期与同级人大每届任期相同。最高人民检察院检察长连续任职不得超过两届。

（三）人民检察院的组织体系和领导体制

1. 人民检察院的组织体系。根据宪法和人民检察院组织法等法律的规定，人民检察院的组织体系是：最高人民检察院、地方各级人民检察院和军事检察院等专门人民检察院。

地方各级人民检察院分为：省、自治区、直辖市人民检察院；省、自治区、直辖市人民检察院分院，自治州和省辖市人民检察院；县、市、自治县和市辖区人民检察院。

专门人民检察院包括军事检察院、铁路运输检察院等。

2. 人民检察院的领导体制。我国《宪法》第137条规定："最高人民检察院是最高检察机关。最高人民检察院领导地方各级人民检察院和专门人民检察院的工作，上级人民检察院领导下级人民检察院的工作。"这说明上级人民检察院和下级人民检察院之间的关系是领导和被领导的关系。另外，《宪法》第138条规定："最高人民检察院对全国人民代表大会和全国人民代表大会常务委员会负责。地方各级人民检察院对产生它的国家权力机关和上级人民检察院负责。"由此可见，人民检察院在接受上级检察机关领导的同时，还要从属于本级国家权力机关，这表明检察机关实行双重领导的体制。

第七节　国家监察机关

中华人民共和国各级监察委员会是国家的监察机关。中华人民共和国设立国家监察委员会和地方各级监察委员会，作为国家行监察职能的专门机关，与党的纪律检查委员会合署办公。2018年3月11日第十三届全国人民代表大会第一次会议通过的《中华人民共和国宪法修正案》和 2018 年 3 月 20 日第十三届全国人民代表大会第一次会议通过的《中华人民共和国监察法》，对我国国家监察委员会和地方监察委员会的性质、地位、组成、任期、职能、职权及领导体制等都作出了规定。

一、监察委员会的性质与地位

（一）国家监察委员会的性质与地位

中华人民共和国国家监察委员会是最高监察机关，领导地方各级监察委员会的工作。

国家监察委员会由全国人民代表大会产生，负责全国监察工作。国家监察委员会对全国人民代表大会及其常务委员会负责，并接受其监督。

（二）地方监察委员会的性质与地位

省、自治区、直辖市、自治州、县、自治县、市、市辖区设立监察委员会，负责本行政区域内的监察工作。地方各级监察委员会由同级人民代表大会产生，并对产生它的国家权力机关和上一级监察委员会负责。

二、监察委员会的组成和任期

（一）国家监察委员的组成和任期

国家监察委员会由主任、副主任若干人、委员若干人组成，主任由全国人民代表大会选举，副主任、委员由国家监察委员会主任提请全国人民代表大会常务委员会任免。

国家监察委员会主任每届任期同全国人民代表大会每届任期相同，连续任职不得超过两届。

（二）地方监察委员的组成和任期

地方各级监察委员会由主任、副主任若干人、委员若干人组成，主任由本级人民代表大会选举，副主任、委员由监察委员会主任提请本级人民代表大会常务委员会任免。

地方各级监察委员会主任每届任期同本级人民代表大会每届任期相同。

三、监察委员会的职能、职责和职权

（一）监察委员会的职能

根据《监察法》第 3 条的规定，各级监察委员会是行使国家监察职能的专责机关，依法行使监察权，其主要职能包括：

1. 依法监察公职人员行使公权力的情况，调查职务违法和职务犯罪；

2. 开展廉政建设和反腐败工作；

3. 维护宪法和法律法规。

监察委员会是实现党和国家自我监督的政治机关，不是行政机关、司法机

关。其依法行使的监察权，不是行政监察、反贪反渎、预防腐败职能的简单叠加，而是在党的直接领导下，代表党和国家对所有行使公权力的公职人员进行监督，既调查职务违法行为，又调查职务犯罪行为，其职能权限与司法机关、执法部门明显不同。同时，监察委员会在履行职责过程中，既要加强日常监督、查清职务违法犯罪事实，进行相应处置，还要开展严肃的思想政治工作，进行理想信念宗旨教育，做到惩前毖后、治病救人，努力取得良好的政治效果、法纪效果和社会效果。

（二）监察委员会的职责

根据《监察法》第 11 条的规定，监察机关的职责是监督、调查、处置。

监督，即对公职人员开展廉政教育，对其依法履职、秉公用权、廉洁从政从业以及道德操守情况进行监督检查。

调查，即对涉嫌贪污贿赂、滥用职权、玩忽职守、权力寻租、利益输送、徇私舞弊以及浪费国家资财等职务违法和职务犯罪进行调查。

处置，即对违法的公职人员依法作出政务处分决定；对履行职责不力、失职失责的领导人员进行问责；对涉嫌职务犯罪的，将调查结果移送人民检察院依法审查、提起公诉；向监察对象所在单位提出监察建议。

各级监察委员会可以向本级党的机关、国家机关、经法律法规授权或者委托管理公共事务的组织和单位以及所管辖的行政区域、国有企业等派驻或者派出监察机构、监察专员。派驻或者派出的监察机构、监察专员根据授权，按照管理权限依法对公职人员进行监督，提出监察建议，依法对公职人员进行调查、处置。

（三）监察委员会的职权

根据《监察法》第 19～27 条的规定，监察机关的主要权限包括谈话、讯问、询问、查询、冻结、调取、查封、扣押、搜查、勘验检查、鉴定、留置等。

四、监察委员会的领导体制及其与其他机关的配合制约关系

根据我国《宪法》第 125 条规定："中华人民共和国国家监察委员会是最高监察机关。国家监察委员会领导地方各级监察委员会的工作，上级监察委员会领导下级监察委员会的工作。"这说明我国国家监察委员会与地方监察委员会之间的关系是领导与被领导的关系。同时，《宪法》第 126 条规定："国家监察委员会对全国人民代表大会和全国人民代表大会常务委员会负责。地方各级监察委员会对产生它的国家权力机关和上一级监察委员会负责。"这说明地方监察委员会在接受国家监察委员会领导的同时，还要从属于国家权力机关，表明了我国的监察机关实行的是双重领导的体制。

此外，我国《监察法》第 4 条还规定，监察委员会依照法律规定独立行使监察权，不受行政机关、社会团体和个人的干涉。监察机关办理职务违法和职务犯罪案件，应当与审判机关、检察机关、执法部门互相配合，互相制约。这里的执法部门包括公安机关、国家安全机关、审计机关、行政执法机关等。监察机关履行监督、调查、处置职责，行使调查权限，是依据法律授权，行政机关、社会团体和个人无权干涉。同时，有关单位和个人应当积极协助配合监察委员会行使监察权。在宪法中对这种关系作出明确规定，是将客观存在的工作关系制度化法律化，可确保监察权依法正确行使，并受到严格监督。

思考题

1. 我国国家机构有哪些组织活动原则？
2. 简述法治原则在我国国家机构中的表现。
3. 我国国家机构由哪些机关组成？
4. 监察委员会的职能是什么？
5. 简述监察委员会的职责和职权。

实训项目

2001 年，A 省甲种子公司委托乙种子公司培育种子，在种子回收过程中，双方就如何确定种子价格发生了纠纷。甲种子公司认为应当适用 A 省人大常委会制定的《A 省农作物种子管理条例》（简称《种子条例》），该条例规定种子的价格执行政府指导价。乙公司则认为应当适用《中华人民共和国种子法》（简称《种子法》），该法规定种子的价格执行市场价。由于按照市场价算出的种子价格比按照省内指导价高出数十万元，乙公司将甲公司起诉至 A 省 C 市中级人民法院。法院审理认为，《种子条例》作为法律位阶较低的地方性法规，其与《种子法》相冲突的条规自然无效。

根据上述材料，讨论以下问题：

1. 若《种子条例》的规定与《种子法》的相关内容相抵触，根据《立法法》的规定，C 市中级人民法院如何处理？

2. 若《种子条例》的规定与《种子法》的相关内容相抵触，则 A 省人大常委会该如何处理？为什么？

3. 若《种子条例》的规定与《种子法》的相关内容相抵触，根据《宪法》和《立法法》的规定，全国人大常委会能否改变或撤销《种子条例》的相关规定？为什么？

实训方法：课堂讨论。教师掌控讨论场面。

实训步骤：①教师课前安排任务。②学生自由发言。③教师归纳主要观点并点评。

图书在版编目（ＣＩＰ）数据

法理基础与宪法 / 盛高璐主编. —3版. —北京：中国政法大学出版社，2018.8（2025.9重印）

ISBN 978-7-5620-8406-8

Ⅰ. ①法…　Ⅱ. ①盛…　Ⅲ. ①法理学—高等职业教育—教材②宪法—中国—高等职业教育—教材　Ⅳ. ①D90②D921

中国版本图书馆CIP数据核字(2018)第169568号

书　　名	法理基础与宪法 FA LI JI CHU YU XIAN FA
出 版 者	中国政法大学出版社
地　　址	北京市海淀区西土城路 25 号
邮　　箱	fadapress@163.com
网　　址	http://www.cuplpress.com（网络实名：中国政法大学出版社）
电　　话	010-58908435(第一编辑部) 58908334(邮购部)
承　　印	固安华明印业有限公司
开　　本	720mm×960mm　1/16
印　　张	17.25
字　　数	320 千字
版　　次	2018 年 8 月第 3 版
印　　次	2025 年 9 月第 8 次印刷
印　　数	36001～41000 册
定　　价	46.00 元